investment ｜ 金融投资理财

invest

FOREIGN PE IN CHINA

外资PE在中国的运作与发展

北京市道可特律师事务所　道可特投资管理（北京）有限公司◎编著

中信出版社

CHINA CITIC PRESS

图书在版编目（CIP）数据

外资PE在中国的运作与发展 / 北京市道可特律师事务所等编著. －北京：中信出版社，2011.1
ISBN 978－7－5086－2563－8

I. 外… 　II. 北… 　III. 外资公司－基金－投资－研究－中国 　IV. F832.51

中国版本图书馆CIP数据核字（2010）第 229791 号

外资PE在中国的运作与发展
WAIZI PE ZAI ZHONGGUO DE YUNZUO YU FAZHAN

编　　著：北京市道可特律师事务所　道可特投资管理（北京）有限公司
策划推广：中信出版社（China CITIC Press）
出版发行：中信出版集团股份有限公司（北京市朝阳区惠新东街甲4号富盛大厦2座　邮编 100029）
　　　　　（CITIC Publishing Group）
承 印 者：北京诚信伟业印刷有限公司
开　　本：787mm×1092mm　1/16　　　印　张：19　　　字　数：245千字
版　　次：2011 年 1 月第 1 版　　　　印　次：2015 年 4 月第 4 次印刷
书　　号：ISBN 978－7－5086－2563－8/F·2195
定　　价：46.00 元

目 录
Contents

⊷| 丛书总序 |⊶

　　私募股权投资基金（简称 PE）是一种金融安排，它是股本投资的一种类型。从企业的资产负债表角度观察，企业外部融资是否需要进行股本融资服从于 MM 定理，并取决于资产负债率。而在特定的历史时期，企业的资产负债率是一定的，从而包括私募股权基金在内的股本融资仅是一种正常的金融工具。但是在中国，近年来这种金融工具却备受青睐，其原因在于中国的具体国情。

　　中国是一个发展中的社会主义国家，作为社会主义国家，正从传统的高度集中的计划经济体制向市场经济体制转轨；作为发展中国家，正从传统的农业经济向现代工业经济转轨。这种双重转轨使得企业面临这样一种局面：面对工业化的强劲需求，传统的国有企业资本投入不足，新兴的民营企业需要资本的原始积累，其结果不得不依靠借入资金经营。但是无论是国有企业还是民营企业，在负债率居高不下的情况下，它们对股本的渴求与日俱增，从而不断推动着中国股本融资市场的发展。除利用上市等公开募集形式外，私募股权投资也成为推动企业改革与发展的一道引人注目的风景线。

　　早在改革开放初期，私募股权投资已开始萌芽。那时，在中国的东南沿海地区，农民集资入股，兴办乡镇企业，成为私募股权投资的早期形式。

进入 20 世纪 90 年代，随着中国经济的发展，海外成立了一系列对华投资的私募股权基金，并成为中国外商直接投资的主力之一。受此鼓励，国内亦开始探讨建立规范的人民币私募股权基金。但作为一种处于双重转轨经济体中的金融投资工具，私募股权投资基金既面临深化体制改革的任务，又面临促进经济发展的使命，多重任务与使命使其只能通过试验与摸索取得经验，产业投资基金便是私募发展过程中不断试验与摸索的产物，其最早的样本之一是"青海盐湖钾肥产业基金"。1996 年原国家体改委研究所和青海省人民政府联合组成课题组，进行方案规划和设计，期望以此为契机，一方面推动西部经济发展，另一方面通过试验形成政策和法律规范。虽然，"青海盐湖钾肥产业基金"最终不无遗憾地胎死腹中，其项目仅成为柴达木循环经济实验区的基础，但是围绕这一探讨所形成的思路、政策预案及相应的规范条款却成为私募股权投资基金的铺路石。

进入 21 世纪，中国加入了 WTO，国内外环境，尤其是金融市场环境有了很大的改善，私募股权基金的发展条件也逐渐趋于成熟，包括风险投资在内的外资私募股权投资基金落户内地，各类型的内资私募股权投资基金也如雨后春笋般纷纷诞生。其中探索多年的产业投资基金因渤海产业基金的呱呱落地而打开僵局，并以此为契机，开创了中国本土私募股权投资基金的今日之繁荣。

在中国私募股权投资基金如此蓬勃发展的今天，对其进行专业解读，并展开深入探讨，从而指导实践，不仅必要，而且可能。丛书的作者们对中国私募股权投资基金不仅有深刻的理解，而且以独特的视角，积极地尝试许多人都想做但还没有做的事情，他们希望并尝试通过丛书的创作多角度、全方位、深层次地解读和剖析中国私募股权投资基金。

此套丛书以中国私募股权投资基金为主线，以法律、财务、投资等专业角度为基础，结合会计、税收、外汇等政策以及 PE 设立、运作、退出等操作环节，对 PE 进行系统解读与阐述，综合考虑，形成体系。丛书由两本专项解读性书籍、两本专题实务性书籍和一本总体介绍性书籍组成，在 3 个方面给我深刻印象：

首先，丛书的选题非常好。丛书在选择从法律和财税两个专业角度解读中国私募股权投资基金的基础上，精心挑选了"外资与中国私募股权投资基金"、"有限合伙在中国私募股权投资基金中的运用"两个业界最为关注的领域和课题展开深入探讨，并以开放性的讨论中国私募股权投资基金发展新趋势作为收官，既兼顾了系统性，又考虑了专业性，也突出了实务性。作者并没有拘泥于传统的丛书分类，简单地按私募发展阶段或按基金性质分类，透过丛书选题，看到了作者创新、务实和开放的心态与作风。

其次，丛书的内容非常实。此套丛书内容之"实"，可以从 3 个方面得到体现：一是丛书的作者均来自法律、财务、投资等与私募股权基金密切相关的实务界，而非理论界或学术界，所言所论无不紧贴操作实践；二是丛书在深度方面既有基础性介绍又有深入分析，让诸多问题都真正得到了解决，落到了实处，非常实用；三是丛书中引用的案例、数据等信息翔实，并非泛泛而谈，更非纸上谈兵。

最后，丛书的风格非常新。丛书没有拘泥于传统的写法，也没有束缚于系列书籍统一风格之要求，在整体上追求新颖体例的同时，各部分尽量因题而异，就势而为。专业解读书籍采用了以矛盾带观点，用观点推体系，借体系显全貌的方式；专题实务和总体介绍书籍则采用了以案例引问题，用问题找答案，借答案促讨论的风格。整套丛书，娓娓道来，一改专业书籍陈腐之文风，读来犹如春风扑面。透过丛书风格，看到了作者敏锐、灵活和勇敢的心智与思维。

可以说，此套丛书在内容上着眼于系统性、实务性、专业性，在形式上兼顾生动性、新颖性、开放性。在私募书籍林林总总的今天，能够看到这样一套潜心研究、尽心呈现的精彩之作，真是难能可贵。

是为序。

中银国际首席经济学家

2010 年 7 月 2 日

⊢ 序 言 ⊣

外资私募股权基金，简称外资 PE，是 20 世纪 90 年代，伴随我国改革开放的不断深入，资本市场逐步开放，作为外国投资的一种形式引入我国的，是我国金融资本市场上外来的新品。

中国经济持续高速增长，以及众多企业为了在日益激烈的竞争环境中继续成长，需要引进和注入更多资金，为外资 PE 提供了大量投资机会和高额投资回报，深深吸引着境外私募股权基金。外资 PE 对外开放的政策颁布后，外资 PE 纷纷涌入中国市场，一度主导中国的 PE 市场。在外资 PE 的催生带动下，我国私募股权基金行业应运而生，近年来，随着民营企业的快速发展和社会财富的大量积累，大量民间资本也在寻找更多投资机会和渠道，内资 PE 吸纳民间资本并借助政策的支持和本土优势，从小到大，迅速扩展，改变了外资 PE 独占的局面，逐渐形成内外资 PE 并存，既有竞争又有合作的新格局。

从观察和分析实际效果看，不管外资 PE 还是内资 PE，它们的引入和发展，为我国企业，尤其是民营企业，特别是中小企业的发展，提供了新的融资渠道和来源，注入了新的活力，有利于企业和经济的发展。毫无疑问，外资 PE 和内资 PE 将伴随我国经济的持续高速发展和改革开放的深入而不断扩大规模，竞争也将日益激烈，外资 PE 以其长期积淀的管理经验，训练有素的管理人才，雄厚的资金实力，以及灵活的经营策略，在今后一段时间内，与内资 PE 的竞争中或将仍然占有一定优势。

我国发展私募股权基金的时间较国外短，对 PE 的资本来源和募集方式，投资理念，运作规例，以及对我国经济中长期发展的影响等，需要有逐步熟悉的过程，对其管理的政策和法律也要有逐步建立和完善的过程。鉴于 1998 年亚洲金融危机和 2008 年爆发的全球金融危机，都是因为国际金融资本的过度投机活动，有关国家监管的疏漏，酿成了非常严重的灾难，为了我国经济的安全，防范国际金融资本对我国经济的冲击和干扰，我国对资本市场的完全对外开放持谨慎的态度。开放的程度将与我国管理法律的完善和监管能力相匹配。不管是外资 PE 或其他外国金融资本，其投资的目的是追求投资回报的最大化。为了达到这个目的，将有可能采取各种手段，甚至可能给投资国带来较大的金融风险和经济安全问题。对于这一点，我们必须要有清醒的认识。尽管如此，我国已经加入 WTO，随着经济全球化的不断发展，我国经济国际化程度将不断加深，人民币在稳步推进国际化并将最终成为可自由兑换货币，我国资本市场的最终完全开放只是时间问题。重要的是我们的金融管理部门，以及金融界、企业界，对外资 PE 等外来金融资本要进行认真的研究，熟悉和掌握其特点和运作规律。一方面为利用其积极面创造宽松的环境，使其为我国经济的发展发挥积极作用；另一方面制定完善严密的游戏规则和法律法规，有效监管和限制其消极面。

本书的作者从我国开始颁布允许外资 PE 进入我国的政策，出台相关法律法规，以及外资 PE 初始进入我国，就进行关注，跟踪调查，积累了丰富和翔实的资料。本书详细展示了我国引进外资 PE 及其发展和成长过程，对外资 PE 的资金募集、投资运作和退出的基本思路和流程作基本梳理，对外资 PE 带来的好处和可能的负面作用进行客观分析，对我国出台的相关政策和法律法规进行了较深入的解读，并对如何改进对外资 PE 的管理，完善相关法律法规提出了前瞻性的建议。本书不失为私募从业人员、金融资本管理人员、企业财务管理人员以及相关中介机构专业人士一部好的实务参考书。

联合国工业发展组织中国南南合作中心主任

2010 年 11 月 30 日

▶ 前 言 ◀

    本书酝酿之际，外资PE势头汹涌，尚处于一枝独秀的地位。而成书之际，中国PE行业的格局，已由外资PE一枝独秀的局面演变成外资、民营、政府背景的产业引导基金三足鼎立的格局，这种重新洗牌的局面，使得中国PE行业迎来了群雄鏖战的战国时代。

    在中国PE的发展史上，外资PE功不可没，繁荣了中国资本市场，缔造了一个又一个上市神话，曾经一度引发金融、法律、财务各界的研究热情，将其成功案例奉为经典而加以著书立说者不在少数。而随着国际金融危机的爆发，国际大投行的运作黑幕逐渐暴露在聚光灯之下，一个又一个曝光的PE丑闻，摘下了外资PE的神秘光环，一时间对其运作、赢利、管理等的鞭挞之声又纷至沓来。外资PE是治世利器抑或是洪水猛兽，纵观市面上的相关著述，大都囿于一隅，鲜有纵深探求其运行规律者。这些都给以我们更多的感慨与思考。

    本书中，我们对外资PE在中国的发展进行深入剖析。以解其状为入口，以洞其行为核心，以确其位为最终目标，沿着外资PE募集、管理、退出的大思路，对外资PE的历史沿革、现状、发展趋势，外资PE的运作流程、方式和要点作以解读，尤其对涉及人民币基金、外商投资的特别规定、外资PE落地中国的特殊政策、红筹上市等涉及外资PE运作关键环节的问题进行详细分析，尽力为读者展示外资PE运作和发展的全貌。在解读的基础上，我们还对外资 PE 的本土化、发展中所面临的瓶颈进行讨论，对监管模式和法律法规的完善提出相应意见，将外资 PE 的运作实务与法律解读结合起来，试图站在历史的发展的角度看问题，从应然和已然的角度进行双重分析。

其一解其状。即了解外资 PE 的历史、现状及发展趋势。比如初入中国的外资 PE 和熟知中国市场的外资 PE 在投资条款设定上存在区别，而随着中国对外开放政策的变化，外资 PE 在组织形式的选择问题上，也发生了大的变化。历史能折射出现状的成因，更能映射出事物未来发展的态势；同时，外资 PE 在华发展现状的演变，历史、现状及发展趋势决定了我们对其进行监管的态度及立场，以及内资 PE 竞争策略的选择，亦是整个外资PE 问题研究的起点。

其二洞其行。如果用一个词来形容外资 PE 的运作，我用"鬼魅"一词，来形容其运作手法出神入化，我们可能无法在一个上市公司所公布的股东名单上看到他们的名字，但却不能排除其在背后对企业上市的支持。为了适应中国法律环境所设计的各种投资主体结构，为了规避中国法律限制而采用的投资条款，令人眼花缭乱的红筹模式等，都为我们展示出外资 PE 非透明化的运作手法。了解它、熟悉它、掌握它、并发展它，让它们浮出水面，无疑是我们认识外资 PE、并与外资 PE 展开合作和竞争的基础。

其三确其位。如何对待外资 PE？亦师亦友、亦敌亦伴的关系如何定位，又该对外资 PE 如何监管？围堵，抑或放纵？显然，"10 号文"之前的放纵成就了外资 PE 境内投资的财富积累梦，而"10 号文"之后的严苛监管又限制了同样运作红筹模式的境内 PE、境内企业的融资能力和国际化发展的道路。我们急需明确外资 PE 在资本市场中的作用，明确并了解其优缺点，取其精华，弃其糟粕，因势利导使其朝向合作、共赢的方向发展。

历时数月，本书已是道可特与中信出版集团合作出版之"私募系列丛书"的第二本书，也是"资本市场系列丛书"的第三本书。它凝聚了道可特同事们在过去那段年月中的心血和努力,希望能给业界带来一些新鲜的思路和启示。我们在今后还会有几本私募的书籍(包括《有限合伙在中国PE中的深化运用》、《PE在合同能源管理中的运用》等)陆续与大家见面,在这里,我也不能免俗地要感谢很多为这套丛书的出版做出了贡献的领导、朋友、同事以及我们的家人。

首先衷心感谢中信出版集团的季红女士及其团队,感谢他们始终不改敬业初衷,为保证本书按时付梓付出了许多努力,感谢他们艰苦而细心的工作!再次感谢参与本书创作的团队,他们是欧阳黎炯、许振宏、杜艳、刘婧、倪佳、曹谊正等,在紧张的工作之余,如期完成这一专业性极强的书籍实属不易。我还要感谢道可特律师事务所的公司化管理模式和道可特投资管理(北京)有限公司的品牌运营,有了我们创作的同时,道可特品牌团队核心成员徐沁、熊文芳细致而有效的工作,使得包括本书在内的系列书籍得以酝酿并顺利开展工作。最后,特别要感谢的是谭伟文先生,他在百忙之中拨冗认真地审阅了书稿,并慷慨为丛书作序,是对我们工作的最大鞭策。

中国大力发展私募的号角已经吹响,所谓"知己知彼,百战不殆",我们希望本书对群雄鏖战的PE行业知彼能有所帮助。再次感谢所有关注和支持本书及其系列书籍的人们!

刘光超

2010 年 11 月 3 日

第一章

外资PE的概念

第一节　正确解读外资PE

一、中国PE的发展与外资PE不可分割

中国 PE 属于舶来品，中国 PE 发展的开始以及每一步的突破、创新都与外资 PE 密不可分，以美元基金为主的外资 PE 一直引领着中国私募股权基金行业的发展，并在中国 PE 市场中占有重要的地位。因而了解外资 PE 是全面认识中国 PE 的基础。

（一）外资PE拉开了中国PE市场大幕

早在 1991 年就有外资私募基金，例如黑石等到中国探路，IDG (International Data Group) 可以说是进入中国的第一家外资风险投资机构，1993 年 IDG 与上海市科学技术委员会创立了太平洋技术风险投资（中国）基金，成为风险投资（Venture Capital，简称 VC）进驻中国的第一梯队。随后华登国际、汉鼎亚太等也进入中国，大批外资 VC 纷纷涌入中国，逐步开启了中国 PE 市场的发展。

【信息链接】

IDG、汉鼎亚太、华登国际进入中国

1993 年 6 月，IDG 下属的太平洋风险投资基金和上海市科学技术委员

会，创立了中国第一家中美混合基因的风险投资公司——太平洋技术风险投资（中国）基金（PTV-China）。1994年，太平洋风险投资基金与北京市科学技术委员会下属的北京太平洋优联风险技术创业有限公司合作，分别出资100万元人民币，再加上先锋公司出资的100万元人民币和100万元人民币的无形资产，共同成立代理及开发游戏软件的北京前导软件公司。这是IDG也是外资PE在中国本土进行风险投资初期试水的发端。

1993年，美国的安泰保险公司和中国银行达成合作，双方共同出资4 100万美元成立"中安基金"（China Dynamic Growth Fund），委托汉鼎亚太来管理。当时汉鼎亚太已在菲律宾、泰国等亚洲国家开设分公司，拥有一定的知名度。汉鼎亚太借管理合资基金的机会正式进入中国，与中安基金管理公司各占一半股份，共同管理中安基金。

华登国际于1994年创立中国基金，投资对象包括中国企业及在国内拥有庞大业务的外企。华登中国基金注册于开曼群岛，资本总额逾1.04亿美元，基金股东包括来自美国及东南亚的国际知名银行及金融机构。

（二）外资PE在中国渐入佳境

2000年后，随着我国监管政策一定程度上的放松和相应法律法规的逐步出台，红筹上市风行，中国PE市场有了实质性发展。外资PE并不局限于风险投资，也开始进行产业并购。2004年新桥资本（Newbridge Capital）从深圳市政府手中购得深圳发展银行（简称深发展）17.9%的股份，这通常被认为是外资PE投资（除风投外）成功的第一案。此时期外资PE在中国渐入佳境，有力地推动了中国PE市场的发展。

【信息链接】

新桥收购深发展

2004年6月3日，深发展正式对外发布《收购报告书》。据披露，深发展的四大国有股东将向新桥一次性出售其手中持有的深发展17.89%的股份，新桥为此将支付总金额为12.35亿元的价款。以此推算，深发展的每股转让价格约为3.55元，较其首季报告公布的每股净资产溢价约65%。新桥投资将以现金方式一次性支付股份转让价款。由于深发展股权极其分散，新桥得以成为其第一大股东。

据深发展内部人士透露，最终将转让价定于3.55元，新桥方面做出了较多妥协。新桥开始出价很低，但深发展的坚决态度以及良好质地终于让新桥不忍舍弃。通过引入新桥这个品牌，树立起中国政府决心推进金融改革的形象，鼓励外资走进中国市场，以此敦促国内的银行加大自身的改革力度，这个案例起到了很好的示范作用。

（三）外资PE保持在中国PE市场的主导地位

从2006年起，中国股权投资领域发生了新的变化，新政策阻碍了中国境内企业以红筹方式在海外上市，外资PE的退出渠道变窄，从而使外资PE的发展逐步受限，而本土PE凭着政策的支持和本土优势，开始与外资基金一争高下。

2009年人民币基金首次从规模和数量上全面超过外币PE基金。根据清科研究中心的统计数据，2009年中国的私募股权市场整体走低，新募基金数和募资金额出现了2005年以来的首次下跌，中国私募股权市场步入行业调整期。不仅仅在中国，根据全球著名研究机构Preqin的统计数据，2009年第三季度，全球的私募股权基金募集资本总量较上季度大幅下挫55%，处于2003年以来的市场最低点。但这种状况并未持续太长时间，进入2010年以来，中国VC/PE市场持续回暖，外币PE有所回调，从募资总额来看重夺领先地位。

需要说明的是，外币基金基本上都是外资PE，而人民币基金中有一部分实质也为外资PE，因此，相较于本土PE而言，外资PE在中国PE市场仍然保持主导地位。

【信息链接】

2010年上半年外币PE基金募178亿美元 重夺领先地位①

自金融危机以来，我国人民币 PE/VC 基金募集以较强的竞争优势快速赶超外币基金，让人民币基金在中国企业 IPO 的井喷中赚得盆满钵满。但令人眼红的赚钱效应，迅速吸引了外币基金的关注，经过二季度的强势反弹，2010 年上半年，尽管在新设基金个数上外币基金远不及人民币基金，但从募资总金额来看，已重夺领先地位。

2010 年上半年共有 6 只可用于投资中国的外币 PE 基金完成募集，环比及同比分别增长 50% 与 20%。由于 2010 年二季度有大额基金——黑石 VI 基金完成募集，外币基金在规模方面再次超越人民币基金，上半年共募集 144.90 亿美元，占募资总额 76.16%。VC 基金方面，随着金融危机阴霾的逐渐消散，境外投资人谨慎的投资策略有所放开，上半年包括赛富、红杉、NEA 等知名 VC 均成功募集较大规模的美元基金，直接拉升了美元基金的募集总额。上半年外币 VC 基金共募集 33.88 亿美元，占上半年 VC 募资总额的 58.1%。

上半年 PE/VC 外币基金合计募集金额高达 178.78 亿美元，占本外币基金募资额的 72%。

二、外资PE在中国经济发展中的作用

中国改革开放以来，经济持续高速增长，经济转轨过程中不断涌现的高额投资回报深深吸引着境外私募股权基金，中国私募股权领域正成为境外资本争先涌入的"资本洼地"。以中国为代表的亚洲私募股权市场正在迅

---

① 信息源自：《上半年外币 PE 基金募 178 亿美元 重夺领先地位》，中国证券报，2010.07.19。

速成长，已成为未来全球私募基金发展的核心市场之一。

在中国，外资 PE 显示了其在资本运作方面的巨大力量，并影响了中国的经济发展和金融格局。从未来发展看，随着中国经济发展水平的进一步提高，全社会金融资产规模的继续扩大，作为一种资产配置的渠道，已经成为全球机构投资者不可或缺的资产配置选择，是建立多层次资本市场的重要组成部分，未来将会得到更多的重视，发挥更大的作用。

随着 PE 在中国的发展，其在提高经济金融运行效率和提高中小企业活力方面的作用逐步显现。中国经济正处于向上发展的良性循环之中，大量的投资项目和企业处于资金缺乏的生长性"贫血"状态，而一旦元气得到恢复，对于这些企业的投资将获得高额回报。利用好外资 PE 可减少企业对间接融资的过度依赖，改善融资结构，从而有利于投融资体制改革，引导社会资本合理配置，促进产业结构调整。

外资 PE 的进入也可帮助中国企业走向国际化，为企业进入国际市场，为提升企业价值、增强企业品牌与竞争力服务。目前，外资 PE 的增值服务能力远非本土大多数 PE 可比，同时，外资 PE 有成熟的基金管理经验和一流的基金人才，有利于推动整个 PE 行业的规范化，促进中国股权投资市场的竞争。

正是看到了外资 PE 纷纷进入中国，并对中国的经济发展带来了积极作用，中国坚持对外开放政策，鼓励在私募基金领域充分利用国内与国外两个市场、两种资源来保障国民经济平稳快速增长。

当然，我们也应看到，随着外资 PE 在国内的扩张，给国内经济带来活力的同时也带来了一些负面影响，许多优质企业被外资控股，境外资本大肆攫取中国经济高速发展的成果。因此，外资私募基金是一把"双刃剑"，如何充分利用外资的优势，并尽量避免或限制其投机行为的一面，是我国实行对外开放中一个长期需要探索的重大课题。

三、对外资PE概念进行规范解读

外资 PE 并不是一个静止的法律上的概念，其含义和存在形式随着市场发展进程和我国法律法规的逐渐进步完善而不断变化、丰富。由于实践中存在多种对外资概念的解读，在资本市场中也有诸多流行词汇，诸如外币基金、境外基金等等，为澄清有关对外资 PE 的混乱和模糊认识，我们将对外资 PE 概念进行规范解读。

另外，需要说明的是，目前，由于 PE 立法尚未出台，严格讲我国尚无明确"私募股权"及"私募股权投资基金"的法律概念。从我国早期政策性文件来看，首先使用"风险投资"、"创业投资"，二者对应的英文均为 Venture Capital，含义并无实质区别。因此，在我国国内资本市场中，PE 与 VC 经常混同使用，严格讲 VC 属于 PE 的类别之一，两者之间具有范畴包容的关系。本书采取较为广义的私募股权投资概念，并未刻意区分私募股权与风险投资即 PE 与 VC 的区别，在各章节出现 PE、VC、私募股权、风险投资、私募股权投资等类似词汇时，除非特殊说明，均具有相同含义。

应提及的是，本书对 PE 的募集、投资管理及退出的分析均是建立在对外资 PE 研究的基础之上，有关基础知识和内外资的共性内容不再深入探讨。重点关注外资 PE 与内资 PE 区别与特殊之处。

第二节　外资PE的分类和涵盖范围

一、外资PE分类要素

相对于本土 PE 而言，外资 PE 是具有某些涉外因素的 PE。按照不同的分类方法，可以将外资 PE 分成不同的类别。其中，有以下因素构成外资 PE 区别于本土 PE 的分类要素。

（一）募集资金来源

募资渠道不同是 PE 之间的较明显区别，也是认定是否属于外资 PE 的重要因素。为了充分满足私募股权基金对外投资所需的资本，私募股权基金需要通过多种途径进行募资，私募是以"私"的方式来募集资金，即不能借助传媒、商业广告或者网络等公开宣传方式，而是通过私人关系、有商业信誉的券商、投行、咨询公司来锁定投资者。各国 PE 的主要来源除个人资本外，机构投资者包括各类养老基金、捐赠基金、大型企业、保险公司、投资银行等。按照募集资金的来源可以划分为来源于境外的 PE 和来源于境内的 PE，是区分是否外资 PE 的最重要的因素是资金来源于境内还是境外。

（二）设立地域

作为法律上的实体 PE，通常是根据某一国家法律规定而设立的公司、合伙制或其他形式的机构。PE 是依据外国法律规定，在中国境外设立的外国公司、合伙或其他组织形式，还是依照中国法律的规定，在中国境内设立的，由中国投资者和外国投资者共同投资或者仅由外国投资者投资的中外合资、外商独资机构等，影响到 PE 设立、募资、投资等诸多方面的不同做法，不仅是区分 PE 是否属于外资 PE 的因素之一，也构成了外资 PE 之间的不同种类。

（三）货币表现币种的区别

我国基金的表现币种有外币和人民币，一直以来，我国私募股权基金多以外币募集，其中主要是美元基金。人民币基金是以人民币作为货币募集的私募股权基金，是相对于外币而言的，主要在国内募集、国内运作。由于我国的外汇管制制度，使人民币与外汇之间的募集设立、投资、退出等方面存在诸多不同，因此，外币基金和人民币基金具有非常明显的不同特点。但需明确的是，表现币种的区别并非外资 PE 与本土 PE 的区别所在，许多人民币基金实际上性质仍是外资性质的 PE。

【信息链接】

红杉中国第三期外币基金募集完成 (10亿美元)[①]

2010 年 4 月，红杉资本中国 (以下简称红杉中国) 日前已经完成旗下第三期外币基金的募集，规模为 10 亿美元。这也是国内风投公司募集的单期最大规模的外币基金。

2005 年 9 月，红杉资本正式进入中国，并设立红杉中国创业投资基金 I 期基金，规模为 2 亿美元。时隔不到 2 年，2007 年 5 月红杉中国募集成

---

① 信息源自: EZCapital，红杉中国第三期外币基金募集完成 (10 亿美元)，http://www.ezcap. cn/News/3/20100422/31858.html，2010.4.21。

立Ⅱ期基金，规模为 7.5 亿美元，其中 2.5 亿美元作为红杉中国创业投资基金Ⅱ期基金，5 亿美元成立红杉中国成长基金Ⅰ期。目前，红杉中国二期基金投资应该已经接近尾声。

2008 年，随着国内资本市场变得炙手可热，红杉中国募集成立了人民币基金，据媒体报道其规模有 10 亿元，但该数目一直未获得红杉中国的确认。

红杉资本是美国硅谷最知名的风险投资公司之一，已经有近 40 年的历史。曾投资苹果电脑、雅虎、Google、甲骨文、思科–T 等全球知名企业，至今投资的企业已有 700 多家，其中 140 多家成功上市，红杉资本的有限合伙人主要包括全球知名大学基金、家族基金和基金会等。红杉一直将自己定位为"创业者背后的创业者"。

二、"外资PE"的涵盖范围

结合我国 PE 发展的实践，从较为全面介绍外资 PE，并侧重于实践中出现的较多形式的角度出发，本书中外资 PE 主要涵盖以下范围：

（一）纯外资PE

纯外资 PE 或称外国 PE，境外 PE，是指根据外国或港澳台地区的法律设立在境外的 PE，主要资金亦来源于境外，基金的表现币种主要为外币。该类基金通常在中国不设立实体，只设立代表处，并在中国有比较活跃的投资，包括直接投资于中国境内企业，或是在红筹模式中投资于在离岸地设立的持有中国境内资产或股权的离岸公司。

（二）中国外资PE

中国外资 PE 分为两类，一种类型是资金来源于境外，另外一种类型是资金主要在境内募集。第一种类型 PE 是设立在中国境内，按照中国法律登记注册的外商投资企业，包括各类外资创业投资企业和从事股权投资业务的其他外商独资和中外合资、合作企业。该类 PE 在境内设有机构和经营场所，其主要资金来源于外方投资者投入的外币资金，或比照外汇管理的人民币境内收益，而并不在中国境内募集资金，基金的表现币种有外币也有人民币。

第二种类型 PE 同样是设立在中国境内，按照中国法律登记注册的外商投资企业，包括各类外资创业投资企业和从事股权投资业务的其他外商独资和中外合资、合作企业。在境内设有机构和经营场所，但与第一种类型区别在于其资金主要是在中国境内募集，基金币种多为人民币。该类基金集合中国境内资本力量，是近期发展比较迅猛的人民币基金的主要形式。

三、外资PE在中国设立机构的几种形式

（一）境外PE在中国设立的代表处

外国企业可以在中国设立常驻代表处，在中国境内从事外国企业业务范围内的联络、产品推广、市场调研、技术交流等非直接经营业务活动。外国 PE 的募集、设立均在境外进行，在中国不设立实体，其在中国的投资直接以该外国 PE 为主体。如今全球知名的 PE 基金包括黑石、凯雷、KKR、摩根士丹利、华平等都设立了针对中国市场的代表处。

（二）一般外商投资企业

根据我国外商投资法律法规，外商投资企业分为外商独资、中外合资、中外合作等形式，以及依据《关于设立外商投资股份有限公司若干问题的暂行规定》设立的中外合资股份有限公司，通常被称为"三资企业"或"外资企业"。另根据 2010 年 3 月 1 日实施的《外国企业或者个人在中国境内设立合伙企业管理办法》，增加外商投资合伙企业形式。

外商投资企业可以在中国境内进行股权投资，并且审批级别设置相对

较低，在鼓励类或允许类的领域内投资的，不需经过审批机关审批。在早期其他相关规定尚未出台时，外资 PE/VC 进入中国先设立外商投资企业(WFOE)，再将资本金结汇成人民币在境内进行股权投资，成为外资 PE 较为热衷的模式，即 WFOE 模式。

WFOE 模式在实践中管制过于宽松，无法控制境外"热钱"流入中国，因而我国出台新政策对其进行约束。2008 年外管局发布了《关于完善外商投资企业外汇资本金支付结汇管理有关业务操作问题的通知》（142号文）规定："外商投资企业资本金结汇所得人民币资金，应当在政府审批部门批准的经营范围内使用，除另有规定外，结汇所得人民币资金不得用于境内股权投资。"这样，该种模式也进入了每个项目都向商务部进行报批的程序，大大增加了项目运作时间成本，并且商务部的审批更为严格，股权投资必须在外商投资企业经营范围之内，对某些敏感领域和敏感项目不被获批的可能性日益增大。因此，该模式逐渐丧失了其意义，实践中越来越少被采用。

（三）外商投资创业投资公司

根据 2003 年 3 月 1 日实施的《外商投资创业投资企业管理规定》，外国投资者设立企业或外国投资者与中国投资者共同合作设立企业，可以采取公司制组织形式，在中国境内设立的以创业投资为经营活动的外商投资企业。

外商投资创投公司认缴资本总额最低限额为 500 万美元，除必备投资者外，其他每个投资者的最低认缴出资额不得低于 100 万美元。必须有一个必备投资者，必备投资者可以是中方投资者，亦可是外方投资者，法律对必备投资者提出了更高的要求，以防范外商投资企业在运作过程中，由于资金不足、管理经验不足等问题带来的风险。外商投资创业投资公司中的外方投资者，范围较为广泛，可以是国外的创业投资基金，也可以是其他的投资者，包括个人投资者。外国投资者以可自由兑换的货币出资，中国投资者以人民币出资。外商投资创投公司的投资者，以其各自认缴的出资额为限对创投企业承担责任。

（四）非法人制外商投资创业投资企业

《外商投资创业投资企业管理规定》亦规定了外国投资者设立企业或外国投资者与中国投资者合作设立企业，可以采取非法人制组织形式，在中国境内设立的以创业投资为经营活动的外商投资企业。在该类基金中，调整投资人之间权利义务的是各方之间的契约或协议，可以实现类似有限合伙的组织架构，必备投资者发挥着类似于有限合伙企业的普通合伙人（GP）的角色，并且可以有效地规避双重征税问题，因此该类创投企业形式成为外资PE进入中国比较广泛实行的组织模式。

非法人制外商投资创投企业的投资者的要求与外商创投公司部分相同，投资者人数在2人以上50人以下，应至少拥有一个必备投资者；投资者认缴出资总额的最低限额为1 000万美元；除第七条所述必备投资者外，其他每个投资者的最低认缴出资额不得低于100万美元。外国投资者以可自由兑换的货币出资，中国投资者以人民币出资。非法人制创投企业的必备投资者，对创投企业的认缴出资及实际出资，分别不低于投资者认缴出资总额及实际出资总额的1%，且应对创投企业的债务承担连带责任。

采取非法人制组织形式的创投企业的投资者，对创投企业的债务承担连带责任。非法人制创投企业的投资者，也可以在创投企业合同中约定在非法人制创投企业资产不足以清偿该债务时，由该规定第七条所述的必备投资者承担连带责任，其他投资者以其认缴的出资额为限承担责任。

【信息链接】

我国"非法人制"外商投资创业投资基金落户泰达

"非法人制"外商投资创业投资基金——赛富成长创业投资基金，日前在天津开发区注册成立。该基金是既符合中国法律又符合国际惯例的"非法人制"外商投资创业投资基金。

基金的股东为天津创业投资有限公司和世界著名的风险投资公司——软银亚洲信息基础投资基金,双方各出资1 000万美元,基金注册资本为2 000万美元。软银亚洲信息基础投资基金创建于2001年2月,思科系统公司是该基金的有限合伙人,软银公司是该基金的普通合伙人。天津创业投资有限公司是天津市创业投资发展中心为履行"管理天津市创业投资引导资金"的职责,于2001年3月在天津设立的创业投资"母基金"公司。软银亚洲信息基础投资基金还将至少再出资1 000万美元与合资基金进行匹配投资。基金成立后一年内所募集的资金计划达到5 000万美元,3年内将达1亿美元。

天津创业投资有限公司和软银亚洲信息基础投资基金还在天津开发区同时,注册成立了赛富成长(天津)创业投资管理有限公司,负责赛富成长创业投资基金的管理工作,为该基金寻找和选择高质量的投资项目。

"非法人制"是中国商务部大力提倡的一种企业组织形式,它在税收上避免了被投资企业和出资人之外,投资企业再次付税的问题。同时,还赋予了创业投资家本身的责任、权利以及相应的法律约束,与过去实行的"法人制"相比,是中国吸引外资的一种制度创新。

(五)合伙制外商投资企业

2006年《合伙企业法》修订通过后,合伙制有了法律基础,遂成为内资PE发起人民币基金时的当然选择。不过此时,外资PE却无法享受这样的待遇。因为该法第一百零八条:"外国企业或者个人在中国境内设立合伙企业的管理办法由国务院规定。"而国务院在随后几年中没有出台相关规定。各地工商局不予批准办理外资PE的合伙制注册。

2010年3月1日,《外国企业或者个人在中国境内设立合伙企业管理办法》及《外商投资合伙企业登记管理规定》正式施行，外商直接设立有限合伙有了明文规定。外国企业或者个人在中国境内设立合伙企业包括两种情形：一种是2个以上外国企业或者个人共同设立合伙企业，合伙人全部为外国企业或者个人，即全外资型合伙企业；第二种是外国企业或者个人与中国的自然人、法人和其他组织共同设立合伙企业，即中外合资型合伙企业。该类型类似非法人型创投企业，这也是许多外资PE在该法生效和实施之前，依据《外商投资创业投资企业管理办法》设立合资基金的一种路径。

《外国企业或者个人在中国境内设立合伙企业管理办法》作为《合伙企业法》的配套行政法规，对外国企业或者个人在中国境内设立合伙企业作出了一些必要的管理规定。但有关外商投资合伙企业的形式、设立的条件、合伙协议、合伙企业财产、合伙事务执行、入伙、退伙、解散、清算等事项，均依照《合伙企业法》的规定办理。对于外资PE而言，联系最紧密的是有关投资性外资合伙企业的规定，我国法律明确了外资PE可以用有限合伙的方式进入，也明确了可以成立以投资为目的的外商投资合伙企业，但法律在这个问题上仍做了一个弹性的规定，国家对外国企业或者个人在中国境内设立以投资为主要业务的合伙企业，另有规定的，依照其规定。因此，外商投资合伙对外股权投资应仍需进行项目审批，但由于我国目前该类企业很少，具体做法还需在以后实践中逐步明确。

合伙制是国外PE业界最为常见的运作方式。与公司制和其他非法人制相比，合伙制有其独特的优势。设立外商投资合伙企业不需要商务主管部门的前置审批，有限合伙企业适用"先分后税"的原则，能避免双重征税，而普通合伙人（GP）与有限合伙人（LP）的制度设计能确保普通合伙人（基金管理人）投资决策的独立性等，有效解决基金管理人的激励机制、约束机制，能够更好地实现PE的目的。

（六）公司制及合伙制创业投资管理企业

《外商投资创业投资企业管理规定》一个突出的新变化就是引入了国际上通行的委托管理制度，允许创投企业把投资活动授予一家合格的创业投资管理公司进行管理，创业投资管理公司受托管理该创投企业的资金，为创投企业寻找投资机会和谈判投资条款，或代表创投企业进行创业投资，并提供相关的管理咨询服务。外商投资创业投资管理企业的名称，应当加注创业投资管理字样。除外商投资创业投资管理企业外，其他外商投资企业不得在名称中使用"创业投资管理"字样。

该规定明确，创业投资管理企业采取公司制组织形式，也可以采取合伙制组织形式。注册资本或出资总额不低于100万元人民币或等值外汇，其设立资金限制明显要低于创投企业，未限制创投管理企业是外资或内资。

设立外商投资创业投资管理企业须经批准程序，即经拟设立外商投资创业投资管理公司所在地省级商务主管部门批准。予以批准的，发给《外商投资企业批准证书》。由于当时我国法律还未规定外商投资合伙企业的形式，因此，虽然该法条文中未限制外资合伙，但其批准程序明确了外商投资企业只能是公司形式。直至2010年，我国规定了外商投资合伙企业形式，第一家外商投资创业投资合伙企业在上海成立。2010年3月14日，国内首家合伙制外商投资股权投资管埋企业——上海欣创股权投资管埋企业（有限合伙）在上海落户。截至目前，上海共有17家外商投资股权投资管理机构登记注册，其中包括美国百仕通集团等全球知名的股权投资管理机构。

第三节 外资PE与近似概念的甄别

一、PE行业的人民币基金

一直以来，国内 PE 行业一直是以美元基金为主导，退出也以企业的海外上市为主要通道。而近来，人民币基金成为 PE 行业热点，人民币基金的兴起正在逐渐改变 PE 行业的游戏格局。

（一）PE行业的人民币基金的含义

人民币基金并不是一个严格法律上的概念，人民币基金是以人民币作为货币募集的 PE 基金，主要相对于以往占统治地位的外币基金尤其是美元基金而言的，主要在国内募集、国内投资、国内退出。人民币基金包含了本土 PE 在中国境内募集的资金，及由外资 PE 以外汇转换成的人民币，或向我国境内募集而形成的人民币 PE 基金。

（二）PE行业的人民币基金的发展历程

2000 年之前，在我国政府主导下设立了一些创业投资人民币基金作为试点，但并未形成规模。2003 年 3 月，《外商投资创业投资企业管理规定》正式生效，为外资 PE 进入人民币基金提供了法律架构。2005 年 11 月，十部委联合发布了《创业投资企业管理暂行办法》，该办法是我国第一部关于内资投资创业投资企业的法规，为创业投资企业提供了一定的保护，并为PE基金按有限合伙形式设立提供了法律空间。2006年开始生效的新版《公司法》和《证券法》，为PE企业的发展提供了更大的余地，2006年《合伙企业法》明确了合伙企业中的合伙人分为普通合伙人和有限合伙人两类，明确了有限合伙形式，并且解决了双重税收问题。这一系列法律法规为我国PE市场发展，尤其是人民币基金的发展奠定了法律基础。

在退出方面，中小企业板全面实现了全流通及创业板的开启，为PE境内退出打开了新的通道。相比之下，外资创投的海外退出通道却受到了政策的限制，红筹模式通道受阻，对外资PE的"两头在外"的模式受到了很大冲击。2009年更成为一个转折点。因为金融危机的冲击，一方面境外资本市场低迷，投资人更为小心，境外募资困难，另一方面本土机构受益于刺激政策等宏观利好，在此双重影响之下，人民币基金成为行业最大热点，外资机构在人民币基金市场愈加活跃。

2009年8月，黑石集团在上海设立百仕通中华发展投资基金，募资约50亿元人民币。同期，香港第一东方投资集团上海子公司获准注册，并将在此后12个月管理总额达60亿元的人民币基金。2010年1月，凯雷宣布在北京设立50亿元的人民币基金。2010年3月，瑞银拟在北京设立人民币基金。同月，以色列英飞尼迪与北京、苏州、哈尔滨、石家庄、常州、宁波和天津等七地政府洽谈，均有设立人民币基金的动向。

【信息链接】

2009年共105只人民币基金完成募集，
募集金额高达122.95亿美元[①]

根据清科研究中心统计数据显示，刚刚过去的2009年，中国私募股权

---

① 信息源自：段宁宁，清科研究中心，http://www.zero2ipo.com.cn/n/2010-1-14/201011494748.shtml，2010.1.14。

市场走势从币种角度来看，在基金募资方面，共有105只人民币基金成功募集122.95亿美元，新募基金数和募资金额分别占2009年同期募资总量的84.7%和65.4%，人民币基金首次在新募基金资本总量上占据市场主导地位。在投资方面，人民币基金共发生328起投资案例，涉及投资金额为29.24亿美元，虽然在投资规模方面尚与外币基金存在较大差距，但投资活跃度首次超越外币基金是不争的事实。不论是从发展趋势上还是从募、投的情况上，这支私募股权基金市场的新生力量大有后发制人的态势。

在全球各经济体饱受金融危机冲击，中国私募股权市场明显回调的大背景下，人民币基金却能独善其身，走出一波独立上涨的市场行情。这与2009年以来，国家和各级政府频出新政，力争突破困扰人民币基金发展的政策壁垒，以各地政府引导基金为代表的政府财政大规模牵头主导私募股权投资、以社保基金为代表的大型机构投资者加大对私募股权基金投资的资产配置比例，以及2009年中小板IPO重启和创业板的开闸，打通了人民币基金境内退出渠道等重要因素不无关系。

（三）人民币基金的模式

从内外资的角度区分，人民币基金有3种模式：外商独资、中外合资、国内人民币基金。前两种属于外资PE，基金成立、基金投资、被投项目上市、上市退出各环节均需要商务部审批。

外商独资模式是指境外PE经过申请并获得外管局、商务部批准后，将其自有外币资金转换成人民币，在中国境内成立人民币基金，直接投资于中国大陆地区的项目。

中外合资的人民币基金通常是外资PE设立外商独资或中外合资投资管理公司，由该管理公司作为普通合伙人来发起设立有限合伙基金，该有限合伙基金完全由国内LP投资，或绝大部分由国内LP投资，少量外资投资由于该种模式仍有外资因素，不能完全享受内资待遇，我们仍将其看做外资 PE。

由于我国外汇管制，造成外资 PE/VC 在境内设立并募集的人民币基金所投资金的本金如何进入及收益、如何汇出的问题一直存在。在实际的投资过程中，中外合资基金得不到国民待遇，在投资项目时需每个项目进行审批，审批程序复杂、不透明等拖长了投资时间。人民币基金的"国民待遇"以及外币汇兑问题一直是外资设立人民币基金的实质性障碍。虽然目前在政策方面尚无统一的说法，但现阶段不少外资创投纷纷通过与各地政府的合作，按照各地不同的优惠政策，寻找途径让人民币基金落户。

【信息链接】

6家外资PE在沪成立人民币基金[①]

据上海政府网消息披露，自上海开放外资 PE 的相关政策公布短短 2 个月内，已经有 6 家机构在上海或拟在上海注册资产管理公司，并计划成立人民币基金，规模接近 300 亿元。

上海市金融办相关负责人朱晓军日前表示，包括摩根士丹利、凯雷和 KKR 等国际私募股权投资基金，都在就设立股权投资管理公司并发起人民币基金等事宜，与上海市有关部门积极磋商。而据浦东新区金融办透露，国庆之前外资 PE 注册数量将突破 10 家。

而最新消息显示，美国最大私人股权投资公司之一——得克萨斯太平洋集团已于 2009 年 9 月 2 日向上海市金融服务办公室提出了在上海设立投资管理公司的意愿。

自从 2009 年 4 月国务院宣布将把上海打造成国际金融中心后，浦东随即宣布将首次尝试允许外资 PE 进行合法登记注册，并由此成为国内首个允许外资 PE 以"股权投资管理企业"身份进行登记注册的地区。外资 PE 在

---

① 信息源自：《6 家外资 PE 在沪成立人民币基金》，中国证券报，2009.9.7。

中国内地设立人民币基金的闸门也正式打开。

2009年8月14日，全球顶级PE巨头百仕通集团宣布，将在浦东设立其首只地区性人民币基金——百仕通中华发展投资基金，募集资金约50亿元。3天后，香港第一东方投资集团在上海浦东新区注册成立全资子公司——第一东方（上海）股权投资管理有限公司，成为首家在上海正式落户的国际私募股权投资管理公司，其作为普通合伙人（GP）管理即将成立的60亿元人民币基金。同一天，包括普凯投资、德丰杰以及中启动的股权投资管理公司，都在浦东相继获得注册成立。普凯基金合伙人姚继平也透露，普凯股权投资管理（上海）有限公司设立申请已被批准，并计划设立募集目标为7亿～10亿元人民币的房地产投资基金和5亿～10亿元人民币的成长型投资基金。同时，里昂证券有限公司与上海国盛有限公司也宣布，将共同设立资产管理公司，并共同发起设立一只境内的人民币私募股权基金，目标规模为100亿元人民币。

二、外商投资性公司

由商务部发布2004年3月实施的《关于举办外商投资性公司的规定》规范了在中国设立投资性公司的条件和程序。外商投资性公司指外国投资者在中国以独资或与中国投资者合资的形式设立的从事直接投资的公司。外商投资性公司的形式限定为有限责任公司，注册资本不低于3 000万美元，其设立由商务部批准。

外商投资性公司这一概念容易与外商投资创业投资企业相混淆。根据《关于外商投资举办投资性公司的规定》，投资性公司的主要业务包括：在国家允许外商投资的领域依法进行投资；受其所投资企业的书面委托（经董事会一致通过），向其所投资企业提供下列采购、平衡外汇、人事管理、寻求贷款或提供担保等服务；设立研发中心，从事新产品及高新技术的研究开发，转让其研究开发成果，并提供相应的技术服务；为其投资者提供咨询服务，为其关联公司提供与其投资有关的市场信息、投资政策等咨询服务；承接其母公司和关联公司的服务外包业务。典型的投资性公司如诺基亚（中国）投资有限公司、现代汽车（中国）投资有限公司、大金（中国）投资有限公司、小松（中国）投资有限公司等。

投资性公司不以股权投资为目的，而以实业投资或服务为核心业务，与以创业投资为经营活动，以获取资本增值收益为目的的外商投资创投企业有一定的区别，严格讲投资性公司并非私募股权投资的一种组织形式，故本书未将其纳入外资 PE 范围之内。

【信息链接】

艾欧史密斯在中国设立外商投资性公司①

由美国热水器巨头艾欧史密斯公司在南京市投资的"艾欧史密斯（中国）投资有限公司"已获商务部批准，在整个产业链中，投资性公司是高于研发中心而仅次于跨国公司总部的一种企业组织形式。

2004 年 11 月，商务部对外发布了《关于外商投资举办投资性公司的规定》，为外商在我国设立投资性公司"开禁"。外商投资性公司可以在国家允许外商投资的领域依法进行投资，或受其所投资企业的委托，进行采购、平衡外汇、技术与员工服务以及担保等服务，或者进行研发技术服务、咨询服务以及服务外包业务等。

美国艾欧史密斯公司是一家在美国纽约证交所上市的著名跨国企业，在全球 8 个国家拥有 43 家企业，主要从事热水器和电机制造业务。2004 年该公司的资产总额为 13.13 亿美元,销售额为 16.53 亿美元。艾欧史密斯（中国）投资有限公司则由美国艾欧史密斯公司的全资子公司艾欧史密斯（巴

---

① 信息源自：新浪财经，《实现零的突破 南京诞生首家外商投资性企业》，http://news.sina.com.cn/c/2005-09-22/11067009129s.shtml。

巴多斯）控股公司独资设立。该公司 1995 年开始在中国投资，已在中国境内投资设立了 4 家外商投资企业，所投资企业实际缴付的注册资本已达到 2 397.5 万美元。据悉，此次在南京设立艾欧史密斯（中国）投资有限公司，旨在以此为投资平台，加强对已在中国设立企业的管理和服务，进一步加大对热水器和电机行业的投资力度，包括对现有企业的增资、企业并购、设立研发中心等。此举也标志着艾欧史密斯在中国的研发、生产、销售、服务和再投资的一体化管理体系更趋完善。

三、离岸基金

在 PE 领域，离岸基金也充当了重要角色，外资 PE 中许多都有离岸中心作为重要一环。离岸基金指注册在所在国之外的离岸中心的基金，通常指设立在开曼群岛、毛里求斯或英属维尔京群岛 (BVI) 等离岸中心的不在当地从事业务的豁免基金。离岸基金所在地的法律环境相对宽松，不在离岸中心与当地公众开展业务，可享有作为豁免公司或企业的免税待遇，离岸基金的投资对象和范围无法律限制，存在更大的操作空间，可以在更广的范围内设计投资组合策略。

红筹模式兴起以来，借助离岸地设立离岸公司实现间接上市盛行一时。红筹模式是特指我国公司将境内资产以各种形式转移至在境外注册的公司，通过境外公司来持有境内资产或股权，然后以境外注册的公司名义上市，是我国企业在境内上市途径不足、PE 退出渠道不畅的特定环境下，为规避管制而采用的各类境外上市的途径和方法。

由于红筹模式在我国 PE 行业发展中的不可忽视的作用，本书将离岸基金中涉及中国企业红筹上市的外国 PE，将其投资于中国企业为实现境外上市为目的而设立的离岸公司，视为其在中国有较活跃的投资活动，而纳入本书外资 PE 的涵盖范围。而直接投资于中国企业的离岸基金则作为纯外资 PE 或境外 PE，同样属于外资 PE 一部分。

【信息链接】

英属维尔京群岛（BVI）：内企抢滩的避税天堂[1]

英属维尔京群岛（BVI）是一个方圆仅154平方公里的西印度洋小岛，据香港殷诚国际公司统计，2003年初，50多万家已在英属维尔京群岛注册的企业中，大约近20万家与中国企业有各种关联。随着众多企业挂上"BVI控股"、"百慕大控股"的牌子，也随着欧亚农业、格林柯尔系的落马，由民企"变身"所引发的话题越来越受到关注。从数字来看，来自国际避税地的投资着实令人吃惊。国家商务部最新统计数据显示，2009年1～9月，BVI、开曼和萨摩亚对华投资分列第二、八、十位。BVI则是多年来一直仅次香港位居第二。由于在国际避税地注册离岸公司大多可以隐瞒股东身份，因此没有人确切知道中国背景公司的数量。但一个明显的趋势是，BVI、开曼、百慕大这些原本无名的小岛正逐渐成为内地企业注册离岸公司的摇篮，其中包括新浪、联通、网易、金蝶、神州数码(0861)、TCL国际(1070)、华润置地(1109)、光大国际(0257)等知名企业。近两年来，百度、蒙牛乳业和分众传媒等企业也已借道在境外成功上市。

四、平行基金

平行基金模式是外资PE间接落地，在中国开展私募股权投资业务的一种新型合作模式，即在海外和国内分别募集两个规模相差不多的投资基金，分属外资PE和中国本土PE，通过有共同利益的管理公司把两个基金模拟成一个基金进行分配和清算。寻找到项目时，两只基金同时进行投资，一般是各占投资额的50%。

在平行基金模式下，国外PE在中国境外建立投资基金，国内机构在

---

[1] 信息源自《英属维尔京群岛（BVI）：内企抢滩的避税天堂》，www.mgqz.cn，2009.2.21。

国内建立投资基金。原则上这两家基金平行存在，在法律上各自独立。但这两家基金在相互磋商，确立合作意向的基础上，共同在国内建立一家投资管理公司，并委托这家公司同时管理国内外两只基金。这种模式的操作过程为：投资管理公司行使基金管理人的职能，负责寻找项目及审核项目。在投资项目确定后，向外资基金和国内基金同时推荐。如果投资的项目需要人民币背景，就用境内的基金进行投资，将来在境内退出；如果投资的项目需要海外控股的背景，则用境外的基金进行投资，将来通过海外上市或并购实现退出，投资后所得的收益按照事先约定的比例在双方之间进行分配。

我国最早采用中外合作平行模式募集设立的人民币基金，是中新苏州工业园区创业投资有限公司与台湾创投企业怡和创投集团合作设立的总额为6 000万美元的平行基金。其后，2007年6月，天津海泰科技投资管理有限公司和戈壁合伙人有限公司共同组建的"海泰—戈壁滨海高新创业投资基金"，也是采用这种模式。

采用中外合作平行基金模式的优点在于可以有效地解决境外资金，因外汇管制所导致进入难、退出难的问题，以及国内资金无法走出国门的困境。同时，中外基金都有自己的管理团队和风险控制体系，可以进一步降低投资风险度。此外，在退出方面则更为灵活，无论是国内还是境外上市退出均可以游刃有余。然而，由于中外合作平行基金是基于合同关系而进行合作的，其在约束机制、决策效率以及双重管理所面临的利益冲突等方面存在一些易导致混乱的因素。

【信息链接】

戈壁海泰创业投资基金成立　以平行基金模式运作[①]

在 2007 年 6 月 6 日天津滨海新区举办的"中国企业国际融资洽谈会"上，戈壁海泰滨海高新创业投资基金正式成立。据了解，作为本土最为活跃的风险投资基金管理公司之一，戈壁合伙人是一家立足上海，专注于大中国地区数字媒体行业的创投基金公司，基金的战略投资者包括 IBM, NTT DoCoMo, McGraw-Hill, Steamboat 和 Sierra Ventures 等国际一流企业。本次规模 1.5 亿元基金主要以平行基金模式运作。

天津海泰科技投资管理有限公司副总经理刘向东表示，戈壁海泰创业投资基金的设立，就是要充分发挥内外资双方的资源、渠道、资金、品牌、投资经验等优势，实现资源互补；同时，利用滨海新区开发开放的有利时机，发挥好创业投资的投融资管道作用，对于提升本土的创业投资管理水平，缩小与国际创投机构的差距，推动天津地方科技经济的发展，吸引越来越多的国内外知名创投机构来津发展都将起着至关重要的作用。

滨海新区及海泰集团希望能通过该次合作，建立园区内的风险投资体系与环境，在为园区内创新型企业带来海外资金与先进经验的同时，发现与培养本土的创业投资人才和氛围，真正起到推进创业投资行业在国内的发展的作用。

---

① 信息源自：李建，《戈壁海泰创业投资基金成立　以平行基金模式运作》，证券日报，http://www.p5w.net/fund/gsdt/200706/t1006299.htm，2007.6.7。

第二章

外资PE在中国的发展

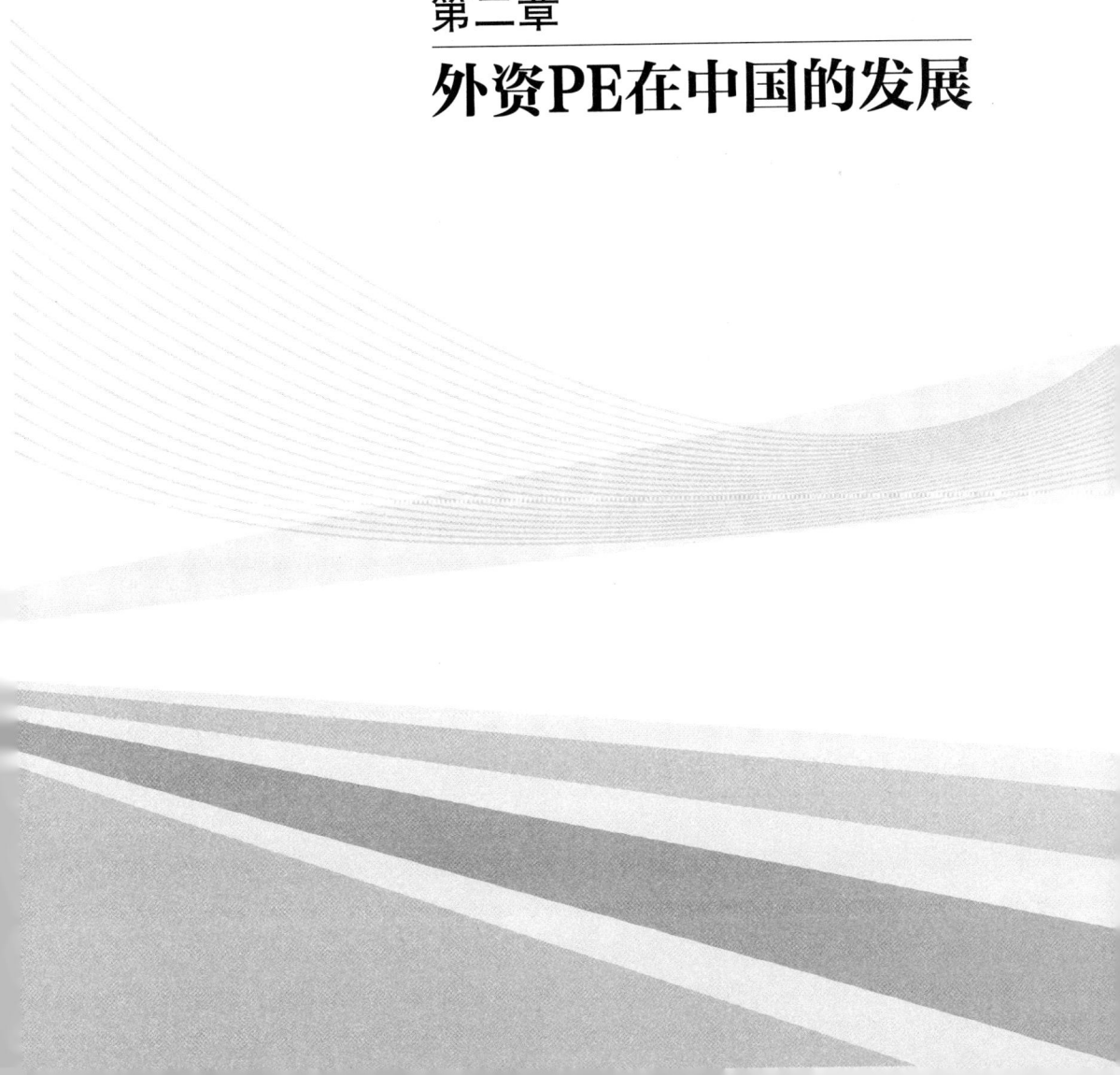

近些年来，PE 在国际上已经成为一项重要的金融产业，在助推实体产业发展上起了关键的作用。以美国为例，在其高科技产业的发展史上，以风险投资为代表的 PE 发挥了不可替代的作用。20 世纪 70 年代以来，美国的高科技企业，微软、英特尔、甲骨文、谷歌等均得益于 PE 资本对他们的支撑。随着证券市场的完善，诸如纳斯达克等以高科技创业企业为主的板块的推出，PE 与其他金融分支的联系更加紧密，形成了联动机制，一个完善的资本市场体系为实体产业的发展实现全程服务。

改革开放 30 多年，我国的经济保持了高速的增长，GDP 年均增速达 9.8%，外资总额也由占世界比重不足 1% 升至 8%，中国的改革开放释放出巨大的生产力。中国经济增长一直高于世界经济增长水平，社会经济取得全面进步。我国 GDP 在世界排名从 1990 年的第 11 位上升到 2000 年第 6 位，乃至 2010 年超过日本位居第二位。市场经济体系、外汇管理、资本市场等经济制度建设不断完善，逐步推进市场化和国际化进程，融入世界经济体系和经济全球化浪潮之中。

外资 PE 进入中国的近 20 年过程中，国内的金融体制改革在渐进式地稳步推进，投资环境正在成熟。外资 PE 几经沉浮，经过大浪淘沙的涤荡，一些外资 PE 成功融入了中国的经济发展，并对我国多层次资本体系的建设起到了积极的推动作用。

第一节　外资PE在中国的进入期和扩张期

外资 PE 自从 20 世纪 90 年代进入我国以来，一直是在一片迷茫中摸索着前进，当时中国市场迎来了一批外资基金，但是由于国内经济体制没有理顺以及国企管制等原因，使得外资 PE 大多没有太大作为。随着改革开放的推进，国内资本市场的不断完善，外资 PE 波浪式进入我国。当国内外经济、金融形势发生变化，尤其是新兴技术革命引发的信息产业兴起，随之拉动了外资 PE 在我国投资的高潮。"投资中国"一度成为世界经济界最流行的词语。

一、外资PE初期进入（1990~2000年）

（一）外资PE进入中国背景介绍

私募股权投资在中国的起步，可以追溯至 20 世纪 90 年代。当时在以美国为代表的发达国家正迈向信息化和互联网时代，经济发展模式开始转型，高新技术产业蓬勃兴起，这给纳斯达克等高新技术板块的股票市场带来了 10 年的上扬。

在新的经济增长极的刺激下，私募股权投资机构开始关注创业初期的科技型企业，一旦寻找到合适的项目，便以风险投资的形式向企业注入资金。

如雅虎、亚马逊等一大批互联网、高科技企业，都成为了私募股权投资者的运作对象，纳斯达克成为了私募股权基金获取高额回报的"提款机"。风险投资成了私募股权投资的主流。

20世纪90年代的中国经济，处于新一轮经济增长的高峰期。1992年邓小平南方谈话使中国向市场经济转轨，同时加快对外开放步伐，中国国内市场成为外资PE从事风险投资的新兴市场。首先进入的有IDG、汉鼎亚太、华登国际等以风险投资为主的私募股权基金。那时的国内的私募股权投资市场被称作"PE的荒漠"，这些舶来的外资PE纷纷到中国开疆拓土。

（二）法律政策

1985年，中共中央发布了《关于科学技术体制改革的决定》，首次提出了风险投资的概念。1991年，国务院在《国家高新技术产业开发区若干政策的暂行规定》中指出："有关部门可以在高新技术产业开发区建立风险投资基金，用于风险较大的高新技术产业开发，条件成熟的高新技术开发区可创办风险投资公司。"1996年，《中华人民共和国促进科技成果转化法》颁布实施，风险投资的政策第一次写入法律。风险投资开始受到中国政府的关注。

1995年国务院批准发布了《设立境外中国产业投资基金管理办法》（已废止），这是关于境外产业投资基金的第一个全国性法规。它主要确定了中资机构作为发起人的资质，规范了发起人进行国外募资，设立境外投资机构，转向回国投资的操作行为；对在华的外资PE的投资方向、投资领域、投资方式等方面也进行了规制。此法规的出台说明了中国政府面对外资PE初期的进入，已经意识到产业投资的优势，官方的态度是鼓励吸引外资投资国内产业，服务于本国经济建设；同时对国内的外资PE明确了其投资规则，给外资PE清晰的操作空间。这些政策给正在国门之外徘徊的外资PE一个信号，中国政府逐渐打开了外资PE之门。

（三）外资PE发展概况

在政府力量的推动下，我国相继成立了一些风险投资公司，开始了风险投资的早期尝试。1989 年，经国务院批准，由香港招商局集团、国家科委和国防科工委联合发起设立了中国科招高技术有限公司。该公司为中国私人股权投资业的第一家中外合资公司。美国数据集团技术创业投资基金（IDG VC）是最早在中国设立和开展业务的跨国公司附属风险投资机构。1993 年 IDG 与上海市科学技术委员会创立太平洋技术风险投资（中国）基金，成为 VC 进驻中国的第一梯队。随后华登国际、中经合集团、汉鼎亚太和怡和创投等台湾背景的美籍华人创投公司也相继进入中国市场。之后，外资 PE 机构开始在中国有所作为，亚信、搜狐、新浪、网易等获得国外风险投资在纳斯达克上市。

这个阶段，由于社会环境、政策、文化等因素，一些外资 PE 在香港等大陆周边地区设立总部或办公室，作为其投资大陆的桥头堡，如当时在境外设立了一批冠以"中国 XX 产业投资基金"名称的投资于中国境内企业或中国概念的基金；外资 PE 在中国的投资范围主要在于软件、通讯、IT 互联网等新兴领域，如 IDG 投资金蝶软件、搜房网，华登国际投资新浪网等等。外资 PE 早期的投资规模谨慎，项目金额多在几十万美元，甚至十几万美元。

总的来说，外资 PE 在进入国内之初是摸索着前进。

二、外资PE的扩张阶段（2000~2006年[①]）

（一）外资PE迅速发展背景介绍

进入 21 世纪后，欧美等发达国家经过了 10 年的快速发展，以通信、

---

① 这个时间不是绝对的，外资 PE 的扩张和国内对其调控是相伴的，2006 年以后政策出台的密集程度加大。

信息等新技术为代表的生产力革新基本完成，经济增长陷入疲软。世界经济的增长明显放缓。据世界银行2001年11月底公布的统计数字，世界经济在2001年的增长速度是1.3%，大大低于2000年的3.8%。其中发达国家的经济增长只有0.9%，发展国家为2.9%。美国"互联网新经济"的泡沫破灭，股市下挫，尤其在经历"9·11"后，当年第三、四季度的GDP增长为负数，美国经济进入衰退期。欧洲、日本遭遇债务危机、股市低迷，经济增长同样进入下滑阶段。为了刺激经济，美国连续下调利率，长期持续低利率。这造成美元巨额的流动性过剩以及资产的价格攀升。于是，一方面美元流动性过剩，另一方面人民币对美元的升值预期和逐步升值。两个因素同时作用，促使了以美元为代表的外资PE涌入中国。

新世纪之初，虽然国际贸易环境日趋恶化，但我国仍坚持以内需为主导的方针，加之以稳定的货币政策和积极的财政政策，2001年实现了7.3%的经济增长。同年11月，我国成为世贸组织的正式成员。此后几年，我国经济保持8%左右的高速增长，外汇储备额大幅增加，经济基本面长期利好，成为21世纪全球经济的亮点。由于我国经济的高速增长和国内政治稳定，外资PE将我国视为PE的新增长点，在我国迅速扩张。

（二）外资PE的法律政策

2001年，《中华人民共和国信托法》的颁布施行，以及其后的《证券法》、《公司法》、《合伙企业法》的修改，《外商投资创业投资企业管理规定》、《外商投资项目核准暂行管理办法》等相关行政法规的出台，从规则层面上逐步消除了外资PE和其他各类私募股权基金设立和运作的法律障碍。2003年1月30日，科技部、外经贸部、税务总局、工商总局及外管局五部委联合颁布的《外商投资创业投资企业管理规定》生效，为中方投资者提供了与外国投资者的共同投资，并由外国基金管理专业人士管理投资的合法途径。

在金融、银行、证券市场建设方面，我国积极稳妥推进金融业对外开放，完善证券市场制度和 IPO 发审及监管规则，积极推进股权分置改革，开通中小板、创业板，大力发展资本市场，构建多层次金融市场体系。通过企业改制，合理设置股权，形成股权多元化的产权机制，带动经营、管理机制的转变。在舆论环境上，鼓励创新、创业的社会氛围，在人才培养上，注重金融、财会以及专业投资管理人才的培育。这一系列措施的实施，给私募股权投资形成了有利的环境，客观上为外资 PE 的扩张提供了条件。

（三）外资PE的发展概况

我国国民开始知晓 PE，客观上归因于外资 PE 的扩张。在相当一段时间内，外资 PE 在国内 PE 市场占据了主导地位。公众、媒体谈及股权投资，都是高盛、摩根士丹利这些外资投行的直投部门，或者黑石、IDG、凯雷这种专业外资 PE。外资 PE 的投资总量、募集资金金额等各方面指标，总体呈快速增长的态势。

2005 年，数目仅为 50 家的外资创投机构掌握了 114 亿美元资金；而本土创投机构数目虽多达 130 家，却仅掌握 4.7 亿美元资金，是外资创投基金规模的 1/20。2005 年外资创投投资了 126 家企业，投资额高达 7.3 亿美元；而本土创投仅投资 83 家企业，投资总额为 1.6 亿美元，是外资创投投资额的 1/5。

从外资 PE 机构进入中国的数量来看，越来越多的外资 PE 直接在境内设立常驻办公室。2006 年共有 54 家外资私募基金在中国设立办公室[①]。从投资数额上看，2002 年国内某机构评选"2002 年中国风险投资 50 强"，其中数据显示：在 2002 年风险投资 50 强投资总量的统计中，本土风险投资商仅占全部投资的 32.7%，即 1.28 亿美元[②]。2006 年外资 PE 在中国市场上

[①] 信息源自：《外资私募基金走向前台》，中国证监会网站，http://www.csrc.gov.cn/n575458/n870586/n1335340/n8200149/8381868.html，2007.12.6。

[②] 信息源自：《2002 中国风险投资 50 强》，中金在线网站，http://history.cnfol.com/021210/122,1330,105883,00.shtml，2002.12.10。

投放的创业投资金额占市场总额的 74.2%，本土机构则仅为 18.3%，其余为中外联合创投。这从很大程度上说明了外资 PE 占据当时中国市场的主要份额，能反映出外资 PE 在国内的扩张势头。

在扩张阶段，外资 PE 无论是募集、投资，还是退出、内部管理、品牌等多方面，成为了我国投资市场的主力军。外资 PE 的发展呈现以下特点：

1. 投资领域扩宽。外资 PE 刚进入境内时，主要投资的领域集中在 IT·互联网、通信领域。随着对国内环境的熟悉，投资行业的放开，外资 PE 逐步进入了我国的金融、地产、传媒、新能源、生物技术、电子制造、化工、食品等多个行业。从投资区域来看，不再限于北京、上海等大城市，而是铺向全国各地，包括山西、四川、陕西、新疆等西部内陆。

2. 投资阶段延伸。外资 PE 最开始从事投资处于创意、研发和产业化早期阶段的企业，几乎只从事风险投资。进入扩张阶段，不少外资 PE 带着大量资金开始投资于内地产业化成功后的企业，尝试产业并购，通过资金注入、采购设备、培训员工等方面帮助企业迅速扩张。从 2004 年以来，外资 PE 新桥集团斥资收购深发展股权；黑石注资蓝星集团 7 亿美元；美国华平联合香港中信资本控股哈药集团；高盛并购双汇、雨润；KKR 投资平安、蒙牛、南孚；淡马锡揽下建行、中行和民生银行的股权等，这些外资 PE 机构在中国内地市场四面出击，并购事件层出不穷，彰显了外资 PE 的战略扩张。并购成为了外资 PE 向成熟阶段的产业投资的延伸。

3. 形成红筹投资模式。外资 PE 在境外募集资金后，通过运作将企业在境外上市。这种"两头在外"的红筹模式对于外资 PE 来说成本低、速度快，免去了退出换汇的审批及相关手续，在·定程度上避开了国内复杂的审批程序。企业也能很快在境外上市，获得境外资本市场的支持。外资 PE 受到极大的认可，"投资中国"的概念盛行，国内企业将纳斯达克视为心中的耶路撒冷。红筹模式一度成为外资 PE 在国内市场的主流运作模式。

此阶段，PE 所投资的企业大量在海外上市。据不完全统计，截至

2006 年底，中国企业在海外上市的数量在 400 家以上，其中以红筹模式上市的企业约占总数的 80% 以上。其中，2005 年共有 81 家企业海外上市，2006 年共有 86 家企业海外上市。

第二节　外资PE的调控期及现状

过度的扩张以及泡沫的破灭，给外资 PE 带来一个短暂的调整。外资 PE 不但遇到了金融危机的冲击，而且面临着政府出台法规监管和本土 PE 的兴起等冲击。但是外资 PE 在调整中逐渐熟悉国内的社会人文环境，融入中国经济的发展，不仅在中国的投资获得巨大收益，同时与中国经济环境的联系愈发紧密。

一、外资PE调控阶段（2006~2009年）

（一）外资PE背景介绍

随着外资 PE 的扩张，国内外出现一些新的因素也导致外资 PE 在华投资发生格局上的转变。

据有关统计显示，2003 年以前，外资在中国的并购占其在华直接投资的 5% 左右，但到 2006 年，这一比例上升到 63.6%，增加了 12 倍多。外资 PE 在我国资本市场的风生水起，让他们在分享了中国经济高速增长的成果，同时也让国人意识到了危机。外资 PE 扩张所产生的"鲶鱼效应[①]"，激发

---

① 鲶鱼效应即采取一种手段或措施，刺激一些企业活跃起来，积极参与市场竞争，从而激活市场中的同行业企业。

了本土 PE 的崛起。2003 年，弘毅投资成立，代表民间本土 PE 登上舞台；2006 年底，政府鼓励国内资本对实体产业的支持，并开始了对投资基金产业自上而下地推广。中国第一只以人民币募集资金的产业投资基金——渤海产业基金获准成立，2007 年，第二批 5 只总规模 560 亿元人民币的产业基金获准筹备设立。政府引导基金也纷纷在各地设立。有"主权基金"之称的"中国投资有限责任公司"成立。2009 年初，中信产业投资基金管理公司管理的中信绵阳产业基金开始了中国历史上最大规模的人民币股权基金的募集，最终募资额达 90 亿元。这一系列的事件，表明了本土 PE 的迅速崛起。

2007 年 9 月，中国证监会启动证券公司直接股权投资业务试点，中信证券的金石投资，中金公司的中金佳成获批，并在北京注册成立，之后陆续有 29 家券商取得直投业务资格。其他形式的本土 PE 也纷纷设立，有地方政府主导的产业投资基金，如：天津滨海新区创业风险投资基金、山西创业风险投资引导基金等；也有民间设立的 PE，例如：浦东的慧眼投资基金、云南的宏福股权基金等；也有合伙制 PE，例如：深圳市南海成长创业投资合伙企业、武汉的融众高成长投资私募基金等等。

2009 年年底，创业板开通，在 28 家已经进入创业板发行阶段的企业中，绝大部分是本土 PE 给予的幕后支持，不少本土 PE 在投资企业上市后成功获利退出，这让外资 PE 备感压力。

与前述种种国内因素相比，国际方面的背景也不容忽视。2008 年下半年，以美国次贷危机引发的金融危机，拉升了通货膨胀率，政府采取了货币紧缩政策，外资 PE 在国外的募资出现困难。在金融危机的波及下，一些外资 PE 原有的或者潜在的投资人受到重创，对于已经募集的外资 PE 来说，其分批到位的后续资金也出现了募集困难，直接导致外资 PE 在我国投资的萎缩。这在客观上给人民币基金带来发展机遇。

（二）外资PE的法律政策

从 2006 年开始，政府相关部门频频颁布政策法规，从外汇、商务部门审批等多方面对外资 PE 加大监管力度。从《关于境内居民通过境外特殊目的公司境外融资及返程投资外汇管理有关问题的通知》（"75 号文"），到《关于外国投资者并购境内企业规定》（"10 号文"），以及《外商投资产业指导目录》的调整，再到《国家外汇管理局关于境内居民通过境外特殊目的公司融资及返程投资外汇管理有关问题的通知》（"106 号文"），这一系列的政策法规的颁布，以及配套实施措施的出台，给外资 PE 的扩张加上了一道道"紧箍咒"。

这些法规在外汇兑换、融资配套、行业准入等方面对外资 PE 的运作进行监管和限制。外资 PE 的投资行为受到了外商投资产业指导目录限制；国家对红筹模式拉开了监管大幕，在很大程度上限制了境内企业的海外上市，同时也让外资 PE 的退出渠道变窄；"10 号文"明确要求境内企业以外资名义到境内投资或到境外设立公司再返程投资时，需经商务部审批，此类公司要去境外上市，应由证监会备案制变为审批制；"142 号文"将外资 PE 流行的 WFOE 投资模式堵死等等。由此可见，政策的出台对外资 PE 造成巨大影响。

（三）发展概况

从 2006 年开始，政策监管、本土 PE 的崛起和金融危机三大因素的叠加作用，使得外资 PE 在中国的扩张得到了遏制。"10 号文"颁布后，外资参与境内企业投资并购的成功事件屈指可数。凯雷对徐工机械、重庆商业银行、山东海化集团的并购失败，KKR 并购济南锅炉失败等等，凸显了外资 PE 扩张受到的阻力。

我国政府通过修改法律法规、重启 IPO、推出创业板、券商直投试点等多种措施，为本土 PE 发展创造有利环境。清科研究机构的统计数据表明，

2006 ～ 2009 年外资 VC/PE 在华投资年均复合增长率为 −28.2%。2009 年，中国共有 105 只人民币基金成功募集 122.95 亿美元，首次在募集总量上超过美元，占据市场主导地位。外资 PE 的投资情况也出现了急速下滑（如图 2.1 所示）。

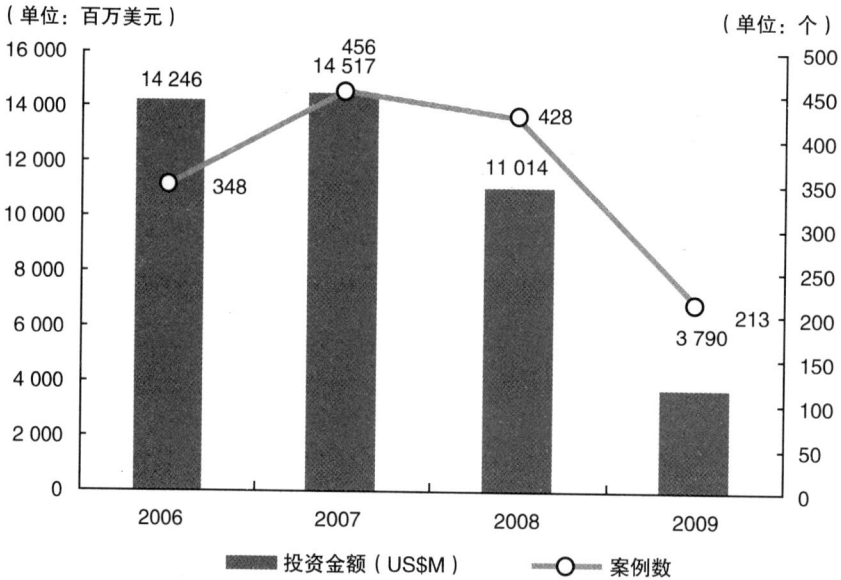

图2.1　外资VC/PE投资机构投资情况比较（2006～2009年）
资料来源：清科研究中心，2010.6。

在 2009 年中国市场 PE 机构排名前 10 强中，本土 PE 与外资 PE 上榜个数对比来看，外资 PE 受到的冲击明显（如图 2.2 所示）。

二、外资PE现状（2009年至今）

（一）外资PE背景介绍

从 2009 年以来，可以说是外资 PE 在中国的"二次创业"。一方面，受金融危机的影响，海外投资者趋于保守，外资 PE 的海外募资难度加大，

（单位：个）

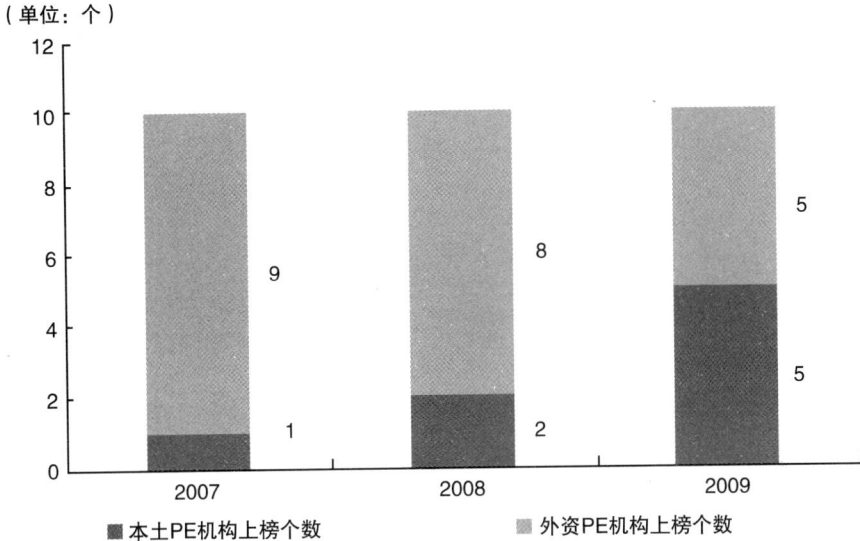

图2.2 2007～2009年PE排名前10强本土PE与外资PE比较
资料来源：清科研究中心，2010.3。

据不完全统计约有一成的外资 PE 倾向将资金募集的重点转入中国；另一方面，随着本土 PE 的迅速成长，监管部门对外资掌控能力的加强，政策监管使得外资 PE 海外退出渠道收窄，外资 PE 在中国的发展面临内外交困的局面，他们不得不思索进行战略的转型。

在我国国内经济形势逐渐摆脱金融危机影响，境内的退出环境有实质性的改善后，大多数外资 PE 机构对设立人民币基金产生了兴趣。

2009 年 12 月 30 日，国务院常务会议令外资 PE 备受鼓舞，会议提出了"要创造更加开放、更加优化的投资环境，不断提高利用外资质量，更好地发挥和利用外资在推动科技创新、产业升级和区域协调发展等方面的积极作用"，进一步"扩大开放领域，鼓励外资投向高端制造业、高新技术产业、现代服务业、新能源和节能环保等产业……鼓励外资以并购方式参与国内企业改组改造和兼并重组。"会议还提出了要清理审批事项，缩小审批核准范围，简化外资资本金结汇手续等等。这让在经历几年管制"痛苦"

的外资 PE 感到坚冰松动。

在国务院常务会议召开不久，2010 年 1 月 12 日，北京市金融工作局与凯雷投资集团签署谅解备忘录。凯雷将在北京设立人民币基金，将对较大的成长型企业进行投资；北京市将对凯雷设立人民币基金提供全方位支持；管理着 250 亿美元资产的索罗斯基金管理公司，计划在香港成立办事处，并在北京设立代表处；黑石与上海大型国企的合作也已成功募集 50 亿元的人民币基金。

（二）外资PE发展概况

在新的发展阶段初期，外资 PE 的战略转型使人民币基金对美元基金发生了逆转。据清科统计数据显示，2009 年新募集的 94 只基金中，人民币基金共有 84 只，占比达到 89.4%，较 2008 年全年 75.9% 的占比增加 13.5个百分点；外币基金 10 只，占比仅有 10.6%，如图 2.3 所示。

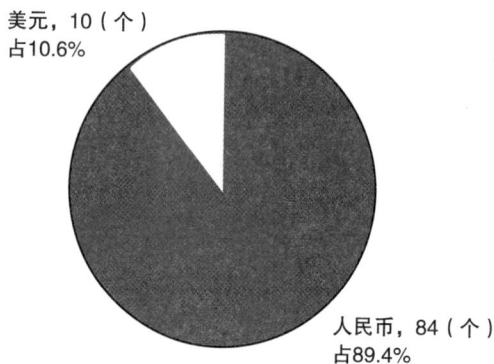

美元，10（个）
占10.6%

人民币，84（个）
占89.4%

图2.3　2009年新募基金币种数量及分布情况（按数量，个）
资料来源：清科研究中心，2010.3。

从募资金额来看，人民币基金募资金额为 35.67 亿美元，占总数的60.9%，较 2008 年全年 32.0% 的占比大幅上升 28.9 个百分点；外币基金募资金额为 22.89 亿美元，占募资总额的 39.1%，如图 2.4 所示。

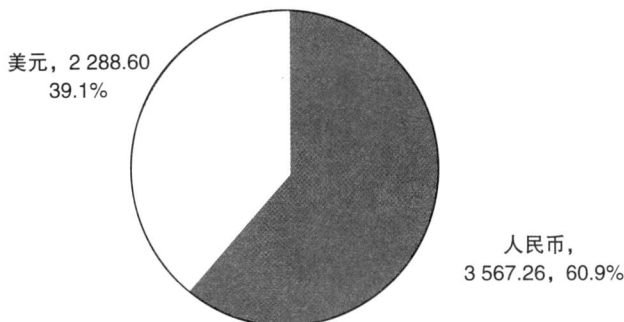

图2.4　2009年新募基金币种分布（按金额，单位：百万美元）
资料来源：清科研究中心，2010.3。

　　从并购案例来看，根据国务院常务会议关于更好地利用外资的精神，"鼓励外资以并购方式参与国内企业改组改造和兼并重组"，2010年上半年并购事件明显增多。数据显示，2010年上半年，国内并购案例有194起，涉及金额48.10亿美元；海外并购有30起，涉及金额66.77亿美元。外资并购14起，涉及金额4.51亿美元。与2009年同期相比，并购案例数增长59.7%，并购金额增长25.1%。

　　进入2010年以来，中国VC/PE市场持续回暖，根据清科数据显示，截至2010年7月1日，共有32只可投资于中国内地的基金，成功募集资金190.26亿美元，基金数量方面回升至2007年的历史高点，募集金额也已超过2009年全年募资总额，这主要受益于两只大额基金——黑石Ⅵ和上海金融产业投资基金完成募集。

　　2009年，人民币基金首次在基金数量以及金额方面超越外币基金，占据市场主导地位，这股募集热潮也延续到了2010年。截至7月1日，2010年共有26只新人民币基金完成募集，环比及同比涨幅分别达到73.3%和333.3%。然而，从募集金额看，各人民币基金依旧规模偏小，除上海金融产业投资基金成功募集110亿元之外，其他大部分基金均未超过10亿元。

外币基金方面，受金融危机影响，可投资于中国大陆地区的外币基金募集放缓，2010年上半年共有6只外币基金完成募集，环比及同比分别增长50%与20%。由于2010年二季度有大额基金——黑石VI基金完成募集，外币基金在规模方面再次超越人民币基金，如图2.5所示上半年共募集144.90亿美元，占募资总额76.16%。结合私募股权投资机构类型来看，26只人民币基金中，本土机构募集的占21只，外资机构3只，合资机构2只。

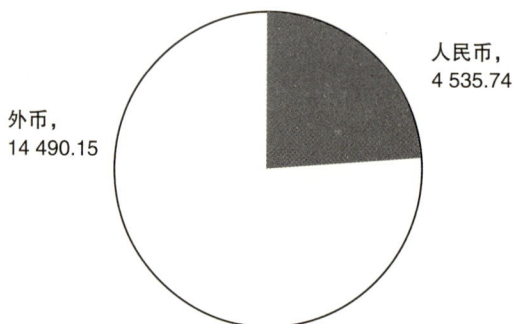

图2.5　新募私募股权基金币种比较（按募集金额，百万美元）
资料来源：清科研究中心，2010.7。

（三）外资PE的主要特点

此阶段外资PE的发展主要呈现以下特点：

1. 主动合作。如果把2002年前后的中外合资PE的爆发看作本土PE向外资PE寻求合作，向他们取经学习的话，那么这个新阶段的合作是双方平等的合作，更是外资PE主动寻求的合作。凯雷、黑石、瑞银等机构的基金经理们放下架子，加强本土化，着手设立人民币基金。

外资PE在上海、北京、天津等地展开了合作攻势，将其合作对象锁定在政府产业引导基金、社保基金、保险公司以及定向民间资本等方面。2010年初，凯雷先后在上海、北京联合本土机构设立人民币基金。同年3月，瑞银拟在北京设立人民币基金。同时,以色列英飞尼迪与北京、苏州、哈尔滨、石家庄、常州、宁波和天津政府洽谈,均有设立人民币基金的动向。IDG旗下的和谐成长基金在天津与全国社保基金达成协议,取得社保基金12亿元人民币的投入。外资PE发起下的合作式人民币基金成为了外资PE与本土机构合作,转变发展方向的重要措施。

2. 地方先行。根据国务院对股权投资基金实行重点地方的"先行先试"的政策。外资PE在新阶段中的一大特点是:在地方新政的支持下,落户上海、北京、天津等地。这些地方成了外资PE新阶段发展的中心。

对待外资股权投资"先行先试"的原则,是前一阶段对外资PE的政策收紧之后,中央的新一轮的政策转向。地方政府被允许尝试与外资PE的对接,实行渐进式地引入外资PE。北京、上海、天津、重庆等地纷纷出台政策,在制度准入方面放开,在税收优惠、办公需求、企业资源等方面给予了外资PE不同程度的优惠。

2009年6月2日,上海市浦东新区发布《上海市浦东新区设立外商投资股权投资管理企业试行办法》,根据此办法,浦东成为国内首个允许外资PE在浦东以股权投资管理企业形式设立子公司,并给予一定优惠政策。随后包括香港第一东方投资、黑石在内的数家外资PE机构,在上海或拟在上海注册资产管理公司,着手成立人民币基金。

2010年1月,《在京设立外商投资股权投资基金管理企业暂行办法》正式发布。自此,外资PE在北京的发展有法可依。该《办法》肯定了中外合资依法设立股权投资基金管理企业的形式,也允许外商独资设立股权投资基金管理企业。

3. 战略转移。人民币基金是外资PE在我国战略转移的一个重要方面。外资PE通过设立人民币基金,将在中国寻找更多的LP,或者与国内的资金合作成立中外合资的人民币基金,以建立更加广泛的关系网络。外资PE通过支持本地金融服务和PE产业的发展,得到政府和产业的支持;同时,人民币基金又可以使他们进入更广泛的投资领域，增强投资能力和力度。

这两年，外资 PE 已经变了扩张时期大手笔的投资并购，尤其在凯雷等对一些大型国有企业股权并购失败后，外资 PE 调整了它的投资策略，将目光更多地转向了政策阻力较小的民营企业，在行业选择方面集中关注消费品、健康产业、新材料新能源等行业关注度不高的行业。2009 年 9 月，凯雷收购食品企业雅士利 17.3% 的股权，2010 年初老虎环球基金投资京东商城等，这些投资案例客观上体现了外资 PE 在投资方向上的转移。在退出上，随着国内退出环境的改善，外资 PE 开始运作本土退出，同洲电子、青岛软件等有外资 PE 投资背景的企业已经在国内市场实现了上市。

第三节　外资PE与中国环境的融合

通过外资 PE 在中国的发展路径可以发现，这是不断与中国本土环境之间互相协调、融合的过程。不但国内相关方面在不断调整对外资 PE 的监管政策、促进本土 PE 发展、完善资本市场等配套设施，而且外资 PE 也在不断调整发展战略、改变它们的投资模式、整合各方资源等等，以顺应中国环境的变化。双方在博弈中，不断改进完善自身，最终谋求共赢。

中国人讲究和谐，和谐不仅仅是各种要素的共处和联系，对规则、秩序的遵守，更是一种美的结果。实现和谐的过程就是不同要素的融合，将融合单单理解成为多种技术或者事物的堆砌、各方面的简单合并、不同单个物体的组合是不够的。融合是个体间互相的渗透，在合作中增进了解和互信，彼此融合成有机的系统，产生 1+1 > 2 的效果。融合不仅是合作，在竞争中也要融合。双方虽然进行激烈的竞争，但竞争的环境是公正、公平、公开和有序的，竞争的手段是光明正大的。大家的奋斗目标是共同的：服务于社会，将事业做大，实现社会和自身双赢。无论合作或竞争，最终融合形成内在的和谐。这些对融合的理解应当成为外资 PE 与中国环境的融合的理论基础。

一、国内PE环境的特点

在国内对待外资既开放又管制的大环境中，外资 PE 在中国发展，需要了解其 PE 环境的特点。也只有了解中国 PE 环境的特点，才能更有利于外资 PE 融入中国，为其在华顺利落地和发展铺平道路。总结起来，国内 PE 的环境有以下特点：

（一）关系型信用

在国内做私募股权投资非常看重人身信任,坊间认为"投资就是投人"。企业要获得投资很重要的一方面是，能否获得投资者的信任。外资 PE 要获得本土 LP 的注资，同样最重要的是获得 LP 的信任。然而这种信任的建立，很多时候取决于投资者和被投资者之间的关系是否融洽。关系越是融洽，双方就越是了解深入，目标越能趋于一致，投资者也就越是愿意投资，被投资者获得投资的概率也就越大。

我国社会长期以来处于自然状态下的小农经济，人与人的关系建立在"熟人社会"的基础上。农业经济将个体禁锢于土地之上，个人的生存无须四处奔波；家族宗法使得个人之间的联系以血缘为线索，形成一个具有区域性自闭的小社会。因此，在封建土地制度、家族宗法意识的影响下，个体之间的知晓和了解是通过熟人网络展开的，人们之间的信任都是通过亲戚、朋友或者老乡关系来取得的。

在经济形态转向市场经济时，传统的社会关系模式仍然在起很大的作用。市场经济的制度已经通过立法明确写在规章制度里，但是"陌生人社会"的规则体系在中国尚缺乏适用的环境和生命力。因此出现了糅杂的现象，比如,企业获得贷款除了企业的信用评定等级、项目如何优质等客观条件外，往往还要看贷款人与企业的关系如何。程序上的事项按照市场经济的规章制度走，实质的工作还是根据"熟人社会"的模式操作。同样，外资 PE 要取得国内 LP 的信任，在中国的落地生根，需要适应关系型信用的模式，在客户维护、市场开拓、公共关系等方面了解中国社会的特点。

（二）投资者关切

改革开放 30 年，是我国国家、企业、国民财产迅速增长的 30 年。我国本土的创业者刚刚完成第一代的资本积累，许多摸爬滚打出来的事业有成者对自有资金的投资非常谨慎和关注。对于投资而言，尤其是以自有资产的投资，明知有风险，但是接受不了投资的失败，因而表现出非常的谨慎。在投资风格上，他们认为 PE 投资时间短、收益大，希望资金能快进快出，一批基金要花 10 年左右的时间，对于他们来说难以忍受。在日常 PE 管理者运作项目时，国内的投资者往往不会袖手旁观，在投资决策时参与讨论屡见不鲜，在很大程度上，他们也在承担投资决策人的工作。

（三）官方主导

在中国，政府大规模牵头设立引导基金，不仅包括政府直接出资，还涉及政策、税收优惠、审查程序简化等等。掌握大量资金的国企、社保基金等官方机构也是私募基金的重要组织者或者参与者。政府通过引导基金，拉动整个社会对股权投资行业的投入。

外资 PE 进入中国后，如上文所述，逐步意识到与官方合作的重要性，开始战略转型，采取各种方式加强与官方机构的合作。

外资 PE 在国内运作的成功与否，官方意见往往具有决定性作用，尤其是对国有企业和一些特殊的民企。如凯雷收购徐工的失败，很大程度是因为最终没有通过商务部的审批。反之，高盛收购双汇的成功则是商务部审批同意了漯河市国资委的决定。政府的主导性，体现在了不同层级的政府，对不同级别项目的控制。不仅仅是大项目的中央级审批，一些中小型项目，即使没有列入审批范围，同样需要被收购对象所在地方政府相关方面的审批许可。

中国 PE 环境有其特殊性，基于几千年来社会、文化传统形成的环境氛围是中国社会特有的，从根源上衍生出来的社会特点对投资环境有重要的影响，外资 PE 在与中国环境的融合中需要逐步适应。

二、外资PE与国内环境融合的必要性

基于社会、人文环境的不同，我国的 PE 环境迥异于他国。外资 PE 的进入势必要与本土环境融合，才能得到和谐发展。同时，外资 PE 与本土 PE 有竞争，也有统一。双方在公平、公正的环境中，遵纪守法，有序竞争，真正实现优胜劣汰，把中国的 PE 行业引入健康发展的轨道，最终实现内外联动、互利共赢。

（一）融合能增进彼此互信

就以往的经验来看，一些外商投资项目以"市场换技术"之名获得审批，但是观其后效，国内企业不仅没有获得技术，市场份额反而缩小；外资，通过合资控股吞并了数个民族品牌；通过商品价格炒作和资本运作，拖垮国内实体产业，从而低价收购，进而控制某些产业；外资收购时"暗箱操作"，低估国有资产，导致国家资产大量外流；在投资协议中签订霸王条款，提出不平等条件，在获得企业控制权后，逃避员工补偿和社保费用，制造亏损因素，进而低价取得中方股份，获得绝对控制权等等。融合的失败会导致双方的对立,融合需增进彼此互信。为了使外资在中国可持续地健康发展，一方面政府正在修改、完善与外资博弈的游戏规则；另一方面外资应该端正态度，调整投资战略，找到融入本土环境的最佳方案，与中方彼此坦诚、融合，达成互信，实现双赢。

（二）融合能有效化解风险

PE 的主要特点就是非公开性，资金的来源和投向都是针对非公开的市

场，而且很多项目在运作中均不披露信息。PE从投资到退出整个过程的私密性，必然导致监管方对不可控因素的怀疑。尤其是外资PE，其投资并购的决定多由国外总部掌控，本土监管方更加怀疑其转手套利的动机。当外资PE面临这种道德上的风险，融合便成为一个很好的化解手段。与本土各种事业的融合，与本土产业的多方融合，通过融合的事实表明共同发展的态度。

作为金融资本，外资PE过多地在某个产业扩张，容易形成产业垄断，带来垄断风险。外资PE应当根据当地特点，对控制权保持谨慎。从产业安全的角度，衡量好投资并购的程度，一个合适的控股份额能促使外资PE的投资并购顺利推进。对产业控制权考量的过程就是外资PE思索与地方产业合理融合的过程。对"度"的正确把握，就是化解垄断风险，融入本土发展的表现。

在全球经济一体化背景下，金融危机都是跨国、跨行业的，外资PE将其投资多元化，不仅能在很大程度上融入本土经济发展的方方面面，同时也将投资风险分散到各个行业，避免某单个行业遭遇危机时的全军覆没。

（三）融合能互相促进

外资PE在中国投资企业，能将其所擅长行业的先进管理理念、行业信息和技术引入被投资企业。在资本运作上，外资PE将被投资企业引入国际资本市场，有利于加速我国产业结构调整、推动高新技术产业发展、解决我国资本市场发展不平衡等问题。对于外资PE来说，它们的资金优势非常明显，中国PE行业刚刚兴起，国内有着巨大的发展空间，在投资过程中，有很多好的项目来源，面对中国高速成长的市场，培育好一个项目能给其带来良好的收益。

外资PE在与本土PE的互相竞争中，外资PE可以进一步适应中国文化和社会的投资环境。本土PE能学习外资PE成熟的管理经验、项目选择的分析方法以及项目运作的国际化操作；总之，竞争对手之间的融合，是在彼此的竞争中各自取长补短，互相学习和促进。

目前，外资 PE 在中国的发展已经不是当初美元横行的时代。外资 PE 需要重新审视自身在中国的定位，加强与中国经济、环境的融合。同样，中国对待外资 PE 的认识也是愈加深入，对外资的掌控能力愈发自如。中国一贯欢迎外国投资者来到华发展，实现互利共赢，但是对待"热钱"的流入和"资本帝国主义"的输出也持坚决防范打击的态度。外资 PE 最终能否与国内实现双赢，取决于外资 PE 在中国的融合是否成功。

第三章

外资PE在中国的募集与设立

纵观外资 PE 在中国的投资历史，其对中国项目的热情可以说有增无减。然而在外资 PE 初期进入乃至快速扩张的阶段，中国有关私募股权投资的法律制度始终不够完善，只得通过搭建红筹结构将境内项目转移到境外再进行投资、退出。这种模式一方面能够避免国内烦琐的设立、投资审批手续，另一方面则为外资 PE 实现了美元募集、美元投资、美元退出的操作过程，避免了跨境投资退出、先结汇再换汇而导致的高成本。在这一阶段，外资 PE 与中国的联系主要维系在与企业的合作层面，多体现为代表处的形式在境内设立，甚至在中国并不存在实体，而是完全通过在香港等地方设立代表处，以离岸操作实现对中国项目的投资。

　　随着国内监管制度和外资股权投资领域的法律完善，外资 PE 逐渐具备了落户中国的基础，而本土投资者的崛起、红筹结构受挫、国内上市退出渠道的打通、乃至人民币升值的预期，也在投资收益上吸引着外资 PE 在境内落地、生根。逐渐地，外资 PE 的募集与设立与中国市场有了密切联系，原先"两头在外"的模式也正在向境内"全产业链"模式转变。

第一节　从人民币基金的崛起看外资PE
在中国的募集与设立

2008 年以来，有关人民币基金的讨论甚嚣尘上，一时间颠倒了人民币和美元在境内 PE 市场中的地位。究其原因，则是中国市场内私募股权基金在币种方面的变化。表 3.1 列举了 2006 ～ 2009 年可投资于中国境内的私募股权基金的币种情况。

表3.1　2006~2009年可投资于中国境内的私募股权基金币种情况[①]

年份	基金数量（只）		人民币基金占比	基金募集额（亿美元）		人民币基金占比
	人民币	美元		人民币	美元	
2006	16	63	20.3%	15.8	166.0	8.7%
2007	37	83	30.8%	29.2	381.4	7.1%
2008	108	59	64.7%	236.7	448.0	34.6%
2009	105	19	84.7%	123.0	65.1	65.4%

从表 3.1 中可以明显看到，人民币基金的数量在 2008 年呈现出迅猛增长的势头，而在 2009 年，虽然两类基金在募集总量上都有下滑，但人民币基金却首次在募集金额和募集数量两个方面双双超过美元基金。

从市场发布的外资 PE 参与人民币基金的资讯中，也可以看到其在币

---

① 根据清科研究中心统计数据整理。

种募集策略和中国投资战略两个方面的重大转变。

【信息链接】

表3.2　部分外资PE发起人民币基金情况[①]

外资PE	境内合作方	基金规模	投资领域
英飞尼迪集团	北京、苏州、哈尔滨、石家庄、常州、宁波和天津7个中国城市	6只人民币基金总额将介于2～5亿元	通过新技术促进经济发展
瑞银集团	北京市政府	未披露	—
凯雷集团	北京市金融局	50亿元人民币	—
凯雷集团	复星国际	1亿美元	投资中国高成长企业以及能受益于中国成长的国际企业
香港第一东方投资集团	无	60亿元人民币	—
里昂证券	上海国盛	100亿元人民币	可再生资源、绿色环境和消费行业。
百仕通（黑石）集团	上海市政府	50亿元人民币	—
贝祥（中国）基金	大连海融高新创业投资管理公司	5亿元人民币	软件和信息技术、新材料和制造、清洁技术、医疗健康以及消费品和服务。
Origo Partners	新乡市政府	7 500万美元	清洁技术领域
启明创投	无	2.5亿元	生物医药专项

一、从向外资募集到向内资募集

（一）境内投资者与境外投资者的博弈

2008年以来，境内的PE投资者受到国家政策引导和个人观念转变的双重影响，展现出人民币资金的巨大潜力。

[①]　根据清科研究中心统计数据整理。

2008 年,《关于创业投资引导基金规范设立与运作的指导意见》出台,各地政府设立引导基金和产业基金的数量大幅增长,对创投方面的人民币基金形成带动效应。而全国社保基金经过 6 年的探索,也有扩大投资范围的冲动,在向 5 家中资背景的基金——中比基金、渤海产业基金、鼎晖、弘毅、绵阳产业基金注资之后,在 2010 年投向 IDG 和谐成长基金。根据国务院的规定,全国社保基金可在其净资产 10% 的范围内开展股权投资业务,而这个数字在 2010 年代表着 1 000 亿元人民币的巨额资金,毋庸置疑,全国社保基金今后将成为人民币基金的主要资金来源。此外,2009 年证券公司被允许开展直接投资业务以来,已有 15 家券商参与 PE 投资,操作的资本总量也已超过百亿元;而商业银行和保险公司开展股权投资业务的政策放开也已渐成定局,一旦这两者进入 PE 市场,又将带来上万亿的人民币资金。除了大型的机构投资者之外,境内的富有企业和个人也逐渐承认了私募股权的投资方式,成为境内投资者的又一股力量。

相比而言,境外投资者的资金实力受到 2008 年金融危机的影响则大幅缩水。许多习惯投资 PE 的资本出于对风险的考虑,更多的投资于自身固有的业务领域,而境外风行的 FOF（基金中的基金）则由于信贷紧缩很难获得投资。据统计,2009 年上半年美国 VC 的基金募集量同比下降了 63%,为 2003 年以来的历史新低,由此可见境外投资者的资金量缩水幅度。

【信息链接】

养老基金有望放开股权投资试点[①]

2010 年 6 月 10 日,国家发改委财政金融司副司长曹文炼在天津表示,将鼓励地方政府与财政部门和人保部门一起研究制定规则,推动地方养老

---

① 信息源自:钱亦楠、胡采苹,《LP 匮乏外资 PE 募集人民币基金局面尴尬 借道地方突围》,《财经》期刊,2010.6.25。

金投资股权投资基金的试点，发改委将积极支持试点工作。

试点将可能会选择天津、北京以及长三角的上海、浙江、江苏等地方养老金充足、PE市场发展较早的地方。

这一信号，无疑为诸多人民币PE带来了希望。一位在国际著名PE负责资金募集的人士表示，这给很多大型人民币PE募集资金创造了更多渠道。

参照国外的情况，国际上PE的大发展也是从20世纪70年代允许养老金进入该市场开始的。

（二）境内退出渠道与境外退出渠道的博弈

PE运作的一大特点就是在投资时安排好资金退出的渠道，因此，境内外退出渠道的变化也将影响PE管理机构募集币种的决策。基金的币种往往代表着投资者的身份，由此，美元基金与境外退出的结合、人民币基金与境内退出的结合，也成为资金募集和项目退出的必然联系。而在所有的退出渠道当中，最为核心的无疑是公开上市，因此境内外上市渠道的变化也必将影响外资PE对募集资金币种的选择。

近两年境内PE退出渠道的最大事件当属创业板的开启，尤其是目前创业板平均超过50倍的市盈率为PE机构提供了较高的收益预期。据统计，前两批36家创业板上市企业中，有25家企业背后有PE的支持；而2009年全年上市退出的PE案例中，有47家选择了境内，境外退出的为30家。创业板上市的企业一般是具有高成长性的创新型企业，与PE所青睐的企业类型不谋而合，这种投资领域的契合度也会增加PE与创业板之间的捆绑。

创业板开启之外，2009年我国还重启了主板IPO的过会审批，证监会也明确表示将加大国内资本市场的建设。而与此相反，境外的欧美证券市场则出现了深幅下调，平均市盈率也大大降低。由于PE投资企业时将按照预期收益对资金进行配置，因此，预期收益较低、退出风险加大等因素必将导致外资PE机构重新考虑基金募集的规模，进而影响到美元基金的总量。

除了上市平台的差异之外，红筹结构的政策性终结也是影响境外退出的重要因素。2006年9月8日，商务部等六部委联合签发的《关于外国投资者并购境内企业的规定》生效，国内企业通过在境外设立实体、接受美元PE的投资、进而在境外上市的红筹模式受到更高级别的审批限制，而至今为止商务部尚未批准一例红筹上市的案例。失去了红筹结构的外资PE除了寻求后红筹模式的操作，只能转道境内寻求人民币基金的合作，开始尝试境内募集、境内投资、境内退出的新路径。

二、从资金引入为主到资金、管理引入并重

纵观外资PE参与中国股权投资的进程，可以看到的是，外资PE从财务投资者到战略投资者的转变，而与此伴随的，从募集角度看，则是从重视资金引入到资金、管理引入并重的过程。

外资PE对中国股权投资项目的关注，最初是纯粹以获利为目的的，仅仅是通过投资行为获得回报，而对中国企业的长期发展、中国管理经验的提升、中国产业机构的调整并不重视。但是随着外资PE与中国政府部门的合作越发深入、与中国股权投资市场的融合度逐渐提高，它们逐渐开始向中国的产业引导政策靠拢，通过更多的支持环保节能、高新技术、社会服务等行业领域获得更多的政府支持，并在投资企业时显示出长期合作的决心，有更大的资金投入。自此，在外资PE的眼中，中国的股权投资市场已经从许多个单一的项目企业升级为其国际战略的重要领地。

而中国的股权投资市场也在数十年的发展中从重视"引资"向重视调整中国产业结构，培育中国企业转变。最初进入中国的创投基金一度缓解了我国中小企业的融资困难，但在另一方面，越来越多的企业到境外上市却使得这些被投资企业的市场价值流出国外。因而，单纯资金引入的弊端、本土股权投资企业的兴起、再加上近年来中国在全球经济中的地位变化，都使得我国政府将股权投资管理技术的提升和人才的培育放在更为重要的

位置。

2009 年以来，上海、北京率先颁布了有关外资 PE 管理机构落地中国的优惠政策，再加上外资 PE 近年来募集人民币的意愿日益显著，外资 PE 便纷纷以管理公司的形式在中国落地，企图用境外成熟的管理经验加上本土的人民币资金开展境内的股权投资业务。外资 PE 参与中国股权投资市场的方式逐步在发生着改变。

考虑到本土 PE 机构的逐渐成熟，外资 PE 的竞争压力也着实不小。尤其是在募集人民币的过程中，本土 PE 与人民币资金有更为亲近的血缘，而外资 PE 的投资范围又受到产业指导目录的限制。由此，外资 PE 在基金管理和企业管理方面的双重经验已成为它们的唯一优势，从资金引入到管理引入也成为它们继续参与中国股权投资市场的途径。也许不久的将来，外资 PE 与中国股权投资市场的关系会发生倒转——从境内募集、到境外投资。

【信息链接】

人民币基金前路漫漫①

统计数据显示，从募资角度来看，2009 年中国私募股权市场人民币基金新募基金数量虽然大幅度超越外币基金，但是从新募基金的平均募资金额来看，人民币基金的平均募资额为外币基金的 1/3。从投资角度来看，2009 年人民币基金投资案例数量是外币基金的 1.7 倍，但是从投资金额来看，人民币基金投资金额为 29.24 亿美元，而外币基金总投资金额为 84.28 亿美元，占比达到 74.2%，依然占据市场的主导地位。由于人民币基金募资、投资规模普遍偏小，基金所能涉及的投资阶段以及采取的投资策略必然受到一定程度的限制，同时，对于人民币基金的投资理念和投资风格都

---

① 信息源自：段宁宁，《2009 年共 105 只人民币基金完成募集，募集金额高达 122.95 亿美元》，清科研究中心，2010.1.4。

将产生较大的影响。另外，在中国市场拥有的超高投资回报的特别吸引力下，2010年海外机构投资者注入中国私募股权市场的资本总量很可能将会有所回调。与之对应，人民币基金2010年募、投占比或将有所下降。总之，人民币基金的主导地位尚未巩固，在今后的3~5年中，人民币基金与外币基金的规模将会随着行业发展呈现出上下波动的趋势，呈现出势均力敌的态势。

第二节　从股权投资法律进程看外资PE 在中国的募集与设立

外资 PE 在中国的发展历程与多种因素联系在一起，而其中最为核心的则是国内股权投资的法律法规和相关政策。作为 PE 发展的硬环境，法律环境在客观上影响着境外投资者落地中国的步骤，也见证了外资 PE 从剑走偏锋到大张旗鼓的历史进程。

一、WFOE模式的法律环境分析

（一）WFOE模式产生的法律背景

在 2001 年的《关于设立外商投资创业投资企业的暂行规定》之前，私募股权投资的运作模式并不为我国立法者所熟悉，因而也并不具备专门规制这一领域的法律法规。在这种法律环境下，除了从境外对国内企业直接投资之外，外资 PE 只能将股权投资混同于其他投资方式、利用外商投资企业的一般性投资功能实现股权投资。具体而言，就是首先设立外商投资企业，然后再将巨额的注册资金结汇为人民币，再进行股权投资，亦即业界所称的 WFOE（外商投资企业）模式。

1979 年的《中外合资经营企业法》、1986 年的《外资企业法》、1988

年的《中外合作经营企业法》是我国最早颁布的外商投资企业的法律规定，也被合称为"三资企业法"。1995年，对外经贸部又发布了《关于设立外商投资股份有限公司若干问题的暂行规定》，至此，外商投资企业在中国的设立形式已经与内资企业基本无异，涵盖了有限责任公司、中外合资股份有限公司，以及中外合作经营企业。2000年，对外经贸部和工商总局共同发布了《关于外商投资企业境内投资的暂行规定》（以下简称"《暂行规定》"），对外商投资企业在中国境内投资设立企业或购买其他企业股权的行为作了详细规定，成为一般外商投资企业在中国进行股权投资的法律基础。

（二）外资PE青睐WFOE模式的原因

根据"三资企业法"及其实施条例（或实施细则）的规定，一般外商投资企业的设立审批由商务部门负责，企业的投资规模和投资行业决定管理部门的级别。而根据《暂行规定》，外商投资企业只要符合下列条件，即可向境内的有限责任公司或股份有限公司进行股权投资：（1）注册资本已缴清；（2）开始赢利；（3）依法经营，无违法经营记录。在投资方面，《暂行规定》对外商投资企业的要求是：在鼓励类或允许类领域进行股权投资时，须向其所在地的公司登记机关提出申请；在限制类领域进行股权投资时，则须向省级外经贸部门提出申请，并按照经营范围征求省级或国家级行业主管部门的意见。

相比于直接投资，WFOE模式在审批方面的规制是较为宽松的。在直接投资中，外资基金要在境内完成股权投资，其审批步骤包括：（1）根据项目投资的规模向国家发改委或其地方分支机构申请外商投资项目的核准；（2）向同级商务主管部门申请取得批准文件；（3）向外汇管理部门申请外汇登记、向工商管理部门办理股东变更登记手续、到税务部门办理税务登记。

相反，如果外资PE选择在境内注册成立外商投资企业，则只需要在设立时通过商务主管部门的批准，即可将境外资金汇入国内，作为该企业的注册资本金。在对外进行股权投资时，只要不涉及限制类领域，就无须经过商务主管部门的批准。相比而言，WFOE 模式大大降低了外资 PE 的时间成本。

值得一提的是，在 2005 年新《公司法》实施以前，公司对外累计投资额不得超过本公司净资产的 50%，这对于 WFOE 模式而言造成了一定的限制。但是在新《公司法》施行之后，这一限制即告解除，该模式在外资 PE 境内投资中的优势也得到彰显。

（三）"142号文"出台对WFOE的影响

2008 年，外汇管理局发布了《关于完善外商投资企业外汇资本金支付结汇管理有关业务操作问题的通知》（下称 "142 号文"），其中第三条规定："外商投资企业资本金结汇所得人民币资金，应当在政府审批部门批准的经营范围内使用，除另有规定外，结汇所得人民币资金不得用于境内股权投资。"

外管局的这一规定表明国家对外商投资企业的外汇资本金实行更为严格的限制，要求外资企业在结汇使用资本金时严格遵守其经营范围。这也意味着外商投资企业要对外进行股权投资，就必须首先获得股权投资的经营范围。在这一背景下，一般的外商投资企业要想进行股权投资，就需要先经过商务部门的审批才能经营范围上有所体现，由此，外资 PE 的WFOE 模式失去了审批环节上的优势，也渐渐不为外资 PE 所用了。

【信息链接】

"142号文"出台，外资PE说法不一[①]

据统计，2008 年以来募集的可投资于内地的外资基金，总规模超过

---

① 信息源自《新规制约外资 VC/PE 终结 WFOE 模式》，中国证券网，http://www.cnstock.com/08zhongguorz/2008-11/06/content_3816283.htm，2008.11.6。

200 亿美元。"142 号文"的出台，将对他们的投资产生怎样的影响，外资 PE 的看法不一。

软银投资合伙人羊东认为："一般来说，做得好的、有成功运作经验的外资基金，通过审批都比较容易。只有那些不太知名的新基金会受一些影响。"

今日资本总裁徐新认为："外管局的新规定是为了控制热钱，并非是要限制正当的股权投资，我们最近的两笔投资都获得通过了，没有什么影响。"

除大部分人士认为"没太大影响"外，亦有部分投资人士对外管局的这一新规持担忧态度。

在 MEG 神能投资集团总经理钱平看来，由于对项目审批制的担心，这则规定会一定程度上影响外资 PE、VC 在中国进行股权投资的积极性，"不过，对人民币基金来说，少了竞争对手，这是个好消息。"

二、外资创投企业的相关法律分析

（一）《外商投资创业投资企业管理规定》分析

2003 年 3 月 1 日起施行的《外商投资创业投资企业管理规定》（以下简称"《管理规定》"），是外资 PE 在中国设立创业投资企业和创业投资管理企业的主要依据，其目的在于鼓励外资来华投资于高新技术产业，建立和完善我国的创业投资机制。该文件颁布后，先前的《关于设立外商投资创业投资企业的暂行规定》即告废止。

《管理规定》明确肯定了创业投资的模式，将其称为"通过股权投资获得资产增值收益"，并明确规定了股权转让、股权回购，以及境内外上市的获益方式，借此将私募股权投资的理念真正引进国内。

对于外资设立创投企业的条件和程序，《管理规定》主要涵盖以下内容：

1. 设立审批。根据《管理规定》，外资创投企业应向当地的省级外经贸主管部门（现为商务主管部门）报送申请设立文件，由其在收到全部上报材料后 15 天内完成初审并上报对外贸易经济合作部（现为商务部）。对外贸易经济合作部（现为商务部）作为审批机构，应当在收到全部上报材料起 45 天内，经科学技术部同意后，作出批准或不批准的书面决定。

从程序上看，外资创投企业的设立审批与一般外资企业并无太大区别，只是在审批机构的层级上有更高的限制，统一由商务部作出批准决定。另外，由于创投企业涉及高新技术企业的投资，需要在作出批准决定时取得科技部的同意。

另外，商务部已于 2009 年 3 月 5 日发布了《关于外商投资创业投资企业、创业投资管理企业审批事项的通知》，适当调低了外资创投企业的审批级别，规定资本总额 1 亿美元以下的（含 1 亿美元）外资创投企业、外资创业投资管理企业的设立及变更由省级商务部门负责审核管理。审批上的调整代表了国内创业投资市场和监管制度的成熟，也对外资 PE 在设立审批环节上提供了便利。

2. 组织形式。根据《管理规定》，外资创投企业可以采用公司制组织形式，也可采用非法人制组织形式。非法人制外资创投企业的投资者对创投企业的债务承担连带责任，投资者也可以在创投企业合同中约定，在企业资产不足以清偿债务时，由必备投资者承担连带责任，其他投资者以其认缴的出资额为限承担责任。

"三资企业法"及《关于设立外商投资股份有限公司若干问题的暂行规定》为外资企业提供的组织形式仅限于有限责任公司、中外合资股份有限公司和非法人的中外合作企业，而这一规定则使得外资创投企业可以通过协议实现有限合伙的组织架构，为外资 PE 的设立形式寻求了突破。

3. 必备投资者。《管理规定》要求外资创投企业的投资者人数为 2 ~ 50人，并且至少拥有 1 个必备投资者。必备投资者应当以创业投资为其主营业务，拥有 3 名以上具有 3 年以上创业投资从业经验的专业管理人员，并且在设立申请前 3 年管理的资本累计不得低于 1 亿元美元（中国必备投资者为 1 亿元人民币），其中至少 5 000 万美元（中国必备投资者为 5 000 万元人民币）已经用于创业投资。

对必备投资者的要求反映出监管机构对外资创投企业在创业投资方面的经验要求，也在一定程度上体现出监管机构对外资创投企业的严苛——中外必备投资者在管理资本额和投资额上存在高达数倍的差别化规定。

4. 出资额要求。《管理规定》对外资创投企业的资本出资额按照企业形式予以划分：公司制创投企业的认缴资本总额不得低于 500 万美元，其中必备投资者的认缴出资和实际出资分别不低于全体投资者认缴出资总额和实际出资总额的 30%；非法人制创投企业的认缴资本总额不得低于 1 000 万美元，其中必备投资者的认缴出资和实际出资分别不低于全体投资者认缴出资总额和实际出资总额的 1%。

另外，对于必备投资者之外的投资人，《管理规定》要求最低认缴出资额不得低于 100 万美元。而在出资方式上则规定，外国投资者以可自由兑换的货币出资，中国投资者以人民币出资。

对于必备投资者在不同企业形式中的出资额要求，进一步体现出非法人制创投企业中的必备投资者类似于有限合伙制基金中普通合伙人的地位。对此，我们将在下文中详细阐述。

5. 创业投资管理企业。《管理规定》允许外资创投企业将其日常经营权授权一家创业投资管理企业或另一家创投企业管理，受委托的创投管理企业可以是内资、外资、甚或是境外的创投管理企业。需要注意的是，创投企业与其委托的创投管理企业之间必须签订管理合同，而该管理合同必须经过全体投资者同意，并报审批机构批准后方可生效。

《管理规定》用一章的内容对创业投资管理企业的设立条件、组织机构、申请事项作出了规定。其中，创投管理企业的设立条件为：（1）以受托管理创投企业的投资业务为主营业务；（2）拥有 3 名以上具有 3 年以上创业投资从业经验的专业管理人员；（3）注册资本或出资总额不低于 100 万元人民币或等值外汇;(4)有完善的内部控制制度。

《管理规定》对创业投资管理企业这一形式的法律认可在我国尚属首次,而设立条件的低成本要求则体现出监管机构的宽松态度,重视管理引入、培养管理人才由此逐步成为我国私募股权投资领域的重心。

6.禁止性规定。《管理规定》对外资创投企业的禁止性规定主要体现在其经营管理环节:在融资方式上禁止挪用非自用资金或贷款进行投资;在投资范围方面禁止投资二级市场、非自用不动产,以及我国禁止外商投资的领域;规定还禁止创投企业对外提供贷款或担保。

对外资创投企业的投融资模式限制体现的是我国外汇管制的要求,入境的外商投资资金需要在审批范围内从事经营活动,尤其应当避免在二级市场和房地产市场上的热钱涌入。

【信息链接】

外商投资00001号基金——英飞尼迪—中新创业投资企业①

2004 年,Infinity 与中新创投(CSVC,苏州创投集团的前身)合作成立了中国第一只非法人制中外合作基金——Infinity CSVC 基金,即英飞尼迪—中新创业投资企业,当时的中国副总理吴仪和以色列副总理奥尔默特共同参加了 Infinity CSVC 基金的签约典礼。

"这是中国政府颁发的第一张非法人制中外合作创业投资企业营业执照,执照编号为00001。"Inifinity 执行董事高哲铭说,"Infinity 最早是 IDB 集团的一个投资部门,很快就独立出来。而 IDB 集团是以色列最大的工业集团,贡献了以色列国民生产总值的 13%。脱胎于这样一家实力雄厚的大公司,获得政府全方位的支持也是意料之中的。"

---

① 信息源自:英飞尼迪股权基金管理集团官方网站媒体报道,http://www.infinity-vc.com/chinese/news_item.asp?ID=73,2009.6.1。

Infinity CSVC 基金总额为 3 000 万美元，中以双方按 1∶1 出资，截至目前已基本投完。高哲铭说，这只是一只小型的试验基金。该基金一共在以色列和中国投资了 6 个项目，其中两家已（部分）退出。一家是以色列的 Nanomotion 公司，2005 年被江森电子收购了 51% 股权；另一家是中国的晶方半导体有限公司（WLCSP），以 3 800 万美金的价格部分出售给了纳斯达克上市公司 OMNI。如今，晶方半导体的年销售额已达 1 亿多美元，正计划在中国实施 IPO。

2006 年，Infinity 基金又与中国合作设立了 3.5 亿美元的 Infinity I-China 基金，成为其第二只中以基金。其中，中国国家开发银行投入 8 000 万美元。据悉，该基金 LP 中，除了国开行外，还包括以色列 IDB 集团及其他一些国外银行。

无论是 Infinity CSVC 基金，还是 Infinity I-China 基金，其核心投资策略都是通过将以色列的成熟技术带入到所投资的中国企业，使其成为行业龙头。这种方式充分利用了快速发展中的中国经济以及以色列的技术优势。

（二）《外商投资创业投资企业管理规定》与《创业投资企业管理暂行办法》

值得一提的是，在创投领域，外商投资的立法进程要早于内资，这是由于外资 PE 确实在中国有较为活跃的投资实践，迫使监管机构出台了系统性的管理规范。

2005 年 11 月，针对本土创投企业的《创业投资企业管理暂行办法》（以下简称"《暂行办法》"）出台，并于 2006 年 3 月施行。《暂行办法》为本土 PE 提供了特别保护和政策支持，二者在主要内容上的区别如表 3.3 所示。

表3.3 本土创投企业与外资创投企业设立条件与程序对比

	外资创投企业	本土创投企业
法律依据	《外商投资创业投资企业管理规定》	《创业投资企业管理暂行办法》
组织形式	法人制或非法人制	法人制或非法人制
设立审批	审批制	备案制
投资者人数	2～50人	不得超过200人（有限责任公司不超过50人）
资本要求	法人制最低限额500万美元 非法人制最低限额1 000万美元	不低于3 000万元人民币(在5年内缴足的，首期实收资本不得低于1 000万元人民币)
投资者门槛	除必备投资者，其他投资者出资额不得低于100万美元	单个投资者出资不得低于100万元人民币
投资币种	外国投资者以可自由兑换的货币出资，中国投资者以人民币出资	人民币
管理层要求	3名以上具有3年以上创业投资从业经验	至少3名具备2年以上创业投资或相关业务经验
存续期限	一般不得超过12年	不得短于7年
其他要求	至少拥有一个必备投资者	单个企业的投资不得超过总资产的20%

　　总体而言，《暂行办法》为本土的创业投资企业设置了更为宽松的条件，主要体现在：

　　1.设立审批程序上，本土创投企业仅需向国家发改委及其地方分支机构备案，而无须通过审批。

　　2.资本要求上，并未区分公司制创投企业与非法人制创投企业的区别，而统一适用3 000万元人民币的最低限额要求。

　　3.对于单个投资人，仅要求最低100万元人民币的投资额，且不要求具备外资创投企业中的必备投资者。

　　4.明确提出国家和地方政府可设立创业投资引导基金，通过参股和提供融资担保等方式扶持创业投资企业的设立与发展。

　　正是在这种法律环境下，在2005年之后，本土创投企业和创投管理企业如雨后春笋般在国内频频出现，相反的，外资创投企业则因为审批上的高门槛和其境外募集退出的运作习惯而少有在境内落地的实践。

（三）《外商投资创业投资企业管理办法》征求意见稿分析

2006 年 7 月，商务部发布了《外商投资创业投资企业管理办法》（以下简称"《管理办法》"）征求意见稿，在《外商投资创业投资企业管理规定》基础上修改了部分设立登记条件和经营管理规定。虽然该办法至今尚未颁布，但就其内容上看，这是对外资创投企业的一次政策放宽，并且更加符合国际惯例。该办法对《管理规定》的改动主要体现在以下几个方面：

1. 提高设立审批效率。《管理规定》中，省级商务主管部门收到拟设立企业的报送材料后，须在 15 日内完成初审并上报商务部，商务部则须在收到上报材料后 45 天之内，作出批准或不批准的书面决定。2009 年 3 月商务部下放审批权限后，省级商务主管部门对 1 亿美元以下的外资创投企业则需要在 30 日之内作出审批。

《管理办法》中，对于需要由商务部审批的外资创投企业，省级部门初审的时间和商务部审批的时间分别变更为 10 天和 30 天，审批效率有所提高。

2. 调低必备投资者管理资金规模。《管理规定》对必备投资者的管理资金要求为：申请前 3 年管理资本累计不低于 1 亿美元（中国必备投资者为 1 亿元人民币），且其中至少 5 000 万美元（中国必备投资者为 5 000 万元人民币）已经用于进行创业投资。

《管理办法》中对管理资本和已投资资本都有大幅度降低，分别为 6 000 万美元（中国必备投资者为 6 000 万元人民币）和 2 000 万美元（中国必备投资者为 2 000 万元人民币）。

3. 调低一般投资者出资限额。《管理规定》要求必备投资者之外的投资人至少认缴 100 万美元出资额，《管理办法》将其调整为 10 万美元。

4. 放宽投融资业务范围。《管理规定》基于资金安全管理和外汇管制对外资创投企业的投融资方式设定了若干禁止性规定，而《管理办法》则允许创投企业开展以下 4 类新业务。

（1）代理其他创业投资企业的创业投资业务。

（2）参与设立创业投资企业与创业投资管理顾问机构，也就是允许外资创投企业成为基金中的基金（FOF）。

（3）通过与所投资企业签订投资协议，以优先股、可转换优先股等准股权方式进行投资。

（4）经批准，在创投企业出资额20%的范围内作为战略投资者对上市公司进行战略投资，也就是允许外资创投企业从事公开股票的私募投资（PIPE）。

（5）可以在法律、行政法规规定的范围内通过债权融资方式提高融资能力，但认缴出资额不低于 1 000 万美元的，其融资额不得超过已缴付注册资本的 4 倍；认缴出资额不低于 3 000 万美元的，其融资额不得超过已缴付注册资本的 6 倍。

可以看到，修订后的《管理办法》对外资创投企业的设立和经营更为宽容，尤其是在必备投资者的管理资金和一般投资者的认缴出资上，大幅度降低了法定限额，同时又允许外资 PE 利用债权融资方式提高资金实力。而在外资创投企业的经营管理上，新的《管理办法》则为外资 PE 大开方便之门，试图在外资 PE 领域推进目前市场上热议的 PIPE 和 FOF 业务，有助于国内的创投产业发展与国际接轨。

这种制度上的改变，虽然至今尚未成为现实，却可以看做监管层对境外资本的态度转变。在本土创投企业稳步上升，而境外投资者资本实力有所降低的背景下，对外资创投企业设置太过严苛的标准无疑是给整个市场戴上枷锁。适当放开对外资 PE 的监管力度，在一定程度上实现外资与内资的平等对待，是我们可以预见到的未来必然发展趋势。

三、合伙制外资PE的相关法律分析

2009年12月，国务院发布了《外国企业或者个人在中国境内设立合伙企业管理办法》（以下简称"《管理办法》"），并已于2010年3月1日施行。自此，外商投资企业又获得了全新的落地中国的方式，而这种方式恰恰是境外股权投资基金长期以来应用最为广泛的。

实际上，内资PE早在2006年《合伙企业法》修订后就开始使用有限合伙的形式设立股权投资企业，而外资PE却在这几年内无法享受这样的待遇。《合伙企业法》第一百零八条规定："外国企业或者个人在中国境内设立合伙企业的管理办法由国务院规定"，而国务院则久久未出台相关规定，由此，外资PE一直被挡在合伙制之外。

与《管理办法》相配套的《外商投资合伙企业登记管理规定》也已经由工商总局颁布，同样于2010年3月1日起施行。这两部条文对外国投资者在中国设立合伙企业的一大价值体现在简化了外资PE在中国设立的审批程序。根据规定，外商投资合伙企业并不需要商务主管部门的前置审批，而只需要在办理执照时提交其符合外商投资产业政策的说明，由工商行政管理部门颁发营业执照，并由后者向同级商务主管部门通报。在此之前，无论是"三资企业法"还是《外商投资创业投资管理规定》，外商投资企业在办理注册登记时，都需要取得商务主管部门的前置审批意见，这无疑为外资PE选择合伙制的组织形式提供了又一理由。

但是对于外资PE而言，最为关键性的条款当属有关投资性外资合伙企业的规定，对此，《管理办法》留有余地。"国家对外国企业或者个人在中国境内设立以投资为主要业务的合伙企业另有规定的，依照其规定。"可见，立法者对于合伙制外资PE的风险防范还缺乏必要的实践经验，只得采取稳妥的立法策略。在具体规定尚未颁布之前，外资合伙企业的对外股权投资只得参照《关于外商投资企业境内投资的暂行规定》的一般性规定向商务主管部门逐项申请。

【信息链接】

国内首家合伙制外资PE——凯雷复星①

2010年3月3日，上海市工商局为凯雷复星（上海）股权投资企业颁发全国首份外资股权投资合伙制企业营业执照，这是继2010年2月24日复星集团和凯雷投资集团宣布全面战略合作以来，双方取得的一项实质性进展。

2010年3月1日，《外国企业或者个人在中国境内设立合伙企业管理办法》正式实施。3月3日，凯雷复星（上海）股权投资企业即宣告成立，上海市工商局副局长陈学军亲自为其颁发营业执照。他表示："这家具有重要意义的私募基金企业将为上海国际金融中心的建设注入新的活力，也将极大地促进中国本土私募股权投资产业的深入发展。"

凯雷复星（上海）股权投资企业是国内首家从事股权投资的合伙制外商投资企业，采用的是普通合伙制，由全球最大的私人股权投资公司之一凯雷投资集团旗下的凯雷丝路投资公司，和中国最大综合类民营企业复星集团旗下的上海复星产业投资有限公司，各出资5 000万美元合伙成立。根据企业合作框架协议，其将面向全球投资者募集基金，有望成为国内第一只外商投资的合伙制基金。这将是一只由双方共同投资、管理且具有联合品牌的基金公司。该基金将投资受益于中国机会的行业和企业。

【信息链接】

国内首家合伙制外资PE管理机构——上海欣创②

2010年3月4日，国内首家合伙制外资股权投资管理企业——上海欣

---

① 信息源自：谢刚，《凯雷复星企业获全国首张外商股权投资营业执照》，搜狐财经，2010.3.3。
② 信息源自：上海市静安区门户网站，http://www.jingan.gov.cn/zfxxgk/jgjs/qf/qjrb/qjrbxxgkml/201003/t20100308_779099.htm，2010.3.4。

创股权投资管理企业（有限合伙）在上海市静安南京路落户，加上此前注册成立的凯雷复星（上海）股权投资企业（普通合伙），境外机构在中国从事私募股权投资的两类基本载体——投资基金和管理机构，已分别采取国际通行的两种合伙模式在上海获得核准登记，率先开展业务。

上海欣创股权投资管理企业（有限合伙）由软银中国香港公司和上海信维信息网络技术有限公司以有限合伙的方式共同设立，认缴出资额为200万美元。其中，软银中国香港公司作为有限合伙人出资198万美元，而上海信维作为普通合伙人出资2万美元并委派代表，对于企业的债务承担无限连带责任。

作为一家私募基金的管理机构，欣创主要负责股权投资业务的资金募集和投资管理决策工作，采用GP+LP的架构。主要出资方软银中国是国内外知名的风险投资机构，其团队致力于在中国（包括香港、澳门和台湾）协助优秀的创业者共同创建世界级的领先企业，目前管理的资产规模近7亿美元，包括3只外币基金和3只人民币基金。

四、北京、上海外资PE新政策比较分析

2008年以来，各地有关股权投资的鼓励政策频频出现，而上海、北京两地则专门针对外资PE出台了优惠政策，吸引外资PE管理机构在境内落地，以此带动国内股权投资市场的发展。北京和上海外资PE新政策对比如表3.4所示。

上海市的《浦东新区设立外商投资股权投资管理企业试行办法》和北京市的《在京设立外商投资股权投资基金管理企业暂行办法》是有关外资PE政策的核心文件，它们都是在《外商投资创业投资管理办法》基础上，对外资股权投资管理企业落户中国的一次探索，其共同的意义在于使外资股权投资管理企业可以名正言顺地落地，并且允许外资股权投资管理企业将其体现在注册名称之中。

表3.4　北京、上海外资PE新政策对比表

	上海	北京
发布时间	2009.6.18	2010.1.4
适用范围	浦东新区	中关村国家自主创新示范区
施行时间	2009 年 6 月 2 日 ～ 2010 年 12 月 31 日	2010 年 1 月 1 日 ～ 2012 年 12 月 31 日
所有制形式	中外合资、中外合作或外商独资	中外合资或外商独资
组织形式	有限责任公司	有限责任公司、（国家政策允许情况下）合伙制或其他非公司形式
企业名称	可含有"股权投资管理"字样	可含有"基金管理"字样
注册资本	≥ 200 万美元（营业执照签发之日起 3 个月内到位 20% 以上，余额在 2 年内全部到位）	≥ 200 万美元
股东要求	至少拥有一个投资者或其关联实体的经营范围，涵盖股权投资或股权投资管理业务。	无
经营范围	受股权投资企业委托，从事投资管理及相关咨询服务业务。	接受其他股权投资基金委托，从事非证券类的股权投资管理、咨询，不得从事其他经营活动。
高管人员	（1）2 名以上；（2）有 2 年以上从事股权投资或股权投资管理业务的经历；（3）有 2 年以上高级管理职务任职经历。	（1）2 名以上；（2）2 年以上股权投资基金管理运作经验或相关业务经验；（3）最近 5 年内，没有违规记录或尚在处理的经济纠纷诉讼案件，且个人信用记录良好。
优惠政策	参照《浦东新区促进股权投资企业和股权投资管理企业发展的实施办法》享受优惠。	（1）建立登记会商机制；（2）符合条件的基金可获得北京股权投资发展基金的资金支持；（3）参照《关于促进股权投资基金业发展的意见》享受优惠。

相比而言，北京市的政策发布时间虽在上海之后，却在许多方面比上海更为优越。

（1）在适用时间上，北京的优惠政策可持续 3 年，是上海优惠政策适用时间的两倍。

（2）由于北京市优惠政策发布的时间在《外国企业或者个人在中国境

内设立合伙企业管理办法》之后，文件中明确提出了外商投资股权投资管理企业可以采用合伙制或其他非公司形式，这就为外资 PE 提供了更适宜的组织形式和发展空间。

（3）在设立程序方面，北京市政策建立了登记会商机制，提高了外资 PE 落户北京的效率。

（4）在资金支持方面，北京市的优惠政策幅度不如上海市，但在文件中允诺对符合北京市股权投资发展基金支持方向的外商投资股权投资基金管理企业给予资金支持。北京市股权投资发展基金是一只规模高达 100 亿元人民币的产业基金，这对目前缺乏国内资金支持的外资人民币基金而言，实属非常优质的条件。

就目前而言，北京市的优惠政策虽然尚未对上海的金融中心地位造成冲击，然而全国社保基金的投资倾向、中关村科技园区大量的优质企业资源、证监会驻地对上市退出渠道的有利影响等各方面因素，都使得业界颇为看好北京发展股权投资基金的前景。

【信息链接】

上海、北京外资PE管理机构设立实践[①]

上海在政策发布后形成了外资股权投资管理企业的注册热潮。据不完全统计，2009 年 8 ~ 10 月在浦东新区获准注册并宣布设立人民币基金的主要外资 PE 如表 3.5 所示：

表3.5 2009年8~10月在浦东新区获准注册并宣布设立人民币基金的主要外资PE表

外资PE机构	设立企业	管理基金概况
香港第一东方投资集团	第一东方（上海）股权投资管理有限公司	在环保、中小企业及基建领域分别设三只基金，规模同为20亿元人民币。
黑石集团	百仕通（中国）股权投资管理有限公司	设立百仕通中华发展投资基金，以浦东及上海周边地区为重点投资领域，募集资金50亿元人民币。

---

① 笔者根据市场公开信息整理。

续表

美国普凯基金	普凯股权投资管理（上海）有限公司	计划设立募集目标为7～10亿元人民币的房地产投资基金和5～10亿元人民币的成长型投资基金。
美国德丰杰投资	德丰杰龙脉（上海）股权投资管理有限公司	未披露
香港新启东	中启东（上海）股权投资管理有限公司	未披露
里昂证券	国盛里昂(上海)产业投资管理有限公司	计划募资100亿元组建人民币基金，投资对象包括环境和消费者相关领域、可再生能源和重型机械等行业。

　　根据已披露的信息，目前已经在北京市设立PE管理机构的大型外资PE，包括凯雷集团、瑞银集团、第一东方投资集团和英飞尼迪集团，其中，凯雷集团已宣布将募集50亿元人民币基金，对较大的成长型企业进行投资。

第三节　从合伙制开启看外资PE在中国的募集与设立

作为境外 PE 的主要运作模式，合伙制在中国的发展历程才刚刚开始。确切地说，《外国企业或者个人在中国境内设立合伙企业管理办法》的实行仅仅是为外资合伙制 PE 提供了落地中国的可能性，而在此之前的外资 PE，只能通过协议上的安排实现有限合伙式的操作模式。要在中国大规模复制合伙制 PE 模式，境外投资者还需要更多制度上的保障。

一、有限合伙在境外PE的运用和发展

有限合伙制度与风险投资的资本运作模式并不是自始相连，若是探究起二者的渊源，前者则更为悠久一些。

10 世纪前后，一些经济发达国家的远洋贸易已经比较繁荣，但是由于从事远洋贸易既需要巨额资金，又要承担巨大的风险，康曼达（Commenda）契约应运而生。在康曼达契约关系中，提供资本的人只需要以其出资额为企业承担有限责任，参与远洋贸易的船舶所有者和商人则对企业承担无限连带责任，就是有限合伙的起源。1907 年，英国引入大陆法系国家的两合公司制度，制订了《有限合伙法》;1916 年，美国通过了《统一有限合伙法》，并经过数次修订，使各州的有限合伙立法趋于统一。有限合伙引入英美后，并未成为主流的企业模式，直到 19 世纪 70 年代，美国风险投资业的蓬勃

发展，才带给有限合伙制度新的契机。

风险投资起源于 20 世纪 40 年代的美国，并在 50 ～ 60 年代因发展高技术产业的需要而得到扶持，实现快速发展。据统计，在 1969 ～ 1975 年，风险投资业大约有 29 个有限合伙公司成立，募集资金达 3.76 亿美元，进入 80 年代以后，10 年制的有限合伙则成为风险投资市场上标准的组织形式，其控制的风险投资额已占据全美风险投资组织的 80% 左右。

从企业制度的成熟度来看，公司制无疑是治理结构最为规范的，但是在以股份制公司为标志的现代企业制度下，有限合伙制能成为风险投资业的主流组织模式，其背后隐藏着深层次的原因。

首先，20 世纪 70 年代末的美国公司制企业承受着越来越沉重的税收负担，仅仅资本利得税一项就曾高达 49.5%，而有限合伙制企业则无需缴纳公司税，只需在得到投资收益时缴纳个人所得税，为风险投资家们提供了完美的避税渠道。

其次，美国在 1974 年修改了《员工退休收入保障法》（ERISA 法案），自此，拥有巨额资金的养老基金等机构投资者可以投资于风险投资企业，从而大大改变了风险投资企业的投资者构成。在此之前，创投基金的投资者大多是企业和富有个人，这些投资者在财务投资的同时，还具有参与基金投资决策的愿望，因而公司制是更为匹配的组织形式；而养老基金等机构投资者则不同，它们没有参与投资决策的动机和精力，更愿意成为风险投资的有限合伙人，仅实现财务投资收益，将资金全权交予普通合伙人打理。

再次，20 世纪 70 年代后的小型企业投资公司（SBIC）开始走向衰败，导致有限合伙制风险投资更受青睐。在此之前，SBIC 一直受到美国政府的税收和贷款扶持，但是由于 SBIC 的投资方向逐渐偏离于新兴的高技术企业，大多缺乏风险承受力的个人投资者不愿继续支持 SBIC 的发展，使得 SBIC 存在着许多无法克服的弊端。截至 1977 年，SBIC 的数量已由 1965 年的 700 家下降到 276 家，投资额只占整个风险投资总量的 21%。

最后，美国风险投资近30年的发展培养出了一批成熟独立的风险资本家，他们成为有限合伙制风险投资发展的温床。与SBIC和企业附属风险投资公司的投资经理相比，风险资本家在社会网络、行业知识、管理技能和分析判断能力上面具备显著优势，加之他们长期专注于某个行业、领域甚至某个特定阶段，积累了丰富的投资经验，也能够获得众多机构投资者的信任。

值得注意的是，随着美国对相关法律与税制进行完善之后，公司制创业投资基金又出现了复兴趋势，尤其是1997年12月美国国税局发明的打钩原则（Check-the-Box Rule），使得公司制创投基金获得了与有限合伙制创投基金平等的税收待遇。而在德国、瑞士、澳大利亚等对合伙企业与公司实行公平税收政策的国家，创投基金则一直以公司制为主流。在我国的台湾地区，创投基金一直是按股份有限公司形式设立，并且获得了成功，被公认为世界创投业最为发达的地区之一。可见，创投基金对组织形式的选择与当地的法律环境关系密切，而税收制度尤其成为其中的核心考虑因素。

二、有限合伙的理念和优势

从本质上讲，PE的实质就是利用闲散的社会资金对有潜力的企业进行股权投资，然后通过各种形式的股权转让，实现股权溢价的增值收益。而有限合伙的实质与PE有着高度的契合，也是资金与能力的最优化配置，并通过一系列的制度安排实现对资金管理人的激励和约束。

在我国目前的法律环境下，有限合伙制PE相比于公司制PE的优势集中体现在以下几个方面：

1.税收成本仍然较高。作为非法人实体，合伙企业按照有关的税收规定不能成为纳税义务人，只能首先在企业层面完成收益分配，再对每个合伙人征收所得税——自然人合伙人征收个人所得税，公司法人征收企业所得税。对于自然人合伙人的税率，目前不同地区标准不一，如按照个人营业所得项目计算，税率为 5% ～ 35%（分段税率，收入达 5 万元即按照 35% 计算），如按照地方优惠政策所说的股息、红利项目计算，税率则为 20%；对于企业所得税，则统一按照 25% 计算。相比而言，公司制无法避免的就是基金层面的公司所得与合伙人层面的个人所得、企业所得的双重征税，而个人所得税的累进制税率，也对个人合伙人颇为不利。对于公司制基金，目前有利的政策是针对中小型高科技企业投资的公司制，PE 可以享受 70% 的投资额抵扣，但这一政策的适用范围实属有限，公司制 PE 的税收成本仍然较高。

2. 运作更为高效率。合伙制 PE 的运作效率优势首先体现在企业设立阶段。依照我国法律，合伙企业的设立程序更为简便，尤其是外商投资合伙企业的设立，无须再经过商务主管部门的审批即可登记注册。在公司治理方面，有限合伙授予了普通合伙人独立的决策权，有限合伙人并不参与管理，这既是对普通合伙人管理价值的尊重，也是对有限合伙人权利的保护，使得基金的管理运作更为高效。公司制虽然通过分级授权能部分解决运作效率问题，但却始终存在股东会对公司董事会的直接控制，不能排除投资人干预投资业务的可能性。

3. 激励机制更灵活有效。在有限合伙制 PE 中，普通合伙人的出资一般只占 PE 募集总额的 1% 左右，却可以支配 PE100% 的资本，这背后就是灵活有效的普通合伙人激励机制。"管理费＋净收益"常常是有限合伙制 PE 用来激励普通合伙人的主要方式，普通合伙人在收取基金资本 1.5% ～ 3% 的管理费后，会按照投资收益情况设置不同比例的超额收益提成——在美国创投行业有 81% 的普通合伙人从基金投资中获得的利润分成在 20% ～ 21% 之间。相比于公司制固定的投资比例回报，这种累进式的业绩奖励设置更为灵活，也是对普通合伙人最好的激励。

4. 约束机制更加严格。有激励必有约束，要使得有限合伙人放心地将资金交给普通合伙人管理，除了依赖普通合伙人的既往信用以外，靠的就是在合伙协议中严格的约束机制。有限合伙制 PE 对普通合伙人的约束体现在多个方面：

（1）普通合伙人对合伙企业承担无限责任。

（2）有限合伙企业设立时须设定存续期限，国内一般为 5 ～ 7 年，国外一般为 7 ～ 10 年，到期必须完成清算。

（3）普通合伙人的利润分成要等到有限合伙人收回其全部投资后才可提取，应优先保障投资人的利益。

几乎所有的有限合伙 PE 都适用了以上几个制度设计，除此之外，部分有限合伙制 PE 还规定，普通合伙人不得从事与本合伙企业竞争性的业务，或者对普通合伙人可全权决策的投资额度作一限制，加强对普通合伙人的约束。

5. 更灵活的出资安排。公司制 PE 必然要受到《公司法》的规制，在注册资本和实缴资本上接受监管，而合伙制 PE 则无此困扰。一般而言，合伙制 PE 实行承诺出资制度，即在合伙协议中约定各合伙人认缴的出资额及首期出资额，在基本确定投资项目时，追缴有限合伙人的剩余出资，避免资金的积压。部分合伙制 PE 还在法律框架内约定有限合伙人可以撤资的情形，加大了对普通合伙人的投资能力要求，也是对有限合伙人资金安全的又一保障。

尽管公司制是现代企业制度的高级形式，但作为一般合伙与公司之间的中间形态，有限合伙在设立上的简易性以及运作机制上的灵活性等特点，却是公司制所难以具备的，有限合伙制 PE 仍然有其存在和发展的必然性。

三、外资PE在"前合伙时代"的生存法则——非法人制外商投资创业投资企业

《外商投资创业投资企业管理规定》（以下简称"《管理规定》"）中第四

条规定："创投企业可以采取非法人制组织形式，也可以采取公司制组织形式。……非法人制创投企业的投资者也可以在创投企业合同中约定，在非法人制创投企业资产不足以清偿该债务时，由第七条所述的必备投资者承担连带责任，其他投资者以其认缴的出资额为限承担责任。"第七条第六项规定："非法人制创投企业的必备投资者，对创投企业的认缴出资及实际出资，分别不低于投资者认缴出资总额及实际出资总额的1%，且应对创投企业的债务承担连带责任。"

从组织形式的"非法人制"、必备投资者的无限连带责任及出资份额来看，非法人制创业投资企业的形式可谓有限合伙制PE在我国法律框架下的一次翻版，只不过这里的普通合伙人被冠以"必备投资者"的名号。虽然《规定》中并未对非法人制创投企业的利润分配作出明确规定，但在实践中，非法人制创投企业却可以通过合作协议约定必备投资者和其他投资者之间的分配机制，从而使其体现出有限合伙对普通合伙人的激励机制和约束特性。

值得注意的是，早前的《中外合作经营企业法》中就已有非法人制外商投资企业的提法，而中外合资企业则只能是有限责任公司形式。《管理规定》施行后，突破了中外合资企业有关企业组织形式的限定，由此，对于非法人制的外商投资创业投资企业，即不存在中外合作和中外合资的区分。

【信息链接】

赛富成长基金（天津）创业投资企业[①]

2005年1月26日，天津市首只非法人制中外合资创业投资基金——赛富成长创业投资基金（下称"赛富基金"）成立，股东为天津创业投资有限公司（下称"天津创投"）和软银亚洲信息基础投资基金（下称"软银亚洲"），

[①] 信息源自：禹刚，《非法人制创投基金首现天津　管理者负无限责任》，第一财经日报，2005.1.11。

双方各出资 1 000 万美元，基金注册资本为 2 000 万美元。

对于这个新的基金，软银亚洲的总裁阎焱认为，"最大的好处就是解决了双重缴税的问题。"而天津创业投资发展中心关春祥处长则表示，非法人制的企业有个特点是，"出钱的（投资者）负有限责任，出力的（管理者）负无限责任"。

关春祥解释说，这实际是仿效国外创投业流行的有限合伙人（LP）制度，在赛富基金里，软银亚洲担当着必备投资者的角色，在企业的存续期间不得退出，"绑到了基金身上，承担无限责任"，其余出资人则按出资额承担有限责任。关春祥举例说明，"在这种公司组织形式里，管理者也许只需出资 1%，但可获得 20% 的奖励"，出资者在让渡风险的同时，也让渡部分收益。

对此，阎焱表示，"对基金管理人要有更大的激励措施，这样基金在赚钱和赔钱的情况下，都能够奖惩分明。"他同时还透露，根据国际通行做法和国内的规定，软银亚洲和天津创投还合资成立名为"赛富成长"的基金管理公司，负责这只基金的管理。

"这家基金管理公司则是按有限责任公司的模式设立的。"关春祥补充道。

【信息链接】

部分非法人制外资PE基本信息①

表3.6　部分非法人制外资PE基本信息表

外资PE发起人	设立企业名称	设立时间	设立地	基金规模
英飞尼迪集团	英飞尼迪—中新创业投资企业	2004年	苏州	3 000万美元
软银赛富	赛富成长创业投资基金	2005.1.26	天津	1 000万美元
德同资本	长三角创业投资企业	2007年年底	苏州	2.5亿元人民币

---

① 笔者根据企业工商登记信息及市场公开信息整理。

续表

日本最大的风险投资集团公司之一SBI控股株式会社	开投成长创业投资企业	2008.2.15	北京	20 225万美元
晨兴创投	晨兴晨山（上海）创业投资企业	2008.7.29	上海	1亿元人民币
里昂证券全资子公司亚太恒富（CLSA Capital Partners）	恒富创业投资企业	2008.12.26	北京	7 192万美元
北极光创投	北极光早期创业投资企业	2009.1.6	北京	1亿元人民币
台湾最大的金融集团元大金控	顶华通路价值创业投资（西安）企业	2009.1.19	西安	1.53亿元人民币

四、合伙制外资PE在我国的发展瓶颈

不论从法律制度，还是设立实践上看，虽然境外投资者在国内设立外商独资或中外合资的合伙制 PE 已不存在障碍，但是这与国际通行的有限合伙制 PE 仍然有着本质的区别。

典型合伙制 PE 的设立模式，常常是由一家具备丰富投资经验的 GP（普通合伙人，基金管理人）主导的，这些 GP 可以在不同的时间组建起不同类型、不同规模、甚至不同币种的有限合伙制基金，由其自身充当基金的普通合伙人和基金的管理人，而由其他的投资者充当有限合伙人（LP），这也就是我们所看到的一家 PE 机构操纵多只基金的现实状况。

而有限合伙制 PE 在中国发展的局限性就在于，2008 年外管局发布的142 号文，"外商投资企业资本金结汇所得人民币资金，应当在政府审批部门批准的经营范围内使用，除另有规定外，结汇所得人民币资金不得用于境内股权投资。"这一规定不仅终结了 WFOE 模式，还使得在国内设立的外资 PE 管理机构，无法通过资本金结汇向其设立的人民币基金出资。因此，这些管理机构若要设立有限合伙制人民币基金，就只能通过自有人民币进

行出资，或者通过特批完成结汇，这无疑加大了基金运作的时间成本。目前的设立实践为这一瓶颈提供了佐证。凯雷复星（上海）股权投资企业虽然是第一家外资合伙企业，但它适用的是普通合伙制，由凯雷和复星对基金同时承担无限连带责任，自然没有 GP 和 LP 的分别。而上海欣创股权投资管理企业虽然适用了有限合伙制，并由外方充当普通合伙人，却在性质上属于股权投资管理企业，不具有直接对外投资的功能。

2009 年在上海相继落户成立股权投资管理企业的国际私募大鳄们，也在设立人民币基金时遇到了难题。尽管当时数家机构计划募集的人民币基金数额高达 300 亿，但目前市场上却寥寥无几。在这些管理机构落户浦东时，上海市相关部门曾表示正在与外汇管理部门和商务部门协调，争取突破 142 号文的限制，但最终仍然未见相关办法出台，也一直未见国务院对 QFLP 制度①的审查音讯。据了解，已完成募集的普凯管理公司，最终适用了自有人民币基金完成了其发起设立的 6 亿元房地产基金和 5 亿元成长型基金。

---

① QFLP（Qualified Foreign Limited Partner），合格境外有限合伙人。

第四章

外资PE在中国的投资与管理

第一节 外资PE在中国投资存在的问题

本节对外资 PE 在中国投资的讨论分为一般问题及具体问题两个层面。一般问题有外资 PE 投资定性问题，主要探讨外资 PE 投资与一般外商投资的区别和联系，还有对于外资 PE 境内投资影响较大就是外商投资产业指导目录，对于外资 PE 在中国投资实践进行初步总结是比较有意义的，有利于我们不仅从理论上，而且从实践上、历史沿革上进一步认识外资 PE 的投资。

一、外资PE在境内投资的定性问题解析

（一）股权投资性质分析

从投资类型来看，投资主要分为股权投资和债权投资，还有一些介于两者之间的衍生式的投资形式，诸如可转债、优先股等。外资 PE 主要投资目标企业股权，其与一般股权投资存在着比较明显的区别。一般投资除了股权投资外，还有其他非股权投资，如债权投资、实物投资等。从财务角度上来看，股权投资属于资本性质投资，列入资产账户，对于目标企业而言，该投资将作为企业资本金进入该企业，其将获取企业的股权，作为企业股东行使并承担根据公司章程等规定的该股权相应的权利义务。而股权投资对于目标企业而言，除了股权扩张增加股东外，并不会增加企业的负担，

不会增加企业的负债，但是由于外来投资者进入目标公司，将会影响目标企业的经营管理等业务，因此对于企业而言，股权投资是利弊兼有的投资方式。

另外，从国际直接投资和间接投资角度来看，外资 PE 投资属于国际直接投资的一个种类。国际直接投资是一国的自然人、法人或其他经济组织单独或共同出资，在其他国家的境内创立新企业，或增加资本，扩展原有企业，或收购现有企业，并且拥有有效管理控制权的投资行为。而间接投资是指发生在国际资本市场中的投资活动，包括国际信贷投资和国际证券投资；前者是指一国政府、银行或者国际金融组织向第三国政府、银行、自然人或法人提供信贷资金；后者是指以购买国外股票和其他有价证券为内容，以实现货币增值为目标而进行的投资活动。国际间接投资与国际直接投资的根本区别在于是否对筹资者的经营活动享有控制权。外资 PE 投资以直接投资目标企业股权为目的，根据投资股权拥有对于目标企业的一定的管理控制权限，因此，外资 PE 投资与外资直接创立新企业等投资都属于国际直接投资。

（二）境外PE在境内投资性质

境外 PE 在中国投资应比较好理解，境外 PE 诸如凯雷集团、高盛公司等，属于外国法人，其在中国境内对于内资企业进行的投资性质应不存在太多争议，属于外商直接投资，应当严格受到外商投资的限制和规制。

（三）境外PE管理公司作为GP的外资PE投资性质

外资 PE 管理公司作为 GP 的外资 PE，其不仅作为管理公司管理 PE，而且作为 GP，其按照一定比例（一般为 1.5% ~ 3%）向 PE 出资，在此种情况下，该 PE 并非纯粹的人民币基金，而是带有外资因素的 PE。一般而言，这样的 PE 对外投资，会被视为外商投资。但也有观点认为，外资出资比例低于一定程度的 PE，应当不视为外商投资，可将其视为内资投资，这更有利人民币基金的发展。

（四）外资PE投资性质

外资 PE 为外资独资 PE、中外合资（或合作）PE、非法人的中外合作 PE，这些外资 PE 虽然已经作为内资企业存在，但是由于其带有涉外因素，其对外投资依然被视为外商投资，严格受到外商投资相应法律法规的规制。

二、外商投资产业指导目录对外资PE的影响和适用

（一）产业指导目录对一般外资投资影响

外商投资在产业投资方向上主要受《指导外商投资方向规定》和《外商投资产业指导目录》的影响。其中《指导外商投资方向规定》将外商投资行业划分为鼓励、允许、限制和禁止四类。鼓励类、限制类和禁止类的外商投资项目，列入《外商投资产业指导目录》。不属于鼓励类、限制类和禁止类的外商投资项目，为允许类外商投资项目。允许类外商投资项目不列入《外商投资产业指导目录》。

作为指导外商投资的指导性目录文件，《外商投资产业指导目录》对于外商在华投资起到指导作用。现行的《外商投资行业指导目录》是 2007 年修订的，其中将外商投资划分为三大类型：鼓励、限制和禁止。一般外资投资根据不同的投资领域设定为鼓励、限制或者禁止。鼓励类产业对于外资投资不设置任何限制，外资可以独资，也可以合资、合作；限制类产业对于外资投资设置了一定限制，不允许外资独资投资，只得进行中外合资、合作，有时还会限定于中方控股，不允许外资控股，并且对于外资持股比例予以限制；而禁止类产业则明确不允许外资进入，外资不得投资于禁止类产业，一般而言，这类产业与国家经济命脉、文化宣传行业等有着直接

的联系，不允许外资进入是出于国家对这些领域的安全和舆论导向等问题考虑。这类行业随着中国加入WTO，中国实现进入WTO承诺不断开放外资投资领域而不断减少。外资在中国进行一般投资，需严格按照产业指导目录进行，并且商务部门也会严格按照产业指导目录进行审批。

（二）产业指导目录对外资股权投资的影响

研究产业指导目录可以发现，外资股权投资行业在产业指导目录中并没有明确规定，既不属于禁止类和限制类，也不属于鼓励类，其应属于允许类。股权投资行业并无"限于中外合资、合作"以及"限于中方控股"和外资持股比例限制等要求。因此，外资投资股权投资行业在法律上并无限制。实践中也是如此，外资投资创投行业或PE行业，既有外资独资PE，又有中外合资的PE，当然还有中外合作的非法人PE。

这里需要注意的是，外资投资股权投资行业和外资PE对外投资的区别，即不能将外资PE行业和外资PE对外投资相混淆。对于后者而言，其与一般外资投资并无太大区别，需要根据投资的行业在产业指导目录中影响而定，诸如，外资PE投资于房地产业、广告业、IT、制造业等，需要根据该具体行业在产业指导目录位置而定。

厘清外资投资股权行业在产业指导目录中位置的还有一个重要意义，外资投资股权行业既然属于允许行业类，外资PE进行股权投资属于其经营范围内正常开展业务，那么其进行外汇资本金再投资结汇将不存在问题，这使我们更加容易认识和理解，外资PE与WFOE虽同作为外商投资企业，在进行股权投资时，国家法律政策为什么采取了两种不同的态度。

（三）外资PE如何适用产业指导目录

由于外资PE其本身带有外资成分，因此其对外投资时需要考虑该外资成分的影响，具体会涉及到如何适用产业指导目录的问题。《外商投资创业投资企业管理规定》有一些规定，可以作为参考。

该法第 39 条规定，"创投企业境内投资比照执行《指导外商投资方向规定》和《外商投资产业指导目录》的规定。"

第 40 条规定，"创投企业投资于任何鼓励类和允许类的所投资企业，应向所投资企业当地授权的外经贸部门备案。当地授权的外经贸部门应在收到备案材料后 15 天内，完成备案审核手续并向所投资企业颁发外商投资企业批准证书。所投资企业持外商投资企业批准证书，向登记机关申请办理注册登记手续。登记机关依照有关法律和行政法规规定，决定准予登记或不予登记。准予登记的，颁发外商投资企业法人营业执照。"

第 41 条规定，"创投企业投资于限制类的所投资企业，应向所投资企业所在地省级外经贸主管部门提出申请，并提供下列材料：

（一）创投企业关于投资资金充足的声明。

（二）创投企业的批准证书和营业执照（复印件）。

（三）创投企业（与所投资企业其他投资者）签定的所投资企业合同与章程。

省级外经贸主管部门接到上述申请之日起 45 日内，作出同意或不同意的书面批复。作出同意批复的，颁发外商投资企业批准证书。所投资企业持该批复文件和外商投资企业批准证书向登记机关申请登记。登记机关依照有关法律和行政法规规定决定准予登记或不予登记。准予登记的，颁发外商投资企业法人营业执照。"

由于本书外资 PE 概念除了外商创投企业外，还包括境外 PE 在内，其在境内进行投资，并不完全适用上述外商创投的规定，而应按照产业指导目录规定以及其他相关规定（诸如《关于外国投资者并购境内企业的规定》＜即"10 号文"＞等规定），报请商务机关予以审批核准。

三、在现有投资政策环境下外资PE的境内投资实践

（一）外商直接投资形式

外资 PE 早期在境内投资很多是以外商直接投资的形式进行，该种形式下，外资 PE 在境内并不设立任何投资公司，直接从境外进行对境内目标公司的股权投资，相当于外资并购境内公司。该种形式基本都是募集在外和退出在外的两头在外的模式。该种模式在外资 PE 早期投资比较多，特别是"10 号文"出台之前基本是该种方式，因为该种模式可以有效规避境内有关外汇管制以及税收等问题，并且在境外退出时为外资 PE 更为乐见和接受。至今外资 PE 以外商直接投资形式在境内投资并未销声匿迹，在境内私募股权投资法律尚未完全彻底清晰明确之前，该种方式还有其市场。

外资 PE 外商直接投资形式需要区别于一般的红筹模式，虽然其也通过境外设立特殊目的公司进行返程投资，但是由于其境外特殊目的公司一般是由境内目标公司控股股东或者实际控制人设立，其通过离岸公司即境外特殊目的公司或者其母公司上市来实现境内利益的输出，因此在此种情形下，该境外特殊目的公司虽然也对境内目标公司进行股权并购投资，但其为境内海外投资返程投资，因此，严格地说，这与外资 PE 投资有着明显的区别。

（二）外商创投模式

在《外商投资创投投资企业管理办法》出台后，外商在境内可以通过设立外商独资、中外合资、合作形式的创投公司进行投资。随着有限合伙制在法律上的确认，外资 PE 在境内可以设立有限合伙形式的 PE，由此，外资 PE 可以直接在境内设立 PE，然后通过设立的 PE 进行境内投资。由于该种方式受到中国政府的鼓励，并可以享受更多地优惠政策而得到一定程度的发展。而且随着人民币基金的崛起，外商创投模式预想可以得到更

为长足的发展。

（三）协议安排

在正常的投资之外，外资 PE 有时为了规避产业指导目录，解决外汇管制和税收等问题，有时也会通过协议安排境内机构或者个人进行投资，由此，在投资形式外表上，无法看出实际的外资 PE 法律形式，其更加隐蔽地通过与投资代理人进行协议确定双方的权利义务，往往这样的投资代理人被称之为"VIE"（可变利益实体，Variable Interest Entities）[①]。通过协议安排进行投资，外资 PE 往往需要设立离岸控股公司，在离岸控股公司的基础上设立多层控股关系，并在这些公司之间进行协议安排有关投资利益等关系，由此实现外资 PE 在中国境内的投资。

---

① VIEs (Variable Interest Entities，可变利益实体)：为企业所拥有的实际或潜在的经济来源，但是企业本身对此利益实体并无完全的控制权，此利益实体系指合法经营的公司、企业或投资。

第二节 外资PE在境内的投资模式和交易结构

外资 PE 在中国的投资受境内法律政策影响比较大，本着投资利益最大化原则，其在进行境内投资时，往往设计符合其投资利益和目的的投资模式和交易结构，并且随着这种模式和结构设计相关投资工具、投资策略、投资文本等等，构建起投资管理经营的框架，并由此确定投资相关方的权利和义务。

一、外资PE在境内投资模式的发展轨迹

（一）发展轨迹：红筹模式——后红筹模式——回归境内

2006 年 9 月《关于外国投资者并购境内企业的规定》（即"10 号文"）实施前，中国市场上的外资 PE 投资主要采用红筹模式。但因新的并购规定出台，对于红筹模式操作监管趋于严格，为规避新并购规定，出现了一些后红筹模式。随着国内资本市场的完善，创业板的推出以及受有限合伙制在法律上的确认等因素影响，后红筹模式逐渐回归境内，不少外资 PE 将原来搭建好的红筹模式解构，重新回到境内上市实现退出。在红筹模式之外，随着《外商投资创投投资企业管理办法》等出台，外资 PE 直接在境内设立创投企业进行投资也是其中的一种形式，由于这种形式为一般外资并购形

式，不具有特殊性，在此不加以展开和论述。

　　1.红筹模式。红筹模式的具体情况如图 4.1 所示。

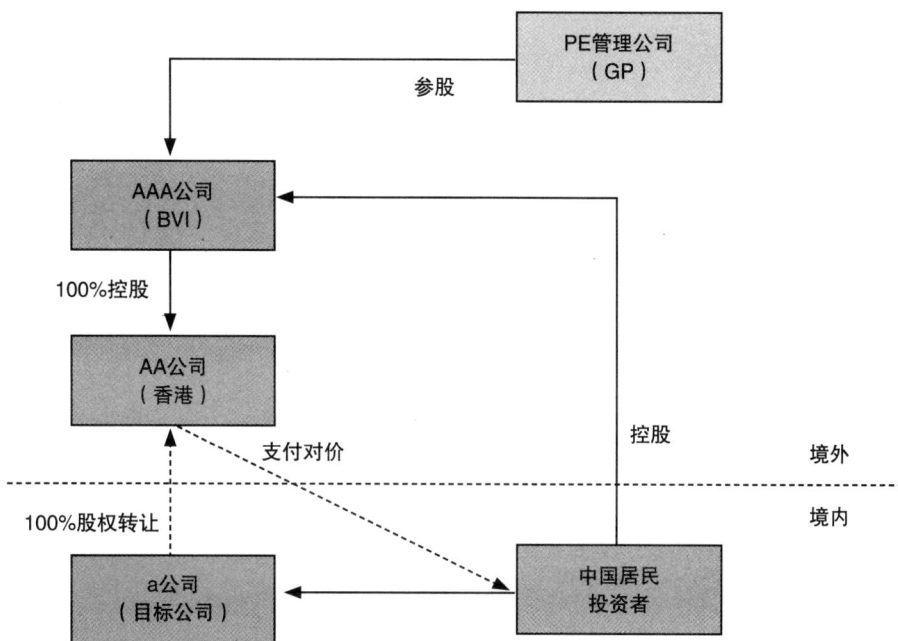

图4.1　红筹模式中国境内投资结构图

　　在 10 号文规定实施前，外资 PE 主要采用类似于图 4.1 结构的红筹模式来实现中国境内的投资。在这种结构下，境内创始股东应将主营项目改组成立一个离岸控股公司，通常在开曼群岛。通过该离岸控股公司收购其在岸公司，而外资 PE 则对离岸公司投资以换取可转换优先股。因为离岸法管制较为宽松，可保护投资人在优先股以及公司管理的权益，也便于转让控股公司的股份并实现投资退出，所以成为外资 PE 的首选。另外，这种结构也便于离岸控股公司日后进行离岸 IPO 上市操作。

　　在红筹架构下，根据控制境内权益的方式不同，发展出不少变种，其中以"协议控制"模式最为知名。"协议控制"，又称"VIE 架构"，或者

"新浪模式"、"搜狐模式"，在 2006 年以前，主要应用于互联网公司的境外私募与境外上市。由于外商直接投资增值电信企业受到严格限制（法律要求投资的外商必须是产业投资者，基金这种财务投资者不属于合格投资人），而在我国法律上互联网业务又归属于"增值电信业务"，聪明的基金为了绕开这些限制，发明了协议控制这种交易架构，后来该架构得到了美国 GAPP 的认可，专门为此创设了"VIE 会计准则"，即可变利益实体准则，允许在该架构下将国内被控制的企业报表与境外上市企业的报表进行合并，解决了境外上市的报表问题，故该架构又称"VIE 架构"。因为关于搜狐是最先使用了该方法，还是新浪最先使用了该方法，争论不一，故有前述两种别称。

2. 后红筹模式。后红筹模式的具体情况如图 4.2 所示。

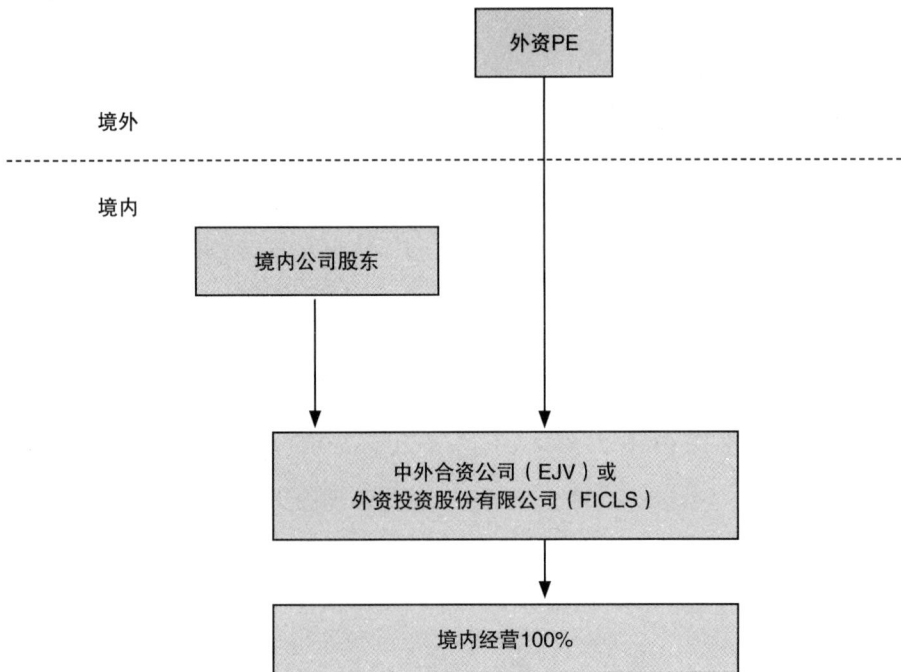

图 4.2　后红筹模式中国境内合资结构图

　　10号文对于跨境私募与海外上市的影响深远。10号文出台后，由于增加了海外上市的行政审批环节，海外红筹架构上市对于广大中小民企不再具有更大的吸引力。在业绩的压力下，海外投行与国内中介机构为国内企业设计了一些规避适用10号令的上市架构，如安排外资现金收购国内企业、代持、期权等等，但是，严格意义上这些方法都具有法律瑕疵，国内企业家的法律风险也很大。

　　在10号文基本关闭红筹架构大门的同时，它又打开了另外一扇大门——合资架构，即如图4.2所示。10号文赋予了中外合资经营企业另外一项新的历史职能：吸收国际金融资本为我所用。

　　自10号文施行以来，已经有大量企业根据该规定完成了外国投资者并购境内企业审批手续，企业性质从纯内资企业变更为中外合资经营企业。10号文规定的审批程序与审批材料尽管烦琐，但是总体说来，除敏感行业以外，省级商务主管部门对于外国投资者并购境内企业持欢迎态度，对于可以让外资参股的民营企业尚无成立时间、经营业绩、利润考核、注册资本方面的要求，尺度比较宽松。

　　3. 红筹结构回归境内。随着有限合伙企业在法律地位的确立以及2009年创业板的推出，国内资本市场进一步完善，但是在创业板上市企业屡创市盈率新高的同时，外资PE在创业板上市企业中很难觅得踪迹，这极大刺激了外资PE敏感神经。由此，外资PE开始考虑将原先设立的红筹结构回归境内，拆除原先搭建的红筹结构。这其中比较突出的有263网络、启明星辰、得利斯、同捷等公司的红筹结构回归。

　　另外一个突出的趋势就是，外资PE开始从过去两头在外（即募集设立和退出在境外）回归境内募集境内退出，开始筹划在中国境内募集设立人民币基金，通过人民币基金投资，从而可以充分利用境内资本市场实现退出。北京、上海有关私募股权投资基金相关地方政府利好政策的出台，无疑有利于外资PE在境内募集和设立人民币基金。但是也可以发现，外资

PE在境内设立人民币基金仍然存在着不同程度的障碍，特别是外汇管制方面的障碍成为外资PE在境内募集设立以及投资的一道难以跨越的鸿沟，直接影响外资PE的发展。

【信息链接】

二六三网络红筹架构的回归境内①

2005年二六三网络拟于境外（美国）申请上市并于上市前进行了一轮海外私募，鉴于境内对增值电信行业的产业政策限制，二六三网络以通过以"新浪模式"命名的"协议控制"方式建立了相关境外上市、返程投资的架构。二六三网络为了海外上市，搭建了堪称模板式的红筹架构：先在维尔京群岛设立BVI公司"NET263"，然后在境内设立全资子公司"二六三信息"；二六三信息再与二六三网络签订包括顾问服务、股权质押等一系列控制协议，以使得二六三网络的收益顺利转移到二六三信息；同时NET263（BVI）向4家海外投资机构进行了私募；接着在开曼群岛设境外拟上市主体"二六三控股"，换股收购NET263（BVI）。

二六三通过以下步骤解除了红筹架构：

第一步，二六三控股股权结构的调整。

2007年5月，二六三控股分别与4家海外机构投资者签署股份回购协议，对4家海外机构投资者的股份进行了回购，回购和转让之后海外投资者不再持有二六三控股任何股份。二六三控股在赎回海外机构投资者所持股份的同时，对部分自然人股东的股份进行了回购，并向部分自然人新发股份。同时，二六三控股的大股东Skyscaler Ltd.将其持有的二六三控股股份转让给李小龙等12个自然人各自100%控制的12家公司。

---

① 信息源自：http://blog.sina.com.cn/s/blog_4ae7d4ff0100jpgw.html，最早发表于《公司金融》6月上半月刊，有删节。

第二步，境内交易安排的终止。

由于二六三网络红筹架构采取了协议控制的模式，因此在还原的过程中交易安排终止的处理就显得尤为重要。

2006 年 8 月，二六三网络股东大会作出决议，决定公司与二六三信息之间签署的有关服务、资产租赁等协议均不再继续履行，公司不再向二六三信息支付任何服务及许可费用。同时，二六三网络分两次与二六三信息签订《资产转让协议》，二六三信息将其所有的办公设备、网络设备、软件著作权和商标按照账面价值转让给二六三网络；将其所有的包括新闻系统软件在内的 48 件软件按照账面价值转让给二六三网络。上述交易完成后，二六三网络自主拥有进行正常生产经营所需要的设备、无形资产的所有权或使用权。

第三步，股份公司的股权调整。

为了还原真实的股权构成，2007 年 6 月，二六三网络股份公司进行了股权调整，由昊天信业、海诚电讯与智诚网业将其持有的本公司的全部股权转让给李小龙、陈晨等 12 个自然人、利平科技、武汉星彦、兆均创富及其他自然人。

第四步，境外上市、返程投资涉及主体的处置。

2007 年 8 月，二六三控股（开曼）董事会及股东大会、NET263（BVI）的董事会及股东大会、二六三信息的唯一股东 NET263（BVI）分别作出了关于清算二六三控股（开曼）、NET263（BVI）及二六三信息的决定。

根据 3 个公司的控股结构，二六三网络计划先注销二六三信息，再注销其股东公司 NET263（BVI），最后注销 NET263（BVI）的股东公司二六三控股（开曼）。之后，三家公司分别向所在地的公司注册机构提交了注销申请，截至 2008 年底，三家公司均已完成注销手续，并获得了当地公司注册机构出具的注销证明。

第五步，解释架构解除前后权益一致、实际控制人没有变更。

二六三网络在境外红筹架构的废止过程中，境外所有股权变动均符合当地法律规定。在上述过程中，李小龙在二六三控股的控股股东 Skyscaler Ltd.、公司当时的前三大股东昊天信业、海诚电讯、智诚网业分别持有38.5%的股份，同时又担任二六三控股及二六三网络的法定代表人。因此，李小龙是二六三控股及本二六三网络实际控制人，并且未发生变化。

二六三网络董事会构成及高级管理人员的任职并未因境外上市事宜而发生重大变更，原有主要经营人员及技术人员未发生重大变动。

二六三网络的相关资产虽然出售给二六三信息，但该部分资产的实际经营权仍在二六三网络，且该部分资产仍被二六三网络所使用。同时，2005年二六三网络转出的资产占2004年底二六三网络总资产的比例仅为0.60%，因此，上述转让行为对公司的实际生产经营没有实质影响。

同时，二六三网络实际控制人李小龙出具承诺：在公司境外上市、返程投资架构的建立及废止过程中，涉及的股权转让等全部事项均符合当地法律规定，股权转让手续已全部办理完毕，不存在潜在的纠纷和隐患。如果因上述事项产生纠纷导致二六三网络利益遭受损失，所有损失由李小龙全部承担。

（二）背景剖析：法律政策环境及经济大环境的变迁

外资 PE 投资模式的发展轨迹变化，其实是与外资 PE 实现其投资回报的价值最大化息息相关的。由于外资 PE 其本身具有涉外因素，其在境内投资受到产业指导目录限制，并且由此受到外汇管制等方面的约束和限制。为了尽可能符合产业指导目录要求，并且在投资和回报，外汇和结汇方面顺利进行，外资 PE 将尽一切可能和途径规避有关管制。红筹模式投资结构即在这一大背景下产生，红筹模式通过境外设立特殊目的公司，通过一系列手段将境内公司的经营以及利润投放进境外特殊目的公司，而外资 PE 的投资一般在境外特殊目的公司，这样，可以通过境外特殊目的公司实现境外投资，并且还可以实现境外退出的可能，而且外资 PE 在此情况下，不用在境内而直接在境外即可以进行募集资金投资。

10 号文的出台对红筹模式产生了直接而深远的影响。10 号文要求特殊目的公司的投资必须报商务局、证监会等审批，出具相关文件，并且对于境外公司上市以及融资资金提出具体要求。由此，特殊目的公司境外上市的红筹模式途径基本上已被堵死，只在理论上存在可行性，实际上自 10 号文出台之后，至今无一例通过红筹模式成功登陆境外资本市场的。在这种情况下，后红筹模式的出现势在必然，有效地利用既有的境内运营主体，并有效规避了 10 号文对特殊目的公司的规定，通过有关协议安排等，实现外资 PE 投资和境内公司的境外上市目的，从而实现外资 PE 投资的回报。

随着境内资本市场的完善，IPO 的重新开闸，创业板的启动都为外资 PE 在境内投资退出提供了十分便利的渠道，由此外资 PE 开始谋求在境内投资和境内退出的方法，从而出现了外资 PE 利用人民币基金进行境内投资和境内退出的运作，这也是人民币基金逐渐超越外币基金的重要原因。

其实，从以上投资模式的发展轨迹可以看出，外资 PE 投资中国是与中国大经济背景息息相关。随着中国境内资本环境以及中国经济的崛起，中国经济可以容纳更多新兴经济和更大的经济实体，境内积攒的社会资本可以给境内企业在资本市场提供更多的支持，并且通过资本市场进一步解决社会资本的投资渠道和途径问题，还可以将企业的发展成果消化和共享于境内，而不是将境内企业发展的成果和财富拱手让与外人，这也符合中国企业以及中国经济发展的初衷和目的。而外资 PE 作为积极投身于中国经济发展的一分子，其在经济发展过程中分享经济成果也是毋庸置疑，只不过需要为其创造更多积极和规范的环境，使得外资 PE 可以在境内实现投资回报。

二、外资PE投资境内企业的交易模型和结构选择

（一）投资工具

外资 PE 常用的投资工具有普通股、优先股、可转换债、附认购权证公司债券等，这些投资工具都源自西方法律环境，具有深厚的西方法律渊源和传统，但是这些在西方普遍适用的投资工具在境内投资使用时，则不得不考虑中国特殊的法律环境，适时进行一定的本土化试验和变革，以能够满足外资 PE 投资境内的目的。

1. 普通股。普通股是随着股份公司利润变动而变动的一种股份，是股份公司资本构成中最普通、最基本的股份，是股份公司资金的基础部分。普通股的基本特点是其投资收益（股息和分红）不是在购买时约定，而是事后根据公司的经营业绩来确定。公司的经营业绩好，普通股的收益就高；反之，若经营业绩差，普通股的收益就低。普通股是股份公司资本构成中最重要、最基本的股份，亦是风险最大的一种股份，但又是股份中最基本、最常见的一种。

现行公司法规定的公司股份都是普通股。外资 PE 投资境内企业时使用普通股不存在法律上的障碍，可以跟投资企业就投资取得普通股进行约定，也是最基本的股份类型要求。但是在外资 PE 投资中，纯粹通过普通股进行投资的比较少见，因为普通股本身首先无法满足外资 PE 作为出资方的利益保障，其次普通股对于外资 PE 股权投资风险相较于债权投资风险比较大，其随着公司经营状况会直接影响股份的价值起伏，不足以外资 PE 有效规避投资中的风险。所以在外资在 PE 投资中常常较少选择普通股，或者仅以普通股作为辅助，会在股份上大量设置各种权利义务，加以保障外资 PE 投资利益。

2. 优先股。优先股是公司的一种股份权益形式，持有这种股份的股东先于普通股的股东享受分配，通常为固定股利。优先股收益不受公司经营

业绩的影响。一是优先股通常预先定明股息收益率。由于优先股股息率事先固定，所以优先股的股息一般不会根据公司经营情况而增减，而且一般也不能参与公司的分红，但优先股可以先于普通股获得股息，对公司来说，由于股息固定，它不影响公司的利润分配。二是优先股的权利范围小。优先股股东一般没有选举权和被选举权，对股份公司的重大经营无投票权，但在某些情况下可以享有投票权。

优先股在外资PE投资中是比较常见的投资工具，因为通过赋予外资PE优先权，可以有效保障外资PE的投资利益。一般而言，外资PE在与境内企业洽商投资条款清单时会将很多优先权加注与其中，诸如优先分红权、优先购买权、优先认购权、清算优先权、对赌条款、重大事项表决权等，通过这些特殊的优先权，巩固保障了外资PE投资取得企业股权利益，并且可以有效地避免由于外资PE与目标企业之间因为信息不对称导致的利益失衡，有效地提高PE投资的精确度，降低投资的成本。

在境内投资的外资PE在设定优先股时，由于受到中国现行《公司法》及有关上市规定的影响，不得不考虑在《公司法》及现行上市规定的框架下设置。现行《公司法》规定"同股同权"、"一股一票"，不允许出现优先股的情形；并且根据证监会的有关规定，在公司正式IPO之前不允许存在着对于股权不稳定的因素，诸如对赌协议、优先购买权、清算优先权、回赎权等对于股权、实际控制人、内部治理结构等将发生重大影响的关键条款不允许在上市公司章程或股东协议中出现，否则将无法通过证监会审批过会，成为企业上市的硬伤。所以外资PE在运用优先股工具进行投资时，首先要考虑到进行适当的本土化，在中国法律环境框架下进行一定的设置。一般而言，在股东之间进行有关优先权的设置，只要不涉及到外部第三人利益和违犯强制性法律规定，相应的设置不会产生效力问题。另外，有关优先股设置尽量安排在公司正式IPO之前终止，不要延续至IPO之后，以免影响公司IPO进程，进而影响外资PE的退出。

【信息链接】

证监会：关注企业IPO的对赌协议①

随着 2009 年 7 月 26 日创业板发行申请的受理，创业板也将正式开闸。证监会一位高级官员在创业板发行制度培训中强调，在创业板发审工作中要严查 PE 的腐败。

据媒体报道，负责创业板发审的部门负责人表示，要加强信息披露以防范 PE 的腐败，同时上述官员还表示希望律师重点检查创业板发审企业的股权纠纷情况，包括发行人股权是否清晰，控制权是否稳定等相关问题。

一般有 PE 进入的企业都存在对赌协议（对赌协议一般指 PE 和创业者之间约定业绩增长目标，若达到则 PE 向创业者支付股份或者现金激励，若达不到则创业者需向 PE 转让股份或现金本息，甚至是控制权），多以业绩增长为主，尽量少涉及股权安排，因为股权转让受法律限制较多，如《公司法》限制发行人一年内不得转让公司股份，董事、监事、高管每年只能转让所持股份的 25%。

对赌协议有可能使公司股权结构发生重大变化和存在不确定性，并可能导致公司管理层的变化，因此在实践中，许多企业对对赌协议不予披露，而这种不披露有可能构成虚假陈述或欺诈。

证监会还关注对赌协议本身是否足够完整，是否存在一些条款或者协议没有披露，比如在实践中就存在没有披露的 PE 代持问题，这也是存在腐败风险的灰色地带。

3. 可转换债。这里所指的可转换债为可转换公司债。可转换公司债券

---

① 信息源自：周红，《证监会：创业板发审严查 PE 腐败》，经济观察网，http://finance.ifeng.com/roll/20090724/989913.shtml，2009.7.29。

是一种公司债券，它赋予持有人在发债后一定时间内，可依据本身的自由意志，选择是否依约定的条件，将持有的债券转换为发行公司的股票或者另外一家公司股票的权利。换言之，可转换公司债券持有人可以选择持有至债券到期，要求公司还本付息；也可选择在约定的时间内转换成股票，享受股利分配或资本增值。由此可见，可转换债既具有债权的性质，又具有股票期权的性质，可转换债持有者可以根据公司的经营状况选择对公司享有债权还是股权。

夹层资本使用的工具主要是可转换债，虽然目前很多基金也在使用这种工具，但在欧洲，往往是收购兼并中使用较多。而在美国，大概在2000年，PIPE市场带动了可转换债的流行，不过在中国，大多数PE投资过程中，往往使用优先股的情况比较多。一般外资PE在投资之初，外资PE与企业之间会就"可转换债"在发行之初规定一个转换价格，然后在企业上市之前，用当初谈判时的购买价格，除以当初规定转换价格来进行计算，每份可转换证券行使转换权之后的普通股份数，也就是外资PE在企业上市之后可以获得的股份。

在中国，可转换债在上市公司中规定，规定于《上市公司证券发行管理办法》中，那么外资PE是否可以通过可转换债工具投资于非上市公司？在中国法律环境下，外资PE运用可转换债工具存在着一定障碍，但是存在运作的空间。可转换债存在着两个过程，借债和转股。由于我国明确禁止公司之间进行借债，因此，借债环节存在一定障碍，当然，可以通过金融机构向目标公司借债，但是存在一定成本。实际上公司之间借债，即使被认定无效，也会要求相互之间清偿，约定利息被罚没，并且被罚处利息等额金额。当然还有其他借款方式，如通过中小额贷款公司借款，投资再偿还中小额贷款公司；或者通过股权投资的形式来做过桥贷款：如签订名义上股权转让的协议，约定公司向投资者出售股权，设定一个回赎期限，公司可向投资者回赎股权，回赎对价为出手对价加一定的溢价金额；还可以通过投资者向股东借款，企业再向股东借款，通过股东中转，等等。

虽然我国无法律明确规定债转股，但是法律并未禁止当事人约定将债权转为股权，因此存在操作的空间。在实践中，债转股有两种操作模式：第一种，企业先将借款归还战略投资者，然后通过投资人购买股权或购买增资的方式投入企业；第二种，利用过桥资金，实现投资人被工商登记为股东的目的。但是如果投资人是外资身份，外资PE投资的股权转让以及增资方面的诸多内部决议和外部批准程序还需要得到全面地遵守。这将进一步加大实际操作的难度和成本。

【信息链接】

华平无奈抛汇源可转债　外资PE撞上"中国墙"①

IPO市场遭遇寒流后，寄望并购市场回暖成为众多国内外PE获利退出的主要通道。

不过，并购退出的通道也出现了淤塞。眼下，美国华平基金(WarburgPincusLLC，下称华平)正计划直接出售汇源果汁的可换股债券(即可转债)，放弃行使换股权，以曲折的路径退出对汇源果汁的投资。2009年3月，随着可口可乐收购汇源果汁被叫停，汇源果汁背后的PE们原本想借此退出的愿望随之落空。

据悉，作为汇源果汁投资人的华平打算放弃所持的汇源果汁6 500万美元可换股债券实施行权，而选择在债券市场上直接脱手。市场普遍认为，华平选择从债市脱手，而非转股后通过二级市场交易的方式退出，显然是并购失利后的无奈选择。

2006年6月，正处于上市筹备阶段的汇源果汁向华平旗下的

---

① 信息源自：袁朝晖，《华平无奈抛汇源可转债　外资PE撞上"中国墙"》，经济观察报。http://finance.sina.com.cn/roll/20090626/22476407170.shtml，2009.6.26。

GourmetGrace 发售了价值 6 500 万美元的可换股债券。根据协议，这笔债权的换股价为汇源果汁股票发行价格的 85%，换股期为上市之日起至 2009 年 6 月 28 日。同年底，汇源果汁向华平另外发行了 67.50 万美元可换股债券。2007 年汇源果汁在香港联合交易所挂牌上市，以双方约定的转股价 5.10 港元计算，华平所持可转债约可兑换 1 亿股，约占公司总股份的 6.35%，为公司第三大股东。

2009 年 9 月，可口可乐与汇源果汁签署收购要约协议，约定以每股 12.20 港元的价格，现金收购包括华平基金在内的前三大股东合计持有的汇源果汁约 66% 的股份及全部未行使可转换债券及期权。最终，华平因收购终止而无法立即退出。

4. 附认购权证公司债券。权证是一种有价证券，投资者付出权利金购买后，有权利（而非义务）在某一特定期间（或特定时点）按约定价格向发行人购买或者出售标的证券。权证的标的证券可以是股票，可以是债券，也可以是基金，或者一揽子股票等。附认股权证公司债券也就是可分离债券，是指持有人依法享有在一定期间内按约定价格（执行价格）认购公司股票的权利，是债券加上认股权证的产品组合。持有这种债券的投资者可以选择在约定日期内，按上面约定的执行价格来购头公司股票。也可以选择不执行，也就是相当于一般的公司债券了。

附认股权证公司债与可转债都属于混合型证券，是企业用于募集长期资金、改善财务结构的有利工具，但两者可能给发行公司带来不同的现金流。可转换债券一般可以通过修订转股价来促使投资人转股，附认股权证公司债的债券部分则必须到期偿还。

附认股权证公司债券在《上市公司证券发行管理办法》第 27 条规定，主要适用于上市公司，对于非上市公司而言，尚未进行规定。并且由于非上市公司发行债券存在实际的障碍，外资 PE 实际运用该工具进行投资时，通常会进行一定的本土化。诸如约定，外资 PE 投资享有可转债的同时，享有优先认购权，即享有优先认购公司发行新股的权利，由此实现附认购权证公司债券的相同作用。

【信息链接】

凯雷投资1.75亿美元入股卜蜂国际[①]

泰国最大的综合农业企业正大集团（Charoen Pokphand Group）和全球性另类资产管理公司凯雷投资集团昨日宣布，凯雷亚洲基金 III 以 1.75 亿美元有条件收购正大集团所拥有的卜蜂国际有限公司（卜蜂国际）（HKSE：0043）的可转换股，同时凯雷亚洲基金还获得股票期权。

卜蜂国际是中国最大的禽畜及水产饲料生产商之一，正大集团是卜蜂国际最大的股东。凯雷亚洲基金 III 是规模为 25.5 亿美元的泛亚洲投资基金。凯雷亚洲基金 III 同意购买约 22.71 亿股可转换股，作价为每股 0.6 港元；在特定情况下，凯雷还可以获得额外的可转换股（即可转债），总价为 1.75 亿美元。此外，正大集团将向凯雷授予 3.24 亿份股票期权，每份股票期权可按每股 0.6 港元的价格购买 1 股卜蜂国际的可转换股。

交易完成后，在凯雷不行使期权或获得额外股票的情况下，按完全摊薄基准计算，凯雷将拥有卜蜂国际约 11.3% 的股权。此项投资须待若干条件满足，计划在 2010 年 7 月 22 日前完成。

正大集团计划使用这次交易的部分所得款项，支付集团与卜蜂国际间的内部债务。正大集团所欠卜蜂国际的总债务约 2.88 亿美元，集团计划在 2010 年年底前提早偿还 1.5 亿美元。

---

① 信息源自：司广亮，《凯雷投资 1.75 亿美元入股卜蜂国际》，财新网。http://finance.qq.com/a/20100709/006623.htm，2010.7.9。

（二）投资交易结构安排

投资交易结构是投资交易双方以合同条款形式所确定的、协调与实现双方最终利益关系的一系列安排。投资交易结构安排包括收购方式、支付方式、交易组织结构、融资结构、风险分配和控制、退出机制等方面的安排。投资条款清单基本包含了交易结构的全部内容，但并不是全部。一般认为交易结构中重点需要关注的是税收和风险问题。税收问题通常为如何利用税收优惠，以及考虑在投资交易中和交易后可能影响交易双方财务状况的税收问题，尽可能减少税收或推迟纳税是投资交易结构安排的主要内容。外资 PE 投资的风险主要体现为 3 个方面：一是与外资并购本身相关的风险，二是并购后与企业运营相关的风险，三是外资 PE 退出的风险。

1. 资产交易还是股权交易。一般而言，PE 通常通过收购目标企业的股权实现投资，但是在外资 PE 中，由于境内外投资环境以及我国对于外汇管制等因素存在，外资 PE 有时在进行传统的股权交易的同时，也会通过对于目标企业资产交易，实现外资 PE 的投资。

资产交易之所以受到外资 PE 的青睐，因为其有着股权收购所不具备的优点，由于资产交易进行的目标公司的经营性资产收购，该资产通过剥离远目标公司，不必负担原目标公司债务或税务等风险，因此资产收购被认为是"无瑕疵"、"干净"的交易，在外资 PE 无法确切知道目标企业的资产经营状况的情形下，采取资产交易无疑是十分稳妥的。

但是，资产交易存在着比较明显的问题，就是出卖方即目标企业因资产交易所得需要缴纳企业所得税，在交易额极高的情况下，对于目标企业而言，这无疑意味着一笔不小的费用。另外对于投资方而言，特别是外资 PE，也存在行业准入和经营资质的问题，特别在原有目标企业行业限制外资独资或者某些经营资质（诸如房地产经营开发资质等）情形下，资产收购有时将难于实现资产收购后，企业继续正常经营。

相比较而言，股权交易的优缺点与资产交易正好有些互补。股权交易无法彻底实现交易后投资方不承担目标公司的债务、税务或诉讼等的风险，投资方在取得公司股权后，作为公司股东，必然将受到公司经营以及原有资产状况的影响。税负方面，股权交易则投资方在交易时不用承担税负，如是增资扩股方式进入公司的，公司也不必就投资方的投资缴纳税负，只有在股权转让情形下，股权转让方才就股权转让所得缴纳个人所得税。对于行业限制而言，外资 PE 通过股权交易进入目标公司的，不会影响经营资质的延续，但是需要注意外商投资行业指导目录的影响。

结合上述股权交易和资产交易的优缺点，外资 PE 投资时可以综合股权交易和资产交易进行收购：第一步，目标公司股东注册新公司，将目标公司的资产以较低的公允价格溢价转移到新公司，此时新公司既取得目标公司的资产，又保证新公司不存在隐性债务或者诉讼风险；第二步，外资 PE 以股权交易方式（一般为增资扩股方式）并以双方合意的价格进入新公司，持有新公司的股份，从而实现投资。

2. 支付方式。在投资交易中，投资方通常会考虑通过何种方式支付有关资产或股权的对价。方式比较普遍常见的有两种，即现金支付和股权支付。

现金支付比较好理解，即以现金形式收购目标公司的股权或资产。外资 PE 以现金方式支付时，需要考虑外汇管制和结汇问题，需保证外资 PE 投资的合法性，需获得相关部门诸如商务部门的审批。现金支付操作相对简单，目标公司或目标公司股东比较容易获得现金，增加现金流动性，有利于目标公司的资金流动性，目标公司股东利益的货币化，直接实现交易的目的。但是现金支付比较明显的缺点是股东个人取得现金收益会面临付税的问题，但公司通过增资扩股取得现金并不存在这一问题。

股权支付则是外资 PE 通过自身股权支付给目标公司股东，并按照一定比例换取目标公司的股权，以完成投资交易。股权支付的优点是很明显的：首先，不用支付现金，投资方压力小；其次，延期纳税，对于目标公司股东而言，其获得投资方股权并不立即产生税负，只有在实际转让股权时才发生税负，因此达到延期税负的目的。但是缺点也是很明显的，即目标公司股东不能立即获得现金，无法即时实现利益货币化，并且自身股权随着投资方进入被稀释。

《关于外国投资者并购境内企业的规定》中对于股权支付方式进行了相应的规定。其中第 28 条规定，"本章所称的境外公司应合法设立并且其注册地具有完善的公司法律制度，且公司及其管理层最近 3 年未受到监管机构的处罚；除本章第三节所规定的特殊目的公司外，境外公司应为上市公司，其上市所在地应具有完善的证券交易制度。"第 29 条规定，"外国投资者以股权并购境内公司所涉及的境内外公司的股权，应符合以下条件：（一）股东合法持有并依法可以转让；（二）无所有权争议且没有设定质押及任何其他权利限制；（三）境外公司的股权应在境外公开合法证券交易市场（柜台交易市场除外）挂牌交易；（四）境外公司的股权最近 1 年交易价格稳定。前款第（三）、（四）项不适用于本章第三节所规定的特殊目的公司。"外资 PE 以股权支付方式收购股权的，需符合上述法律规定。

一般而言，在外资 PE 投资中，采取现金支付方式居多，纯粹采取股权收购方式相对较少，但是在特殊目的公司收购中，股权支付方式则比较普遍采用，这是出于实现其返程投资目的所需。另外，有时外资 PE 还采取"现金和股权"、"部分现金和部分其他投资工具"的组合支付方式。

3. 交易组织结构。通常，外资 PE 不会直接在境内进行投资，其会为某个特定项目设立一家项目投资公司（一般称之为 SPV，即特殊目的公司），并由该项目公司完成投资。当然，在中国投资实践中，更为普遍的是项目投资公司与目标公司或目标公司股东一道，在境外设立一家离岸控股公司。而离岸控股公司将成为跨国收购的主体。在实现该收购过程中，可以说，外资 PE 投资交易组织结构受《关于外国投资者并购境内企业的规定》（即"10 号文"）的影响十分深刻和深远。

在 10 号文实施前，较为活跃的外资 PE 很多保持着"两头在外"的投资模式,即资金募集和退出均在境外完成。外资 PE 通常是在某个自由港（如开曼群岛 <Cayman Islands>、英属维京群岛 <British Virginal Island，BVI>、巴拿马、毛里求斯、百慕大、香港等）设立离岸控股公司，由其在境外进行资金募集，并与境内企业或该企业控股股东、实际控制人所设立的境外特殊目的公司。然后由离岸控股公司对该特殊目的公司进行投资，持有部分股份或提供过桥贷款等，展开境外特殊目的公司收购境内企业的资产或权益等并购活动，后进行海外上市运作，最后外资 PE 在海外资本市场上取得投资回报，实现退出。此为典型的红筹模式组织架构。

在 10 号文实施的背景下，由于对红筹上市模式加强了监管，境外 PE 可不采取由境内所投资企业设立境外特殊目的公司的模式进行操作，以避免相对复杂的审批程序。外资 PE 直接以外国投资者身份进行境内的外商投资活动，即外资 PE 设立离岸控股公司，通常首先在 BVI 设立离岸公司，再由该公司在开曼群岛设立离岸公司；然后由该离岸公司以外国投资者身份在境内选择境内企业，通过资产并购或股权并购的方式，或重新设立外商投资企业，或将原境内内资企业变更为外商投资企业；在离岸公司完成对境内企业的重组后，以该离岸公司为主体进行海外上市；外资 PE 通过离岸公司上市实现退出。

上述典型红筹模式和后红筹模式是外资 PE 投资境内发展过程通常使用的基本交易组织结构，在这些组织结构基础上，根据外资 PE 投资和目标公司及其股东的具体要求和情形，又发展出若干种不同形式的交易组织结构。这些组织结构通常会通过外资 PE 设立离岸控股公司作为项目投资公司，并且在项目投资公司基础上，结合目标公司及其股东设立多层次的控股结构，通过多层次的控股结构，实现对于目标公司股权或资产的收购，并且实现离岸公司在境外（以前基本是该种方式）或者目标公司在境内上市（以后会出现更多），从而实现外资 PE 的退出。

【信息链接】

无锡尚德海外上市前后的股权结构[①]

2005年12月14日，注册于开曼群岛的尚德电力控股有限公司(股票代码：STP，简称"尚德控股")以美国存托股票(ADS)形式在纽约证券交易所挂牌上市，开盘20.35美元。筹资4亿美元，市值达21.75亿美元，被国内媒体称为"第一家登陆纽交所的中国民营企业"。

无锡尚德以海外红筹上市为目标，进行了由中外合资的国有控股企业转变为外商独资企业的重组，并通过私募完成上市的一系列操作。这其中涉及一系列的制度设计，比如过桥贷款、离岸公司、优先股、对赌协议、海外存托凭证上市等。无锡尚德股权结构如图4.3所示：

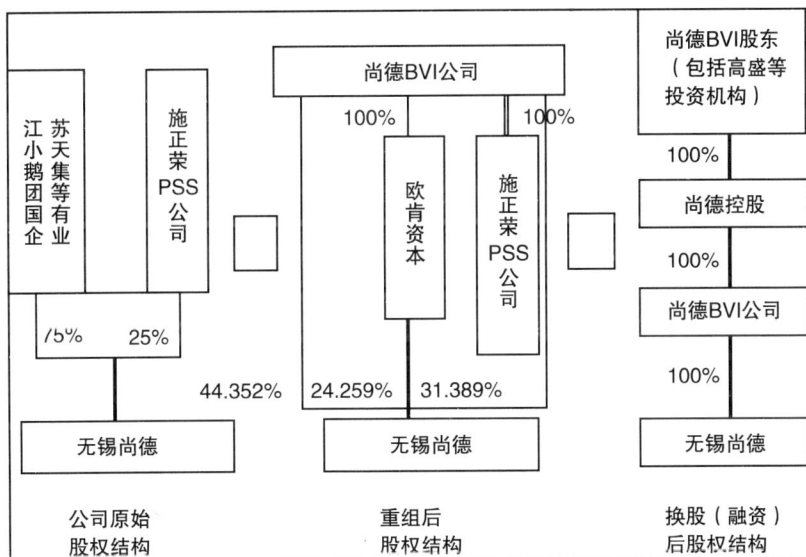

图4.3 无锡尚德重组前后股权结构对比图

[①] 信息源自：无锡尚德融资案例，http://www.leyta.com/article.php?handle=free&id=198，2010年3月24日。图4.3中所显示的无锡尚德重组前后股权结构具体变化和设计思路，限于篇幅关系，在本书不详述，有兴趣的读者可以参见上述链接。

（三）投资策略

外资 PE 在投资时通常会采取一些策略，以有效规避和控制投资风险，这些投资策略比较常见的有分阶段投资、联合投资、匹配投资、组合投资等，其基本的出发点即有效地分散投资，分散风险，不将"所有的鸡蛋放在一个篮子里"。

1. 分阶段投资。外资 PE 通常会采取分阶段对目标公司进行投资，根据投资阶段一般会分为 A 序列投资、B 序列投资……以此类推。外资 PE 一般很少一次性将所有投资全部到位，这首先因为对目标企业的了解存在信息不对称的情况，无法彻底了解企业经营发展状况，另外也出于对企业未来发展不可预计的一种自我保护。在企业发展符合预期期望时，外资 PE 可以继续进行 B、C 等序列投资，追加对于企业的投资，如若发展不符合预期，外资 PE 会放弃继续投资。由此，外资 PE 通过与目标企业及其股东设定分阶段投资的策略，可以有效控制投资的风险，并且对于目标企业而言，也是一种激励和监控，激励企业更好地发展，以取得投资者更多的追加投资，从而实现企业的良性发展，对于企业经营者及其股东也是一种监控，企业发展不好或者出现经营者股东道德风险时，PE 投资者可以通过放弃下一轮投资，并且会提前行使第一轮投资设定的有关权利实现对其监控。

对于外资 PE 而言，分阶段投资会增加其投资成本，因为第一轮投资与第二轮投资之间存在时间间隔，投资得越早得到收益越大，诸如，在种子期进行第一期投资时，每股价格可能是 1 元，但是到第二期创业期投资，每股价格可能是 1.5 元，这样同样资金得到的股权比例就不一样了。所以下一轮投资的成本一般会比上一轮增大，降低投资的收益。

另外，不同阶段的投资工具也会有所区别，一般第一轮投资时，由于企业尚处于发展初期，或者出于对于企业的了解所限，这一时期风险较大，在此时期，可以考虑采取一些风险小的投资工具，诸如可转换债、优先股等。而在后续的投资中，由于企业进一步发展，进入发展成熟期，或者进一步了解企业，这时可以采取一些风险性稍大一些的投资工具，如普通股，更进一步加大投资的收益。

2. 联合投资。外资 PE 有时会考虑与其他 PE 联合进行投资，特别是目标企业庞大，需要投资资金庞大，或者由于目标企业境内的 PE 对其更为了解，或者对于该行业有过成功的投资经验，在该 PE 参与投资情形下，可以更加巩固外资 PE 投资的信心。由此，联合投资可以形成资金、资源、经验和信心等的整合，当然也可以有效降低投资风险。

在国际私募投资中，作为业界内的一种常见现象，联合投资也是 PE 之间相互借力和资源共享的一种体现。在中国业界内，几个 PE 联合投资的情况也不少见，相互之间共同投资于同一家企业，可以在一定程度上规范企业的治理结构。当然，不排除联合投资出现若干 PE 搭便车和意见无法统一的情形，增加投资的内耗和成本。

3. 匹配投资。外资 PE 在进行投资时，有时会要求项目经营管理者或股东相应投入一定资金，这样可以将投资者与目标企业的利益和风险捆绑在一起，促使创业企业或项目经营管理者加强管理，从而降低了投资风险。

4. 组合投资。外资 PE 进行投资时，并不是把全部的资金投资一家企业或者一个项目，而是分散投资于不同的企业和项目，这样不同的企业或项目之间的盈亏可以互补，并且没有全军覆没的危险。一般而言，组合投资失败的可能性比较小。

（四）投资重要文本

外资 PE 投资中需要洽商和签署的文本包括投资条款清单、增资扩股协议、保密协议等文件，这些文件构成投资整个过程确定双方权利义务的重要基础。这些文件基本源自于西方，有着比较明显的西方法律特点，也是外资 PE 对于境内私募股权投资产生重要影响的方面，这些文件是最能体现 PE 投资区别于其他形式投资的基本点，也是 PE 专业化的重要体现。

1.投资条款清单。投资条款清单即 Term Sheet of Equity Investment，简称"Term Sheet"。投资条款清单就是 PE 与目标企业就未来的投资交易所达成的原则性约定。投资条款清单中除约定投资者对被投资企业的估值和计划投资金额外，还包括被投资企业应承担的主要义务和投资者要求得到的主要权利，以及投资交易达成的前提条件等内容。投资者与被投资企业之间未来签订的正式投资协议（Share Subscription Agreement）中将包含合同条款清单中的主要条款。

一般 PE 与目标企业在签署投资条款清单之前，双方已经经过尽职调查和基本的磋商，对于目标企业的基本情况以及投资方式、交易结构等有了基本的交流，并且初步对于投资的主要权利义务达成了共识，条款清单即体现了双方投资的意向和基本权利义务，并且是双方进一步进行磋商和最终达成投资交易的基础。一般签订完条款清单后，目标企业会给 PE 一定时间的独家磋商投资权，在此期间，目标企业放弃与其他投资者进行磋商投资的机会。但是，投资条款清单一般不具有最终的法律约束力，仅仅作为双方意向性文件，但一般双方从信誉角度上考虑都要遵守诺言。虽然正式签订的投资协议中将就这些条款清单做进一步的细化，但不要指望有些条款可以在稍后的合同谈判中重新议定。

一般认为条款清单的主要内容包括三方面：一是投资额、公司估值。对于 PE 投资的公司估值一般会采取市场估值法，考虑同行业同类型企业的市盈率情况予以确定。二是交易结构和投资工具。投资工具主要包括优先权条款和特殊权利条款。优先权条款可以分为优先分红权、清算优先权、优先认购权、优先购买权等；特殊的权利一般包括回赎权、共同出售权、强制随售权、反稀释保护权、保护性条款、信息权和购股权等。三是退出安排和风险规避。一般会对 PE 退出方式、年限以及无法退出处置进行约定。

由于条款清单中充满了各类投资专业词汇，初次接触的人往往会被其中专业性的术语所困惑。所以在国际私募股权投资中，律师等专业化人士成为积极参与并主导投资过程的不可缺少的分子。PE 以及目标企业都需要通过律师等专业化人士进一步解读条款，并争取更有利的权利或地位。这也说明 PE 投资在西方是一项专业化的投资，PE 本身是一项专业投资工具，而不是任何人都可以染指的全民投资游戏。

2. 增资认购协议。一般而言，外资 PE 投资中会通过股权转让或者增资扩股进入目标企业，但是就目标企业而言，在增资扩股方式下，PE 投资资金可以进入企业，而非用于交换股东股权，这样可以既可以满足企业融资需求，又可以实现 PE 投资企业的目的。在实践操作中，PE 与目标企业更多地通过签订增资协议或者增资认购协议实现投资交易。

增资扩股即目标企业通过增加发行股份，稀释原有企业股份，以此吸收 PE 投资认购新发行股份，从而进入目标企业。一般而言，增资扩股协议会充分体现条款清单中双方的权利义务，并将其中确定的交易结构和投资工具、退出方式等在协议中予以确定和进一步明确。

由于外资 PE 投资境内企业，需要进行商务审批，一般而言，增资扩股协议会采用商务部或各地商务机关提供的范本格式协议，而将一些涉及投资交易结构的安排和投资工具等，在中国法律环境下并未完全实现的条款放在补充协议中约定。这样，一方面可以顺利通过商务审批，顺利进行投资交易；另一方面也是为日后 PE 退出做好准备，以免因为信息披露造成的 IPO 等障碍。但是一般而言，为了顺利进行 IPO，在增资扩股协议及其补充协议中，应当将不利于股权、治理结构等稳定的条款在 IPO 前予以终止。当然，即使双方签订一些在中国法律环境下无法实现的条款，是否具有法律约束力？需要 PE 投资者与目标企业认真地斟量，如何更好地维护各方的利益，需要在中国法律环境下进行必要的本土化设计和安排。这也充分体现 PE 投资是一项专业投资活动，需要在专业人士指导下进行；特别是在中国复杂而并不完善的法律环境下，更是如此。

3. 中外合资（合作）合同和章程。章程和中外合资（合作）合同是外资 PE 投资的重要文件，决定了投资后投资者与原始股东关于公司运作经营的问题，一般会将未来公司的框架结构、治理结构、利润分配和风险分担进行约定，因此对于投资者和原始股东都比较重要。根据现行法律，中外合资（合作）企业合同及章程需要报商务部门审批。当然，章程和合同有时也会根据投资者要求，将诸多优先权等放在里面，由此章程和合同要比一般商务审批备案的范本文本庞杂得多，而且在进行审批备案时也更复杂，商务部门可能对于某些条款提出诸多疑问，甚至比较苛刻的要求，整个合同章程通过审批备案存在不小的难度，甚至相关部门有时对于某些交易结构的安排提出质疑，从而影响了整个交易结构方案的顺利实施。

鉴于现今有关外资审批相关法律法规并不十分明确，商务部门存在一定的自由裁量空间，所以，中外合资（合作）合同和章程需要在充分考虑投资者利益的同时，需要考虑在中国法律框架下实施有关投资结构，充分与当地商务部门沟通，甚至在报批之前与商务部门做好沟通工作，取得商务部门的支持，这样尽量避免出现投资结构搭建完成后，因为商务审批障碍需要重新构建的困境。

4. 保密协议。保密协议一般为 PE 对目标企业产生投资兴趣并希望进一步了解的情形下与目标企业签订，一般签订于 PE 即将对目标企业进行投资尽职调查之前，主要用于约定 PE 对于在进行尽职调查以及在投资洽商过程了解到目标企业的商业信息、人事信息、经营信息、财务信息等负有保密义务。这是为了保护目标企业而签订，一般包括保密内容、保密时限、保密义务、违约责任等内容。

当然在 PE 投资过程中比较常见的还有各专业机构与 PE 以及目标企业签订的保密协议，其意义和内容基本类似于 PE 与目标企业签订的保密协议。

三、外资PE与内资PE在投资模式和交易结构方面的差异分析

总体来看，内资 PE 不需要特别考虑，按照一般 PE 投资交易专业模式

和交易结构进行操作即可，但是外资 PE 需要考虑外汇管制结汇、产业指导目录以及法律法规限制，因此外资 PE 投资的投资模式和交易结构均是围绕着上述因素来决定其最终的投资模式和交易结构，但是随着境内资本市场的进一步完善，投资市场进一步放开，境内投资境内退出逐渐成为主流，在此种情形下，外资 PE 在投资模式和交易结构上出现相互融合的倾向和趋势。

最为明显的体现在投资模式的差异上，内资 PE 投资中国企业，根本不用考虑是否通过红筹模式或者后红筹模式，其作为人民币资金，不存在对于产业指导目录限制和外汇管制问题，可以直接投资任何行业，并且可以顺利在中国境内选择退出。但是外资 PE 则不同，其需要在综合考虑产业指导目录和外汇管理等问题基础上，特别在投资一些产业指导目录限制性行业时，考虑通过境外投资于特殊目的公司进行投资，通过特殊目的公司，对于境内实际经营公司的控制或者安排，从而实现其投资于限制性行业的目的，由此一来，外资 PE 不仅有效规避了中国法律的限制，而且也不会出现外汇管制问题，直接从境外投资境外退出，资金流向循环基本在境外可以实现。这一投资模式有着深刻的法律环境背景。随着 10 号文的出台，特殊目的公司投资的红筹模式受到了很多限制，虽然后红筹模式创造出不少投资模式，可以在一定程度上规避 10 号文的规定，但是依然存在不少风险和不确定性。

在投资工具、投资条款清单方面，限于国内法律法规的滞后，国际上通行的投资工具，诸如优先股、可转换债、附认购权证公司债券等在中国现行法律《公司法》、《证券法》等法律中并不能确切寻找到其位置，因此，为实现上述投资工具在中国投资中的运营，外资 PE 不得不结合中国现行法律，对上述投资工具进行本土化运用。这不仅是外资 PE 在投资时需要考虑的问题，内资 PE 在进行投资时也存在如何运用这些投资工具问题，毕竟这些投资工具源自西方，这些投资工具的内涵和背景以及运用都是西方法律体系和环境的产物，在脱离西方法律环境之后，特别在中国并不太成熟法律环境之下，如何将这些源自西方的投资工具在中国法律环境下使用，成为内资 PE 和外资 PE 同样需要考虑的问题。正是由此，在中国法律环境下，相对于其本国而言，外资 PE 在中国的投资更具有创造性和开拓性，由此更多的具有本土化性质的投资工具、条款清单出现，也会进一步丰富 PE 投资，并影响着 PE 投资的发展。

在交易结构方面，与交易模式问题比较类似，外资 PE 比内资 PE 更多考虑一些涉外因素的影响，如何通过交易结构安排，有效地减少或者规避涉外因素的影响，实现投资的利益最大化。所以，外资 PE 相对于内资 PE 在交易结构上要复杂得多，通常需要对交易结构进行精心设计，考虑到境内外不同法律经济环境，巧妙设计和安排外资 PE 的投资和退出。

第三节　外资PE的管理

　　狭义的 PE 的管理仅指 PE 内部治理结构方面的管理，而广义的 PE 管理则将内部治理管理以及外部投资管理、收益分配等包括在内，本书在这里讨论的是广义的 PE 管理。

一、外资PE的管理现状及特点分析

　　外资 PE 由于存在外资成分，并且发展历史相对比较长久，已经形成自己的传统或惯例，因此在管理上相对比较稳健和固定。但是对于中国而言，PE 尚属新鲜事物，正在接受和发展过程中，西方的 PE 在中国投资时发现，许多在西方被视为正统和自然的惯例，在中国则好像仍需要一番讨论和争议，甚至最后不得不进行一定程度的妥协，这样外资 PE 才能真正在中国得以立足和发展。

　　1.外资 PE 在管理上比较注重专业性，重视 PE 本身所具有的专业属性，不仅体现在它是一种专业的运作，把 PE 视为一种专业投资工具。有一群专业人士在操盘，利用一系列 PE 专业术语运作，重视专业技术分析和研究，而且在管理中体现出严格的专业惯例，严格区别 PE 从业人士的分工合作，诸如 GP 和 LP 的关系的处理，严格遵循 GP 主导管理投资，LP 参与投资而并不热衷于管理，实现一种金钱和能力的高效结合，激励和约束机制的有效统一，从而最高效发挥出 PE 的投资功效。

2. 外资 PE 在管理上有自己的品牌优势,并且其可以基于这一品牌优势,形成强大的募集、投资优势。外资 PE 不少都是在国际上知名的 PE 机构,其不仅手中握有雄厚的资金，而且其品牌也是不可动摇的，并且对于被投资企业而言，这种品牌优势有时比资金更为具有吸引力，因为这种品牌优势意味着其投资可以给被投资企业带来众多的投资附加值，诸如产业链的拓展、人才和市场的培育、经营管理经验的灌输、资本和资金的融合等方面，而不再仅仅局限于 PE 投资本身的财务价值,其具有更多战略方面的附加值。这也决定了无论是内部治理管理还是外部投资管理和收益分配等方面，外资 PE 具有比较强的话语权，可以固守自己的管理惯例和操作习惯，并且比较容易取得其他外来投资者的信任。

3. 外资 PE 对外投资上讲究一定的行业性,并不投资于任何行业和企业,其对于企业的研究和分析更注重于理性和技术。经过若干年的发展，外资 PE 已经形成自己一定的投资特点，并在若干行业中有自己的投资优势和经验，会根据自身发展和投资特点以及对于相关行业的认识和投资经验，有选择性地投资于某一行业方向，形成自己在若干行业方向投资的优势和特点。在进行具体投资时，外资 PE 更强调对于企业进行技术性的专业分析，对于企业的投资判断更倾向于理性和技术，而是不流于表面的判断。

4. 外资 PE 在管理上注重于程序的控制和安排，讲究一切按章办事,通过程序控制外部投资和内部治理风险。外资 PE 管理上比较讲究程序控制，注重于管理制度的规范，严格按照程序执行。外资 PE 在内部管理上注重于治理结构的规范，外部投资流程的程序和规范，对于权利义务的分配和责任的分配更是严格遵循程序，希望通过程序解决治理、投资、管理等问题，避免由于不确定性，随意性破坏和影响 PE 的正常发展。

5. 外资 PE 适时将中国的一些特殊因素融入管理中，成为其在中国顺利发展的不可忽视的因素。外资 PE 在中国呈现出比较强的话语权，但是并非置中国本土化的环境和事实不顾，其在坚守自身管理惯例的同时，对一些中国现实特别是基于中国法律环境做出的适应，诸如在管理费上适当的让步、LP 在管理上有一定的话语权等，都是一些有益的本土化变革和试验，是否最终形成惯例还有待于实践，但是却是有利于外资 PE 在中国的顺利发展。

二、外资PE与内资PE的管理特点比较

（一）外部投资

在项目来源渠道上，外资 PE 更多依靠其自身品牌优势或者行业资源经验等获取项目信息，有时也会通过市场化途径（诸如各类融资会议、论坛、展览会等）获取项目信息，一般而言，其项目来源渠道相对稳定并且项目信息比较丰富；内资 PE 更多依靠内部高层人脉关系或者其他与各地政府招商部门、开发区办公室、金融规划部门或产权交易机构保持积极的联系，从而获取有效的项目信息。

在投资决策流程上，外资 PE 讲究对于项目进行技术和专业性分析，充分的尽职调查和内部研究分析是必不可少的，内部流程更加严谨和烦琐，投资决策流程更趋于理性；内资 PE 则在更趋于简化，必要的尽职调查和技术分析有时也进行，但是并不是最终决定投资的根本因素，其他一些因素诸如目标企业实际控制人的印象和口碑，目标企业在当地的地位和影响等更具有决定性。

（二）内部管理

最为显著的区别在 GP 和 LP 的关系处理上，外资 PE 一般会严格遵循LP 不参与经营管理的理念，LP 仅作为投资人承担有限责任，而 GP 则全权负责经营管理并承担无限连带责任。但是内资 PE 则是一再颠覆基本操作惯

例，LP 不仅出资，而且要参与经营管理，GP 并不能全权决定 PE 一切投资经营事务，更多时候需要 LP 的参与决策。

出现这一特点背后的原因就在外资 PE 的 GP 经过多年的发展已经形成自己的品牌和业绩，在运作 PE 的专业和眼光上更为独到，在投资经营管理上更具有话语权；而内资 PE 的 GP 发展年限不长，很难有过硬的业绩和品牌，往往缺乏操盘大型 PE 的经验以及成功的业绩，并且内资的 LP 一般为"富一代"，其资本的积累几乎全部为自己打拼得来，他们更习惯于亲历亲为，所以 LP 要想完全放手 GP 去管理和经营 PE 是很难做到的。相形之下，外资 PE 与内资 PE 往往在处理 GP 和 LP 的关系上呈现出比较大的差别，这也直接影响到内部的治理结构，外资 PE 更趋于传统的有限合伙制，关系比较清晰，而内资 PE 则将有限合伙制进行本土化，关系相对比较混杂。

（三）收益分配

外资 PE 一般遵循比较传统的收益分配方式，即 GP 管理经营阶段收取 1% ~ 5% 的管理费，收益阶段视业绩情况，GP 可以最高收取到 20% 的收益，而 LP 收取另外 80% 的收益。这样可以保证整个 PE 组织可以稳定地运转，并且对于 GP 产生激励和约束作用。而对于内资 PE，GP 不一定可以稳定地拿到固定的管理费，管理费一般会视对外投资经营情况收取，没有对外投资甚至没有管理费用，实践中也出现过 GP 完全不收取管理费，只有当投资出现收益才分配的情形，可谓是内资 PE 比较独特的现象。

三、外资PE在中国的管理困惑解析

外资 PE 在境内股权投资管理可谓是先行者，对于内资 PE 而言，其往往具有示范和标杆作用，内资 PE 也从外资 PE 那里学到积极而有效的经验和知识。但是随着人民币基金的崛起，外资 PE 出现向人民币基金发展的趋势，从"两头在外"的发展模式逐渐转换为本土募集、本土投资、本土退出的趋向，外资 PE 原有的传统管理惯例，在面临这样的发展趋势时，不得不考虑协调国际惯例与本土化习惯的冲突。

毋庸置疑，外资 PE 在西方的发展是其法律经济环境的产物，也是经历市场化发展后一种优化的选择和制度设置，因此，其无疑是许多先行者优秀的经验和教训的精华，其具备制度和经验的优先性毋庸置疑。但是国内的 PE 发展年限不长，对于 PE 的认识尚处于开启阶段，甚至对于 PE 本身性质还存在诸多的争议，而且中国的经济虽然处于高速发展阶段，但尚未完全实现市场化，呈现出较多的本土化意味，这也意味着在完全市场化经济下发展起来的外资 PE 在中国的发展不会是一片坦途，要想在中国顺利发展，需要考虑进一步融入中国的经济法律环境，充分利用中国高速发展经济环境带来的诸多好处。并且进一步拓展和适应 PE 管理经营实践。

从更微观的方面来看，外资 PE 之所以在中国投资管理遭遇困惑，原因也是多方面的，首先，有限合伙制度在境内发展年限并不长，有限合伙制度中的 GP 和 LP 的原则性分工合作尚未深入人心，制度性的因素与实际的操作还存在一定的脱钩；其次，PE 本身的投资工具并未得到共识，其专业性还未得到更多体现，很多人并不清楚 PE 运作需要较丰富的专业、经验和资历，因此其管理上的专业性得到不到普遍认可，而在现实 PE 管理中呈现出更多的功利和实务性，以实现投资和获益为主要目的，至于管理等内部程序过程，并不能引起足够的重视，这与中国一再重实体、重结果，轻程序和过程是一脉相承的。

第四节 外资PE在境内投资的几个关键问题

外汇、税收、审批是外资 PE 在境内投资的几个关键问题，不仅在投资阶段存在，在募集设立以及退出都是外资 PE 十分关注的问题。

一、外汇问题

外汇问题是外资 PE 在境内投资比较关键的问题，也是外资 PE 区别于本土 PE 的主要方面，外资 PE 之所以相对于内资 PE 呈现出独特之处，其关键之处在于外资 PE 投资的资金全部或者部分来源于境外。而中国作为外汇管制国家，并未完全放开外汇领域。境外投资者进入中国进行投资，必须经历外汇管理关口，按照外汇管制部门要求管理和运营相应外汇，否则将会在比较大的法律和经济风险。

（一）涉及外资PE的外汇管理框架介绍[①]

外汇管理是指一国政府授权货币当局或其他机构，对外汇的收支、买卖、借贷、转移以及国际间结算、外汇汇率和外汇市场等实行的管制行为。

---

① 该部分内容参见外汇管理局主编《外汇管理概览》，http://www.safe.gov.cn/model_safe/zssk/zssk_list.jsp?id=6&ID=150900000000000000。

《中华人民共和国外汇管理条例》所称外汇，是指下列以外币表示的可以用作国际清偿的支付手段和资产：（一）外币现钞，包括纸币、铸币；（二）外币支付凭证或者支付工具，包括票据、银行存款凭证、邮政储蓄凭证、银行卡等；（三）外币有价证券，包括债券、股票等；（四）特别提款权；（五）其他外汇资产。

我国最初由于外汇紧缺，在管理理念和制度安排上奉行"宽进严出"原则。告别外汇短缺时代后，外汇管理，主要目标转变为通过对外汇资金流入和流出的均衡管理，促进国际收支平衡、维护国家金融安全和服务经济发展。

目前我国外汇管制框架为经常项目外汇管理、资本项目外汇管理、金融机构外汇业务管理、国际收支统计和监测、外汇储备管理、人民币汇率和外汇市场管理、外汇管理检查与处罚。其中重点需要关注的是前两项。经常项目外汇管理指经常项目，通常是指一个国家或地区对外交往中经常发生的交易项目，包括贸易及服务、收益、经常转移，其中贸易及服务是最主要的内容。一般而言，对于国际收支中经常性的交易项目对外支付和转移不予限制。

而通常所说的资本项目（或称资本账户）是对国际收支平衡表中资本和金融账户的总称。其中，资本账户包括涉及资本转移的收取或支付，以及非生产、非金融资产的收买或放弃的所有交易。金融账户包括涉及一国经济体对外资产和负债所有权变更的所有交易。外商直接投资外汇管理属于资本项目外汇管理的内容。外商直接投资可分为新设投资和并购投资。新设投资也称绿地投资，是指境外投资者从无到有设立外商投资企业的活动。并购投资，是指境外投资者并购已经存在的内资企业。我们在本书中讨论的外资 PE 投资属于并购投资的类型。

现行的外商直接投资管理框架是：第一步，投资前期的签署协议、调查及筹办工作（可经外汇管理部门核准开立外国投资者专用外汇账户）；第二步，到商务主管部门办理外商直接投资的审批程序；第三步，到工商管理部门办理营业执照；第四步，到外汇管理部门办理企业外汇登记、外资外汇登记等相关手续；第五步，从事经营活动（可经外汇管理部门核准开立资本金账户，可到银行直接开立经常项目账户，产生的利润可到银行办理相应购付汇手续）；第六步，外商投资企业清算、终止或外国投资者将所持有境内企业股权出让（有关交易需经商务主管部门批准，外国投资者清算撤资或转股所得资金经外汇管理部门核准后可以购汇汇出）。

在外汇管理方面，外商直接投资的便利化程度相对较高，重点在于统计监测外商直接投资项下的跨境资本流动。同时，现行的外汇管理主要以外汇账户为核心，进行相应的外商投资企业外汇资本金结汇管理。外汇管理部门对每一家外商投资企业进行外汇登记，开立资本金账户，并根据审批部门核定的金额确定该账户的最高限额。外商投资企业的外国投资者外汇资金入账后，外商投资企业聘请的会计师事务所在验资过程中需要向外汇管理部门进行验资询证；外汇管理部门根据会计师事务所提交的相关入资证明，记录外资流入的具体形式和金额。会计师事务所出具验资报告后，外商投资企业可向外汇指定银行，根据实需原则（即有实际的支出需求，如购买原材料、设备、支付工资等）申请外汇资本金结汇。同时，为便利外商投资企业小额支付的需要，允许外商投资企业直接将一定限额内的外汇资金（目前为5万美元）结汇使用，无需提交支付用途凭证等凭证。

在外商直接投资资金流出时，同样也需要先由商务主管部门对减资、转让股权、清算、撤资等事项作出批复。之后，外汇管理部门以审批部门的核准文件等为依据审核外商投资企业的撤资金额，外商投资企业的外国投资者可将所得资金汇出境外或者用于境内的再投资。此外，外商投资企业的外方所得利润可以在纳税后，直接向外汇指定银行申请购付汇，汇出境外。

（二）涉及外资PE外汇管理的重要法规

1.《关于外商投资企业境内投资的暂行规定》（2000年9月1日）。《关于外商投资企业境内投资的暂行规定》针对外商投资企业境内投资指的是，在中国境内依法设立，采取有限责任公司形式的中外合资经营企业、中外合作经营企业和外资企业以及外商投资股份有限公司，以本企业的名义，在中国境内投资设立企业或购买其他企业（以下简称"被投资公司"）投资者股权的行为。因此该规定适用于采用有限责任公司形式的外资PE，即公司制的外资PE。至于采用有限合伙制的外资PE是否适用，在修改该规定之前，应视为不适用。

该规定明确通知，外商投资企业境内投资比照执行《指导外商投资方向暂行规定》和《外商投资产业指导目录》的规定。外商投资企业不得在禁止外商投资的领域投资。

该规定还明确规定了外商投资企业应符合下列条件方可投资：一是注册资本已缴清；二是开始赢利；三是依法经营，无违法经营记录。该规定对于外资PE是否使用不无疑问，公司制外资PE如果分次缴纳注册资本的，在出资全部到位之前，无法对外投资，而如果不对外投资，赢利无从谈起。

根据该规定，外商投资企业购买被投资公司投资者的股权，被投资公司经营范围属于鼓励类或允许类领域的，被投资公司应向原公司登记机关报送本规定第七条所列的材料，并按照《公司登记管理条例》等有关规定，申请变更登记。被投资公司经营范围涉及限制类领域的，外商投资企业应按照本规定第九条、第十条规定的程序办理后，被投资公司凭省级审批机关的同意批复，按照《公司登记管理条例》等有关规定，向原公司登记机关申请变更登记。上述规定与《外商投资创业投资企业管理规定》基本一致，区别在于外资PE投资于鼓励类或允许类领域公司的，须向原公司商务审批部门（而非原公司登记机关）备案，投资于限制类领域公司的，须向省级商务审批部门进行申报批复。

2.《财政部国家外汇管理局关于进一步加强外商投资企业验资工作及健全外资外汇登记制度的通知》（2002 年 3 月 3 日）。《财政部国家外汇管理局关于进一步加强外商投资企业验资工作及健全外资外汇登记制度的通知》主要是就外商投资企业验资工作中涉及外方出资的审验程序及外资外汇登记有关问题规定，其中第一条（二）规定，"有下列情形的，注册会计师应当检查企业提供的'国家外汇管理局资本项目外汇业务核准件'原件，以确定其行为是否与外汇局核准的相一致：（1）外方出资者以其来源于中国境内举办的其他外商投资企业净利润和因清算、股权转让、先行收回投资、减资等所得的货币资金在境内再投资的；（2）外商投资企业以资本公积、盈余公积、未分配利润、已登记外债和应付股利转增资本的；（3）外方出资者减少出资的；（4）国家规定的其他出资方式须经外汇局核准的。"

由此可见，外资 PE 如若希望通过其已经在境内股权投资其他企业所获得净利润或者其他因清算、股权转让、先行收回投资、减资等人民币资金在境内进行再投资的，或者以外资 PE 本身的资本公积、盈余公积、未分配利润、应付股利等转增为资本的，需要核实该行为是否与外汇管理局核准的业务核准件相一致。注册会计师应通过询证函方式向外汇管理局进行核实，外汇管理局会根据询证函予以回函答复。

3.《国家外汇管理局关于改革外商投资项下资本金结汇管理方式的通知》（2002 年 7 月 1 日）。第二条规定，外商投资项下资本金是指经外汇局核定最高限额的外商投资企业资本金账户内的外汇资金。资本金账户以外的其他资本项下外汇资金结汇，仍须经外汇局核准。由此可见，外资 PE 对于其资本金账户中的外汇资金可以根据投资项目结汇使用，对于其资本金账户以外的其他资本项下外汇资金要结汇使用的，仍需要经外汇局另行核准。

该通知第六条规定，被授权银行应严格按照外汇管理有关规定及资本金结汇操作规程办理资本金入账及用于投资项目正常开支的资本金结汇审核。入账外汇资金必须符合外汇局核定的资本金账户收入范围；资本金账户入账累计额，即贷方累计发生额不得超过外汇局核定的账户最高限额；资本金结汇所得人民币资金只能用于投资项目的正常生产经营开支。由此可见，外资 PE 只能在其投资项目的正常生产经营开支范围内进行资本金结汇，也即外资 PE 只能将其外汇结汇用于其对外投资，而不得在经营范围之外使用。

4.《关于加强外商投资企业审批、登记、外汇及税收管理有关问题的通知》（2002 年 12 月 30 日）。根据该通知，外商投资企业中外商投资比例一般不少于 25%，如果少于 25%，需在外资投资企业证书或者工商营业执照中加注"外资比例低于 25%"。对于外资比例低于 25% 的外国投资者和出资比例低于 25% 的外商投资企业，除法律、行政法规另有规定外，其投资总额项下进口自用设备、物品不享受税收减免待遇，其他税收不享受外商投资企业待遇。

《外商投资创业投资管理企业规定》也有类似规定。《外商投资创业投资管理企业规定》第四十六条规定，"创投企业的所投资企业注册资本中，如果创投企业投资的比例中，外国投资者的实际出资比例或与其他外国投资者联合投资的比例总和不低于 25%，则该所投资企业将享受外商投资企业有关优惠待遇；如果创投企业投资的比例中，外国投资者的实际出资比例或与其他外国投资者联合投资的比例总和低于该所投资企业注册资本的25%，则该所投资企业将不享受外商投资企业有关优惠待遇。"

该通知第五条规定，"外国投资者收购境内各种性质、类型企业的股权，该境内企业应当按照国家有关法律、法规的规定，依现行的外商投资企业审批程序，经审批机关批准后变更设立为外商投资企业，并应符合外商投资产业政策。批准后，由审批机关颁发外商投资企业批准证书，工商行政管理机关颁发外商投资企业营业执照。

原境内公司中国自然人股东在原公司享有股东地位 1 年以上的，经批准，可继续作为变更后所设外商投资企业的中方投资者。

暂不允许境内中国自然人以新设或收购方式与外国的公司、企业、其他经济组织或个人成立外商投资企业。"

由此可见，外资 PE 投资境内企业收购其股权，需符合产业指导目录，并经相关机关审批，经审批后境内企业变为外商投资企业。由于《中外合资经营企业法》以及《中外合作经营企业法》均规定，只允许中国的企业和其他经济组织跟外商合资或合作，因此对于外资 PE 投资境内企业涉及到企业自然人股东的处理，上述通知进行了特别规定，即境内公司中国自然人股东地位 1 年以上的，可以继续作为外商投资企业的中方投资者。如中国自然人股东地位不满 1 年的，按照上述通知，暂不予允许其作为外商投资企业的中方投资者。

对于对外投资出资期限及相关事宜，该通知第六条也作出了规定，外国投资者收购境内企业股权，应自外商投资企业营业执照颁发之日起 3 个月内支付全部购买金。对特殊情况需延长支付者，经审批机关批准后，应自营业执照颁发之日起 6 个月内，支付购买总金额的 60% 以上，在 1 年内付清全部购买金，并按实际已缴付出资额所占比例分配收益。控股投资者在付清全部购买金之前，不得取得企业决策权，不得将其在企业中的权益、资产以合并报表的方式纳入该投资者的财务报表。股权出让方所在地的外汇管理部门出具外资外汇登记证明，是证明外国投资者购买金到位的有效文件。这需要外资 PE 在对外投资时需要严格按照规定履行出资义务。

5.《国家外汇管理局关于完善外商直接投资外汇管理工作有关问题的通知》(2003 年 3 月 3 日)。《国家外汇管理局关于完善外商直接投资外汇管理工作有关问题的通知》规定，"外国投资者及投资性外商投资企业收购境内企业股权的，应当依照法律、法规规定及转股双方合同约定，支付股权购买对价 (即外方为购买中方股权而支付给中方的代价，其形式可为外国投资者及投资性外商投资企业的自有外汇资金、从境内其所投资的其他外商投资企业获得的人民币利润或其他合法财产)，并自行或委托股权出让方到股权出让方所在地外汇局办理转股收汇外资外汇登记。"并且规定，"外汇管理局不得批准非投资性外商投资企业与其所投资企业之间外汇资金的境内划转。如遇特殊情况，确需进行此类境内划转的，各分局、外汇管理部应当上报总局。"

由此可见，作为投资性外商企业外资 PE，投资收购境内公司股权，可以将其外汇资金（或者因投资所获的人民币利润）办理结汇后用于投资，并且向目标企业所在地外汇局办理转股收汇外资外汇登记。

根据上述规定，还可以看出，如果外资企业不被认定为投资性外商企业的，那么其将不得将其外汇资金结汇投资与目标企业。因此外资 PE 管理公司作为 GP 时，其是否可以将其外汇资金结汇投资于股权投资企业，不无疑问，这与对于外资 PE 管理公司的性质认定有着直接的关系。如果不被认定为投资性公司，那么不得将其外汇资金在境内对其他公司包括其他 PE 进行，那么其作为 GP 募集设立人民币基金无疑存在比较大的障碍。

6.《国家外汇管理局关于境内居民通过境外特殊目的公司融资及返程投资外汇管理有关问题的通知》（2005 年 10 月 21 日）。《国家外汇管理局关于境内居民通过境外特殊目的公司融资及返程投资外汇管理有关问题的通知》明确规定对于境内创投适用。其中明确规定，境内居民从特殊目的公司获得的利润、红利及资本变动外汇收入，应于获得之日起 180 日内调回境内，利润或红利可以进入经常项目外汇账户或者结汇，资本变动外汇收入经外汇局核准，可以开立资本项目专用账户保留，也可经外汇局核准后结汇。所以，通过设立特殊目的公司返程投资的，特殊目的公司获利收入应当在获利之日起 180 日内调回境内。

特殊目的公司发生增资或减资、股权转让或置换、合并或分立、长期股权或债权投资、对外担保等重大资本变更事项且不涉及返程投资的，境内居民应于重大事项发生之日起，在 30 日内向外汇管理局申请办理境外投资外汇登记变更或备案手续。

7.《国家外汇管理局关于完善外商投资企业外汇资本金支付结汇管理有关业务操作问题的通知》（2008 年 8 月 29 日）。《国家外汇管理局关于完善外商投资企业外汇资本金支付结汇管理有关业务操作问题的通知》是影响股权投资的一部重要规定。其中最重要的规定为第三条。该条规定，"外商投资企业资本金结汇所得人民币资金，应当在政府审批部门批准的经营范围内使用，除另有规定外，结汇所得人民币资金不得用于境内股权投资。除外商投资房地产企业外，外商投资企业不得以资本金结汇所得人民币资金购买非自用境内房地产。外商投资企业以资本金结汇所得人民币资金用于证券投资，应当按国家有关规定执行。商务主管部门批准成立的投资性外商投资企业从事境内股权投资，其资本金的境内划转应当经外汇局核准后才可办理。"

根据上述规定，外商投资企业资本金结汇所得人民币，应当在经营范围内使用，并且明确规定，除非另有规定，结汇资金不得用于境内股权投资。由此，对于经营范围中没有股权投资项目的外商投资企业，其不得将外汇资本金结汇用于股权投资业务。业内人士普遍认为，上述规定基本堵死了WFOE 之路。很多外资 PE 或 VC（如鼎晖、IDG 等）在中国的操作模式，是首先设立外商投资企业（WFOE），然后将巨额的注册资金结汇为人民币，再进行股权投资，这种模式只需要在设立 WFOE 时向有关部门审批即可，但是随着上述规定的出台，基本终结了该种模式。

另外需要注意的还有，该规定第一条中规定，银行不得为未完成验资手续的资本金办理结汇。银行为外商投资企业办理资本金结汇的累计金额，不得超过该外商投资企业资本金的累计验资金额。即外资 PE 资本金结汇只能在办理验资手续后处理，并且资本金结汇的累计金额不得超过资本金累计验资额。

以上法规整理如表 4.1 所示：

表4.1　涉及外资PE外汇管理的重要法规表

法规名称	重点法条	涉及外资PE的相关问题
《关于外商投资企业境内投资的暂行规定》	第5、15条	外商投资企业对外投资的条件及审批机关
《财政部国家外汇管理局关于进一步加强外商投资企业验资工作及健全外资外汇登记制度的通知》	第1条	外资再投资、转增资等情形需要注册会计师核对外汇局资本项目核准件
《国家外汇管理局关于改革外商投资项下资本金结汇管理方式的通知》	第2、6条	外资PE只能在其投资项目的正常生产经营开支范围内进行资本金结汇
《关于加强外商投资企业审批、登记、外汇及税收管理有关问题的通知》	第3、5、6条	外资PE投资境内企业收购其股权，需符合产业指导目录，并经商务机关审批，对外投资出资有明确期限
《国家外汇管理局关于完善外商直接投资外汇管理工作有关问题的通知》	第4、5条	非投资性外商投资企业与其所投资企业之间外汇资金不得在境内划转
《国家外汇管理局关于境内居民通过境外特殊目的公司融资及返程投资外汇管理有关问题的通知》	第6条	通过设立特殊目的公司返程投资的，特殊目的公司获利收入应当在获利之日起180日内调回境内
《国家外汇管理局关于完善外商投资企业外汇资本金支付结汇管理有关业务操作问题的通知》	第3条	外商投资企业资本金结汇所得人民币，应当在经营范围内使用，除非另有规定，结汇资金不得用于境内股权投资

二、税收问题

（一）内外资税负统一问题

关于外资PE税收问题，首先需要关注的是，外资PE中外资出资比例问题，如果出资比例高于25%，则享受外商投资企业待遇，出资比例低于25%，则不得享受相关待遇。但是，这一规定在2008年《企业所得税法》出台后，内资和外资企业统一适用25%税率，不再实行内外有别，实现内外资企业的国民待遇。这对于之前外资PE通过红筹模式境内上市退出规避税收问题具有重大意义。

【信息链接】

有关外商投资企业税收的法规汇总

《关于加强外商投资企业审批、登记、外汇及税收管理有关问题的通知》第五条规定，"外国投资者出资比例低于25%的外商投资企业，除法律、行政法规另有规定外，其投资总额项下进口自用设备、物品不享受税收减免待遇，其他税收不享受外商投资企业待遇。已享受外商投资企业待遇的外商投资股份有限公司，增资扩股或向外国投资者转让股权后，仍可按有关规定享受外商投资企业待遇。"

《外商投资创业投资企业管理规定》第四十六条也有类似规定，"创投企业的所投资企业注册资本中，如果创投企业投资的比例中，外国投资者的实际出资比例或与其他外国投资者联合投资的比例总和不低于25%，则该所投资企业将享受外商投资企业有关优惠待遇；如果创投企业投资的比例中，外国投资者的实际出资比例或与其他外国投资者联合投资的比例总和低于该所投资企业注册资本的25%，则该所投资企业将不享受外商投资企业有关优惠待遇。"

《外商投资企业和外国企业所得税法》第五条规定，"外商投资企业的企业所得税和外国企业就其在中国境内设立的从事生产、经营的机构、场所的所得应纳的企业所得税，按应纳税的所得额计算，税率为30%；地方所得税，按应纳税的所得额计算，税率为3%。"

《外商投资企业和外国企业所得税法》第七条规定，"设在经济特区的外商投资企业、在经济特区设立机构、场所从事生产、经营的外国企业和设在经济技术开发区的生产性外商投资企业，减按15%的税率征收企业所得税。设在沿海经济开放区和经济特区、经济技术开发区所在城市的老市区的生产性外商投资企业，减按24%的税率征收企业所得税。设在沿海经济开放区和经济特区、经济技术开发区所在城市的老市区或者设在国务院规定的其他地区的外商投资企业，属于能源、交通、港口、码头或者国家鼓励的其他项目的，可以减按 15% 的税率征收企业所得税，具体办法由国务院规定。"

《企业所得税法》第四条规定，"企业所得税的税率为 25%。非居民企业取得本法第三条第三款规定的所得，适用税率为 20%。"

（二）关于外资PE作为居民企业和非居民企业纳税人的问题

《国家税务总局关于外商投资创业投资公司缴纳企业所得税有关税收问题的通知》（国税发 [2003]61 号）规定，"从事股权投资及转让、以及为企业提供创业投资管理、咨询等服务的创投企业，不属于税法实施细则第七十二条所规定的生产性企业范围，不得享受税法规定的生产性外商投资企业的有关税收优惠待遇。"即将外资 PE 与外商投资企业加以区分，外资 PE 不享有生产性外商投资企业的有关税收优惠。

该通知还明确规定，"组建为法人的创投企业，应以创投企业为纳税人，按照税法的规定，统一申报缴纳企业所得税。组建为非法人的创投企业，根据税法细则第七条的规定，可由投资各方分别申报缴纳企业所得税；也可以由创投企业申请，经当地税务机关批准，统一依照税法的规定，申报缴纳企业所得税。"即区分外资 PE 为法人还是非法人申报税收，法人形式的 PE，缴纳企业所得税，非法人形式的 PE，可以由各投资方分别申报，也可以由该 PE 申请统一缴纳。

该通知还规定，"非法人创投企业投资各方采取分别申报缴纳企业所得税的，对外方投资者应按在我国境内设立机构、场所的外国公司，计算缴纳企业所得税。但非法人创投企业没有设立创投经营管理机构，不直接从事创业投资管理、咨询等业务，而是将其日常投资经营权授予一家创业投资管理企业或另一家创投企业进行管理运作的，对此类创投企业的外方，可按在我国境内没有设立机构、场所的外国企业，申报缴纳企业所得税。"

即非法人分别缴纳税负的，如外方投资者其在境内设立机构场所的，缴纳企业所得税；如没有设立经营机构，而是委托其他管理公司运作的，按照非居民申报企业所得税。

由此，需要注意外资 PE 是否在境内设立实际管理经营机构，如果外资 PE 在中国境内设立实际管理经营机构、场所，则该外资 PE 属于中国居民企业，需就其所得缴纳 25% 的中国企业所得税。如果外资 PE 在中国境内设立了机构、场所（如委派人员到境内管理投资业务，达到税法所规定的机构、场所认定条件），则该机构、场所取得的来源于中国境内的所得，以及发生在中国境外但与其机构、场所有实际联系的所得，都需要缴纳 25% 的中国企业所得税。

但是，外资 PE 在中国境内不设立机构、场所，而是通过境外中间持股公司（诸如特殊目的公司）间接投资于境内企业，则在退出时通过转让中间持股公司的股权所得，是否缴纳相关所得税？在此情况下，外资 PE 作为非居民企业，根据《国务院关于外国企业来源于我国境内的利息等所得减征所得税问题的通知》（国发〔2000〕37 号），自 2000 年 1 月 1 日起，对在我国境内没有设立机构、场所的外国企业，其从我国取得的利息、租金、特许权使用费和其他所得，或者虽设有机构、场所，但上述各项所得与其机构、场所没有实际联系的，减按 10% 税率征收企业所得税。

《企业所得税法》及其实施细则也作出类似规定，非居民企业在中国境内未设立机构、场所的，或者虽设立机构、场所但取得的所得与其所设机构、场所没有实际联系的，应当就其来源于中国境内的所得缴纳企业所得税，并且对于非居民企业所得收入可以减免税收，减按 10% 的税率征收企业所得税。

需要注意的是，根据《国家税务总局关于外商投资企业和外国企业转让股权所得税处理问题的通知》（国税函发 1997 第 207 号），在符合条件的前提下，如果外资 PE 将所持被投资企业的股份转让给集团内成员企业，可按股权成本价转让,由于不产生股权转让收益或损失,不产生企业所得税负。《企业所得税法》出台后,该通知是否还适用,尚需要进一步确认。

（三）关于外资 PE 作为境内居民企业法人企业的纳税问题

如上所述,外资 PE 在中国境内投资设立外商投资 PE 法人企业,如外商独资、PE、中外合资合作 PE 等,外资 PE 作为居民企业,其纳税地位是毋庸置疑的,其将来源于中国境内的所得,以及发生在中国境外但与其机构、场所有实际联系的所得,都需要缴纳 25% 的中国企业所得税。但是境内法人型 PE 享有一定的税收优惠。

根据《企业所得税法》第 31 条以及《企业所得税法实施条例》第 97 条的规定,采取股权投资方式投资于未上市中小高新技术企业,可按该创投企业对中小高新技术企业投资额的 70%,在股权持有满两年的当年抵扣其应纳税所得额;当年不足抵扣的,可以在以后纳税年度结转抵扣。

对于外资 PE 居民企业和非居民企业纳税,我们可以通过表4.2进行比较:

表4.2 外资PE居民企业和非居民企业纳税对比表

比较项目	外资PE（非居民企业）	外资PE（居民企业）
股息收入: 500	预提税: 500×10%=50	所得税: 0
股权转让所得: 500 假定该股权转让所得对应原始投资成本为 100,并在持股满两年的当年转让股权	境外转让股权,在恰当的架构下可能无需中国所得税	在抵扣 70% 的投资款后缴纳 25% 的 所 得 税: [500-100-100×70%]×25%=82.5
整体税负	50	82.5

由此,外资 PE 可以综合考虑有关税负问题,决定是否在境内设立 PE 进行投资。

（四）有限合伙制PE税负问题

《合伙企业法》规定,有限合伙制创投企业所产生的收益,应当由其自然人投资方和法人投资方按照各自所分得的收益,分别缴纳个人所得税和企业所得税。

　　财政部国家税务总局《关于合伙企业合伙人所得税问题的通知》（财税 2008159 号）明确合伙企业以每一个合伙人为纳税义务人。合伙企业合伙人是自然人的，缴纳个人所得税；合伙人是法人和其他组织的，缴纳企业所得税。并且明确了合伙企业生产经营所得和其他所得采取"先分后税"原则，规定合伙企业应当以每一个合伙人为纳税义务人；合伙企业合伙人是自然人的，缴纳个人所得税；合伙人是法人和其他组织的，缴纳企业所得税。此规定避免了公司制 VC/PE 出现的重复征税问题。

　　关于外商投资合伙企业，《国家税务总局关于外商投资创业投资公司缴纳企业所得税有关税收问题的通知》（国税发 [2003]61 号）中对"非法人"的通常理解并不包括有限合伙（因为出文时有限合伙企业并未允许），财政部国家税务总局《关于合伙企业合伙人所得税问题的通知》（财税 2008159 号）似乎也只涉及中国合伙人从中国合伙企业中取得的所得的所得税处理办法。如涉及外国合伙人（个人或法人）在中国合伙企业的所得税税务处理，则可能需要进一步的税收法规明确。然而，有两点值得注意：

　　1. 常设机构问题。特别是对于境外投资者作为合伙人在境内设立有限合伙企业，是否在中国境内设立"机构场所"，是否能够参照适用国税发 [2003]61 号和财税 2008159 号文执行，尚待进一步明确。不过，如果根据前述国税发 [2003]61 号和各地方对于普通合伙人和有限合伙人进行区别对待的精神〔如北京市出台的《关于促进股权投资基金的发展》中明确规定，合伙制股权基金的普通合伙人，其行为符合下列条件之一的，不征收营业税：（一）以无形资产、不动产投资入股，参与接受投资方利润分配，共同承担投资风险；（二）股权转让〕，境外投资者根据其作为普通合伙人还是有限合伙人，税务处理也应当有所不同。

　　2. 股息和资本利得的税收协定待遇问题。外资 PE 作为其投资境内 PE 的合伙人，若在境内无其他应税活动，根据前述论述，其所在国家或地区与中国内地的税收协定或安排的规定，在取得股息时，有可能只需缴纳10%或5%（香港）的预提所得税；而在取得股权转让的财产收益时，则有可能豁免中国内地的预提所得税。当然，外资PE在选择以哪个国家或地区的法人加入境内有限合伙企业时，也要留意税务当局进行的反避税和反滥用税收协定的新动向。

三、审批问题

（一）绿地投资与外资并购问题

绿地投资又称创建投资或新建投资，是指跨国公司等投资主体在东道国境内，依照东道国的法律设置的部分或全部资产所有权归外国投资者所有的企业。创建投资会直接促进东道国生产能力、产出和就业的增长。即绿地投资是外商在东道国直接设立新企业的投资方式。

外资并购又称并购投资，是与新建投资相对应的一种投资方式，其本质上是企业间的产权交易和控制权的转移。并购一般没有新的固定资产投资，因此与新建投资相比，外国企业可以更快地进入市场和占领市场。外资并购在我国很早就存在，主要是中方以资产作价同外方合资，实现存量资产利用外资。外资PE投资在性质上属于外资并购中的一个类型。

目前我国施行的有关外商投资的政策法规主要是针对"绿地投资"，并不完全适用于外资并购投资，而"绿地投资"中有些措施甚至是与政策制定的初衷相违背的，比如对高新技术、先进技术和装备制造业等的优惠政策，由于外资并购更多为外资对于目标企业股权的投资并购，相关的优惠政策在外资并购中并不存在适用的空间，而且根据实际外资并购情况，在涉及关键行业并购等情形时，外资在这些方面的并购不仅不能给予优惠鼓励，还应加强审查。

一般而言，对外资直接投资的管理主要有两个关键环节：一个是对外商投资项目的核准，由国家发改委负责；另一个是对外资企业设立以及合同、章程的程序性核准，由商务部负责。但由于这种分工主要是针对"绿地投资"和涉及固定资产投资的项目的，而对于并购投资项目，特别是那些不涉及固定资产投资的项目，比如服务贸易，则不需要经过发改委的项目审核或审批环节。

从国际实践上看，并购投资的效率比绿地投资要高，集中体现外资并购的法规《关于外国投资者并购境内企业的规定》也体现了这个原则，即在审批速度上保证并购投资快于新设外资企业。该法第25条规定，"外国投资者并购境内企业设立外商投资企业，除本规定另有规定外，审批机关应自收到规定报送的全部文件之日起，30日内依法决定批准或不批准。决定批准的，由审批机关颁发批准证书。"即审批机关对并购的审批限定在30日内，而对外资企业的设立审批期限为90日内。

鉴于绿地投资与外资并购的不同，首先，应在两种外商投资方式在审批监管方式上加以区别，不能概以论之。其次，鉴于目前外资并购普遍存在着监管规则落后于监管实践状况，近年来出现了一些假外资并购以及对于国有资产和关键行业的并购，对于外资并购应当坚持两个原则：一是规范外资并购市场；二是不能造成过度监管，因为过度保护并不有利国内产业的发展，加强国内产业的竞争力。

对于外国投资者并购境内企业并取得实际控制权，涉及重点行业、存在影响或可能影响国家经济安全因素的，当事人应进行申报。重点监管行业包括金融、装备工业、能源、航运、电信等基础产业和支柱产业。对于这些事关国家安全的行业，其并购活动应该纳入国家的监管视野。

（二）外资PE投资审批重要审批环节

1. 发改委系统的项目审批。《外商投资项目核准暂行管理办法》是国家发改委对包括以并购为手段的外资项目进行审批的主要法律依据。《暂行办法》适用于中外合资企业、中外合作企业、外商独资企业、外资并购以及外资企业的增资等外资项目的审批。

国家发改委对并购交易的审批通常是交易在上报商务部前的预审①，而且发改委的预审只限于原经其批准的项目。国家发改委主要审查交易是否符合国家规划和政策，如中国经济社会发展中长期规划、产业规划及产业结构调整政策、公众利益、国家有关反垄断规定、土地使用规划、市政规划和环保政策等。

【信息链接】
外商投资一般审批问题

一般外商投资涉及到产业指导目录以及外汇管理等问题，需要履行有关审批程序。一般而言，外商投资需要进行发改委项目审批及商务设立审批，再进行备案等手续，诸如外汇、工商、税务、海关手续。

外商投资时，首先需要进行发改委立项，即报请发改委审批项目。发改委根据《外商投资产业指导目录》《外商投资项目核准暂行管理办法》《指导外商投资方向规定》予以审批。

《指导外商投资方向规定》第12条规定，"外商投资项目按照项目性质分别由发展计划部门和经贸部门审批、备案；外商投资企业的合同、章程由外经贸部门审批、备案。其中，限制类限额以下的外商投资项目由省、自治区、直辖市及计划单列市的人民政府的相应主管部门审批，同时报上级主管部门和行业主管部门备案，此类项目的审批权不得下放。属于服务贸易领域逐步开放的外商投资项目，按照国家有关规定审批。"

《外商投资项目核准暂行管理办法》第3条规定，"按照《外商投资产业指导目录》分类，总投资（包括增资额，下同）1亿美元及以上的鼓励类、

---

① 但并不一定所有外资并购项目都经过发改委审批，所以这只是通常的程序。

允许类项目和总投资 5 000 万美元及以上的限制类项目，由国家发展改革委核准项目申请报告，其中总投资 5 亿美元及以上的鼓励类、允许类项目和总投资 1 亿美元及以上的限制类项目，由国家发展改革委对项目申请报告审核后报国务院核准。"

《外商投资项目核准暂行管理办法》第 4 条规定，"总投资 1 亿美元以下的鼓励类、允许类项目和总投资 5 000 万美元以下的限制类项目由地方发展改革部门核准，其中限制类项目由省级发展改革部门核准，此类项目的核准权不得下放。地方政府按照有关法规对上款所列项目的核准另有规定的，从其规定。"

由此可见，总投资 5 亿美元及以上的鼓励类、允许类项目和总投资 1 亿美元及以上的限制类项目，由国家发展改革委对项目申请报告审核后报国务院核准。总投资（包括增资额，下同）1 亿美元及以上的鼓励类、允许类项目和总投资 5 000 万美元及以上的限制类项目，由国家发展改革委核准项目申请报告。总投资 1 亿美元以下的鼓励类、允许类项目和总投资 5 000 万美元以下的限制类项目由地方发展改革部门核准，其中限制类项目由省级发展改革部门核准。

随着我国经济的深入发展，对于外资利用进一步理性化。2010 年国务院出台了《关于进一步做好利用外资工作的若干意见》，明确将《外商投资产业指导目录》中总投资（包括增资）3 亿美元以下的鼓励类、允许类项目，除《政府核准的投资项目目录》规定需由国务院有关部门核准之外，由地方政府有关部门核准。

不久，国家发展改革委出台了《关于做好外商投资项目下放核准权限工作的通知》，明确将下放核准权限，原由国家发改委核准的《外商投资产业指导目录》中总投资（包括增资）3 亿美元以下的鼓励类、允许类项目，除《政府核准的投资项目目录》规定需由国务院有关部门核准之外，由省级发展改革委核准。并且强调严格项目管理，在核准权限下放后，项目申请报告、核准内容、条件、程序等仍按照《外商投资项目核准暂行管理办法》(国家发展和改革委员会令第22号)规定执行。《外商投资产业指导目录》中限制类项目核准权限暂不下放;国家法律法规和国务院文件对项目核准有专门规定的,从其规定。

2. 商务部系统的外商投资审批。外资并购交易在初期可能需要不同政府机关的审批,但商务部及其地方分支机构是最重要的同时也是做出最终决定的机构,特别是涉及通过并购交易将目标公司转变为或者设立外资企业的交易。交易文件,如股权/资产转让协议、合同及欲通过并购设立的外资企业的公司章程以及其他必要的备份文件,应连同其他政府机构的审批/备案文件一并提交商务部或其地方分支机构。经商务部或其地方分支机构批准,上述交易文件生效,被转变成的或新设立的外资企业将会接到商务部或其地方分支机构的批复和批准证书。

与国家发改委及其地方分支机构的审批权限类似,商务部负责审批涉及投资总额1亿美元以上的鼓励类和允许类项目,及投资总额5 000万美元以上的限制类项目。总投资低于5 000万美元的鼓励类和允许类项目只需商务部的地方分支机构批准。需要注意的是,投资总额并非总是判断应由哪级政府机关进行审批的唯一标准。例如,《关于外国投资者并购境内企业的规定》第十一条规定,如投资工具为境内公司或自然人在境外合法设立或控制的公司,则无论投资总额大小,必须经商务部批准。另外,根据《商务部关于委托地方部门审核外商投资商业企业的通知》,如果并购交易中的目标公司为境内的零售或批发公司,且与投资公司的管理层或实际控制人相同,须经商务部审批。涉及境内广告公司或融资租赁公司的交易同样须经商务部批准。

3. 国资委系统的国有资产转让审批。国资委审核内容主要是:一是并购交易的结构以及作为并购目标的国有企业的改制方案;二是并购目标股

权／资产评估结果的备案和批准程序。在一项外资并购交易中，目标公司
须根据相关的规定验证资产或股权，并委托一家会计师事务所进行总体审
计。在验资和审计的基础上，有资质的资产评估机构对目标公司的股权或
资产进行评估。资产评估的结果需经具有审批权限的国有资产管理机关批
准或备案。获得批准的资产评估结果，将被作为目标公司股权／资产转让
价格的基础。通常，转让价不得低于评估值的 90%。

4. 工商局系统的设立登记。工商总局及其地方分支机构负责公司变更
登记，而非审批程序。登记程序是指通过变更转变为外商投资企业的目标
公司的信息登记，以正式确认外商投资企业的法律地位的程序。在资产并
购交易中，新设登记也须在工商部门进行。在变更登记手续完成后，外国
投资者正式成为目标公司的股东。在多数情况下，登记程序由目标公司或
外资公司所在地的地方工商部门负责办理。然而，在某些例外情况下，如
在广告公司和融资租赁公司的并购中，工商总局会在其地方机构进行工商
登记前，先出具核转函。

5. 证监会的综合审批。若外资并购涉及上市公司定向增发，或者要约
收购、上市公司控股权协议转让，或上市公司控股股东改制等一系列可能
会导致上市公司控股股东或实际控制人发生变更的事项时，证监会要进行
审批。

（三）关于外资PE投资中的发改委和商务部审批

关于外资 PE 投资发改委和商务部审批，其关系比较微妙。我们可以
注意到，《外商投资项目核准暂行管理办法》规定，外资并购以及外资企业
的增资等外资项目应由发改委审批；但是《外商投资创业投资企业管理规
定》规定的是，外商投资创业投资企业投资鼓励类、允许类企业，只要到
商务部门备案即可，而投资于限制类企业则需要到商务部门审批；并且更
为明显的是，《关于外国投资者并购境内企业的规定》（即 10 号文）则明确

规定外资并购境内企业的审批部门为商务部及各地方商务机关，商务部门主导了外资并购的审批。而且我们注意到，该办法的制订并没有发改委的参与，由商务部主导了该规定的出台。由此可见，有关外资 PE 投资审批政府部门间存在一定的争执，法规之间存在一定的冲突，或者需要进一步明确各自权限范围。

一般认为发改委对于外资并购审批重点在于项目的审批，重点关注该并购投资涉及到一些国家经济安全、经济发展综合利益以及其他环境生态、公共利益和垄断、行业市场准入等问题，重点在于外资并购本身的经济安全和准入门槛；而商务审批则重点在于外资并购企业章程、投资合同的审批，重点在于投资目标企业本身的法律经济条件的审核，其关注点更为具体，更注重于实际操作性。

但是在实际操作中，其实商务部门在进行审批时涉及到有关上市、国有资产时需要联合证监会、国资委等进行审批。但是涉及到项目审批，特别是外资并购项目，是否一定经过发改委审批？由于法规之间的冲突，商务部和发改委相互之间存在一定的争执。

【信息链接】

外资并购形势日紧　发改委和商务部争审批主导权①

发改委系统的一位专家告诉《IT 时代周刊》："作为投资主管部门，发改委的项目审核主要是从经济安全、合理开发资源、保护生态环境、保障公共利益、防止出现垄断以及市场准入等方面考虑。"而外资并购脱离了这方面的审核，就缺少了产业和经济安全方面的"保护屏障"。

2006 年 9 月 8 日，商务部等 6 部委联合颁布实施了《关于外国投资者

---

① 信息源自：罗晓白，《外资并购形势日紧　发改委和商务部争审批主导权》，《IT 时代周刊》，http://fund2.jrj.com.cn/news/2007−03−09/000002049288.html，2007.3.9。

并购境内企业的规定》，该文件要求涉及重点行业、驰名商标、中华老字号和可能影响国家经济安全的外资并购，都应当主动向商务部申报。未予申报的，商务部审查可以采取否决措施。

不易为行业注意的是，参与制定这个新规的 6 部委中居然没有发改委。这种分工因而受到上述发改委系统专家的质疑，他指出，这意味着商务部成为国家管理外资并购行为和批准外资并购项目的主管部门和审批部门，而发改委被置之度外。"可实际上，发改委作为众多行业的投资主管部门，对技术和产业发展趋势，对行业龙头企业的经营情况都更熟悉一些，也更了解并购项目对产业安全的影响。"这位专家说。

对于外资并购的审批权，有金融学专家认为，商务部虽然拥有对外资并购的审批权，但在具体操作时，如果并购涉及到反垄断审核，一般会由发改委、工商总局和商务部等部门共同参与；而如果涉及国企以及上市公司的并购，则还需要国资委、证监会等多个部门协调。

来自商务部下属机构的专家也表达了类似看法，他认为一直以来对于外资并购的审查，都不是商务部一家说了算，每次都需要各部委的参与。商务部研究院外国投资研究部主任金伯生进一步对此举例说："比方说涉及金融并购的离不开财政部和银监会，涉及国企并购的离不开国资委，涉及上市公司的离不开证监会。"

（四）外资PE通过特殊目的公司返程投资审批问题

根据《关于外国投资者并购境内企业的规定》，外资 PE 通过特殊目的公司返程投资，涉及审批的内容如下：

境内公司在境外设立特殊目的公司，应向商务部申请办理核准手续。特殊目的公司境外上市交易，应经国务院证券监督管理机构批准。商务部对特殊目的公司并购境内公司的文件初审同意的，出具原则批复函，境内公司凭该批复函向国务院证券监督管理机构报送申请上市的文件。国务院证券监督管理机构于20个工作日内决定是否核准。境内公司获得核准后，向商务部申领批准证书。商务部向其颁发加注"境外特殊目的公司持股，自营业执照颁发之日起1年内有效"字样的批准证书。

并购导致特殊目的公司股权等事项变更的，持有特殊目的公司股权的境内公司或自然人，凭加注的外商投资企业批准证书，向商务部就特殊目的公司相关事项办理境外投资开办企业变更核准手续，并向所在地外汇管理机关申请办理境外投资外汇登记变更。

特殊目的公司的境外上市融资收入，应按照报送外汇管理机关备案的调回计划，根据现行外汇管理规定调回境内使用。融资收入可采取以下方式调回境内：（一）向境内公司提供商业贷款；（二）在境内新设外商投资企业；（三）并购境内企业。

具体审批流程可以图4.4展示：

设立SPV的核准
——商务部

省级15个工作日,
商务部30个工作日

外商投资企业工商
和外汇变更登记

境外投资外汇登记
——所在地外汇局

国内企业股东设立
SPV

SPV收购境内企业原
则批复——商务部

境外上市核准——证
监会

预先提交旨在恢复股
权结构的境内公司法
定代表人签署的股权
变更申请书、公司章
程修正案、股权转让
协议等文件

向境外申请上
市前——加注
证书阶段

收购批准证书——商
务部

外商投资企业工商和
外汇变更登记

向境外证券监管机构、
交易所申请上市

是   1年之内上
市成功与否   否

30日内向商务部、证监会、
外管局申请无加注批准证书

如未及时报告

视为自动恢复最初状
态,加注证书失效

无加注批准证书后30
日办理工商、外汇登记

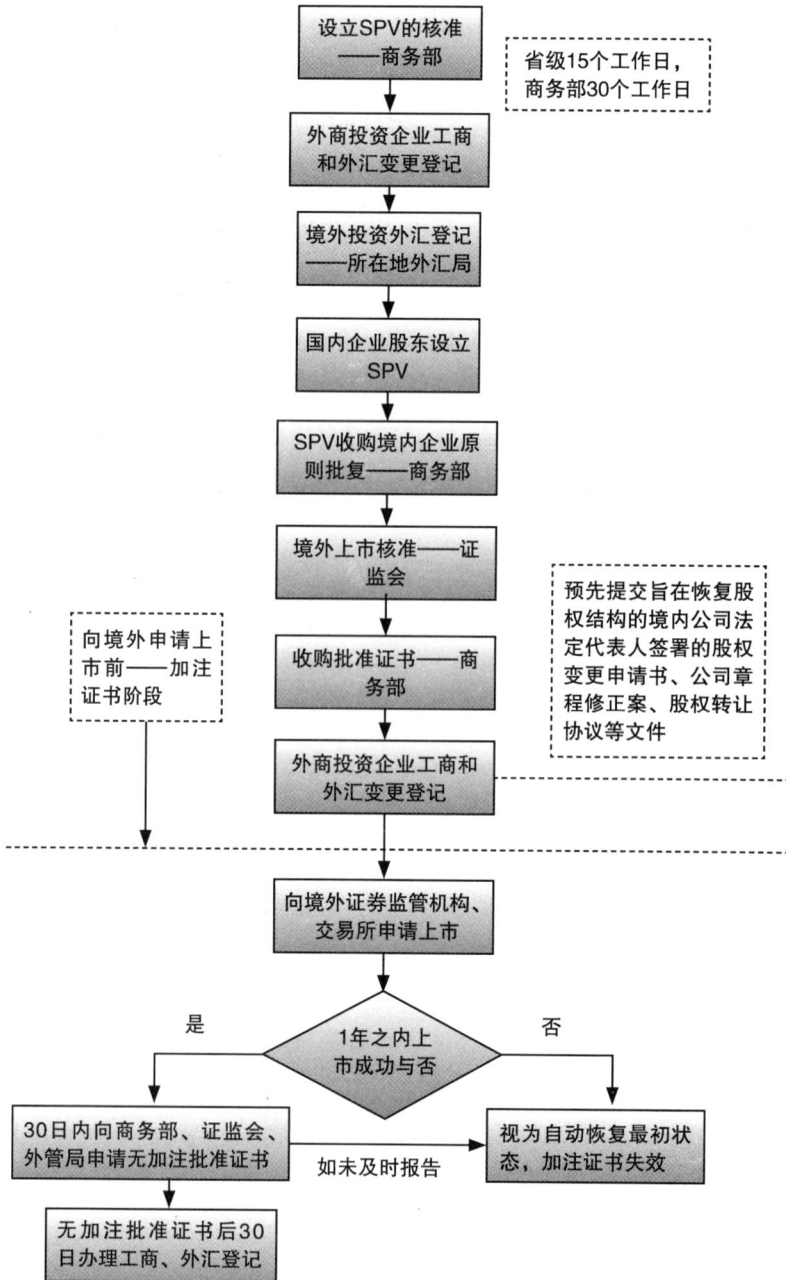

图4.4 境内公司在境外设立特殊目的公司审批流程图

第五章

外资PE的退出

第一节　外资PE退出概况

一、外资PE退出过程

外资 PE 的退出，实质上是外资 PE 将其所持有的被投资公司股权出售获利的过程，这也是其股权投资的本质所决定的。可以说，外资 PE 退出就是股权转让的性质。然而，PE 的股权转让需要某种途径或方式才能实现，我们称之为渠道。

（一）外资PE的退出渠道

外资 PE 的退出渠道，从地点角度看，可以分为境内退出和境外退出两种，而从退出方式角度看，可以分为以下几种：

1. 上市退出。上市退出可为 PE 获得最高收益，因为公开市场上转让股份采用的是竞价机制，利用价高者得的原则 PE 可以获得最大化的股权转让收益。而通过上市退出，还可以提高 PE 声誉，为其获得更多优秀项目打下基础。上市退出包括很多细分种类，从上市方式角度分，可以分为 IPO 上市、借壳上市、存托凭证上市等，其中借壳上市是被投资企业对上市公司进行反向并购而实现上市。

2. 并购退出。在 IPO 渠道不畅通时，并购是 IPO 退出的最佳代替渠道。

并购在方式上可以分为资产并购、股权并购，股权并购又可以分为增资扩股及股权转让。对于 PE 来说，增资扩股并不能导致退出，而仅导致企业体量的增加；而股权转让可以使 PE 直接与交易对手对接并出售股份；资产并购如果针对全部资产发生的话，被投资企业可以在出售全部资产后注销，从而 PE 也能获得退出。

3. 狭义的股权转让。此处与开篇所提之股权转让不同，不是泛指理解，即仅仅是指 PE 与下游交易对手一对一的协议转让股份，企业上市后，PE 在公开市场上股权转让不在此列，而企业并购时发生的股权转让也不包括在此类中，因为并购发生的股权转让收购方收购的可能不只包括 PE 持有之股权，还包括其他股东的股权。理论上讲，此种特指的股权转让可能通过私下协议完成，也可能通过在场外市场挂牌交易完成，但境内场外市场均无对外商投资企业挂牌交易的具体规则，也无在先案例，故而场外市场转让股份对外资 PE 而言尚不可行。

4. 回购。回购包括被投资企业回购和原始股东回购两种，被投资企业回购股份，实质是注册资本减少，而原始股东回购本质上只是一种股权转让，只是受让方身份特殊而已。

5. 注销或清算退出。被投资企业清算或注销，PE 作为股东分配到企业的剩余利益后仍可退出。这种退出方式 PE 获得的收益率最低，仅仅是企业正常营业收入的分配利益。这是 PE 最不得已的退出方式。

总之，外资 PE 的退出渠道有多种，但是以上市、并购及特指的股权转让退出为主，同时，外资 PE 的退出渠道与内资 PE 退出渠道并无差异，只是在具体退出操作时有所区别，此问题将在下文详述。

（二）外资PE的退出现状

据清科研究中心统计数据显示，2009 年中国 PE 市场退出案例 80 个，其中以 IPO 方式退出的有 71 例，占总退出案例的 88.8%；股权转让与并购退出的各 3 例,分别占总退出案例数量的 3.8%。而在上市退出的 71 个案例中,通过香港主板退出的高居榜首,为 40 个,通过纽约证交所上市退出的有 11 个,通过新加坡主板上市退出的有 2 个,通过纳斯达克上市退出的有 1 个,通过法兰克福证券交易所上市退出的有 1 个,境外上市退出案例合计 55 个,占全部上市退出案例总量的 77.5%,而通过深圳创业板、中小板或上海主板上市退出的案例总共 16 个,仅占 22.5%。如图 5.1,图 5.2 所示。

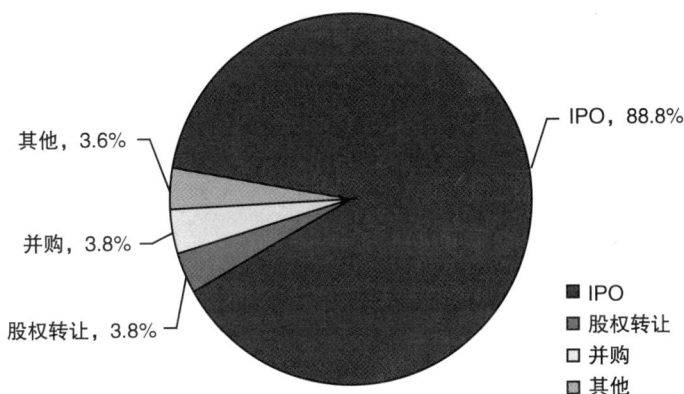

其他,3.6%

IPO,88.8%

并购,3.8%

股权转让,3.8%

■ IPO
■ 股权转让
□ 并购
▨ 其他

图5.1　2009年中国私募股权市场退出方式分布①

上述数据并非全部针对外资 PE 进行的统计,但是,目前中国市场上活跃的 PE 绝大多数是外资 PE,故而我们可以从这些数据中分析出外资 PE 在退出渠道选择方面的特征:

1. 境外 IPO 为主。从 71 家上市退出企业披露的信息资料来看,其中至少 60 家企业引入的 PE 是外资性质。由此可得知,外资 PE 的最主要退出渠道仍为境外上市退出。

---

① 信息源自:《2009 年中国私募股权投资年度研究报告》,清科研究中心。

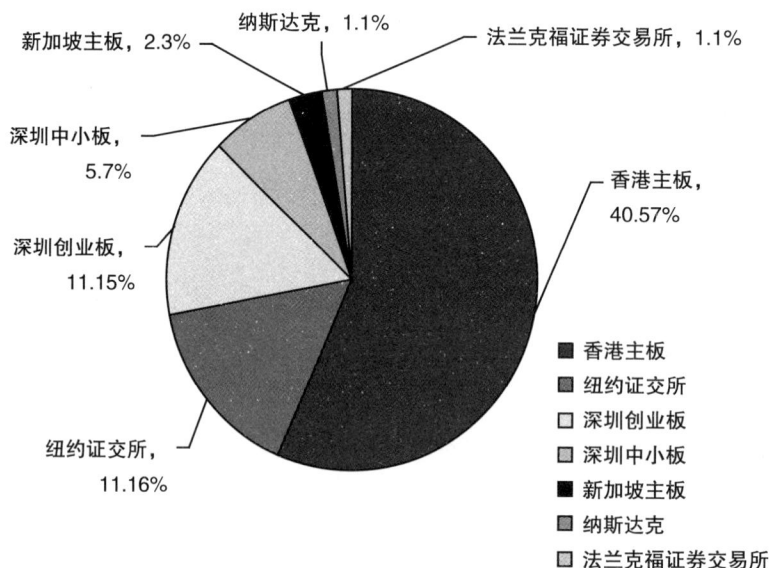

图5.2　2009年私募股权支持的中国企业IPO退出交易上市地点①

外资 PE 境外上市有着悠久的历史，其对境外资本市场更为熟悉，并且在 2006 年之前，外资 PE 几乎全部通过美国等地上市退出。在境外上市方面，外资 PE 有着丰厚经验。尽管创业板的退出对刺激外资 PE 境内退出起到一定作用，但是在目前还未显现出来有很大作用。

2. 并购退出次之。如图 5.1 所示通过并购退出的 PE 也占到一定比重。其实，也有些 PE 对并购退出情有独钟，比如英飞尼迪，其投资大多以并购方式退出。英飞尼迪的创始合伙人高哲铭（Amir Gal-Or）认为从财务角度和投资者角度上来看，并购退出比 IPO 退出对企业和 PE 都是更佳选择，"第一，财务上并购退出拿到的是现金，而 IPO 退出得到的只是股票，股价是有升有跌的，IPO 方式的退出在我看来更像赌博；其次，在中国，很多公

---

① 信息源自：《2009 年中国私募股权投资年度研究报告》，清科研究中心。

司会选择 IPO 退出的方式，可能出于名气上的考虑，而作为公司来讲利益应该是首位的，通过战略并购，可以帮助我们所投资的企业找到战略投资合作伙伴，这对他们的成长可能更为有利。现在也许很多公司并没有意识到这一点，但是我认为迟早并购退出的机制会被更多公司所采纳的。"像英飞尼迪一样青睐并购退出的 PE 并不在少数，并购是仅次于上市退出的外资PE 退出渠道。

二、外资PE退出渠道的选择

选择退出渠道，无非要作出两个判断：一是选哪个地点，二是选哪种方式。而在作出选择时，需要考虑时间、费用、法律障碍等问题，而归结起来，要考虑的因素可以归纳为成本和收益两方面。

（一）成本考虑

1. 时间成本。退出的时间成本是 PE 首先要考虑的问题。通常来讲，并购的周期短于上市周期，境内并购周期短于境外并购周期，境外上市周期短于境内上市周期。仅拿境内外上市周期来比较，上市发审的时间以及上市后股权锁定的时间的不同都影响 PE 的退出速度。通常来讲，由于排队企业太多，境内上市的时间超过两年甚至更长，再加上锁定期较长，所以外资 PE 变现的时间可能更长；相比之下，境外上市的周期大多为两年以下，比如香港证券交易所上市所需时间一般为一年左右。但是近期由于越来越多的中国内地企业赴港上市，所需的时间有逐渐增长的趋势，在新加坡和纳斯达克上市会快一些，一般需要 6～9 个月。境外上市的周期短,回报高,这是吸引外资 PE 境外退出的主要原因。

2. 克服法律障碍的成本。曾经红极一时的红筹模式，因为商务部"10号文"的出台渐渐趋于平淡，PE 虽然仍在探讨突破"10 号文"的方式，但红筹已经不是所有外资 PE 唯一出路或最佳选择,原因便在于克服"10 号文"

的成本增加了。特殊目的公司返程并购、上市,不报证监会批准的后果是什么? 境内实际控制人境外设立特殊目的公司不进行外汇登记可能带来怎样的处罚? PE 需要了解法律规制所在,并了解是否可以合理规避法律障碍,以及规避法律障碍所带来的后果和成本。

3. 费用成本。仍以上市为例,上市的成本基本包括 IPO 承销商费用、交易所准入费用、上市年费、律师费、审计费用、遵守信息披露公司治理规定所产生的费用、广告和其他费用,而不同交易所由于上市条件、监管规则、交易规则等的不同,导致上述上市成本也不同。德国学者卡瑟勒和史勒克在研究报告《上市与上市后——关于成本对上市决策影响的全球比较分析报告》中,经过统计分析总结出各交易所 IPO 总平均成本占总发行额的比重分别是: 泛欧交易所为 7.6%,纽约交易所为 7.7%,德意志交易所为 8.3%,纳斯达克交易所为 9.5%,伦敦交易所为 12.6%,香港交易所为 14.6%[①]。从 7.6% 至 14.6%,这个成本跨度非常明显,PE 在考虑退出之时要仔细计算成本问题。

4. 风险成本。外资 PE 当然还需要考虑退出的风险,比如通过此种途径退出是否可行,是否有遭受更大损失的可能性等问题。国内 A 股市场的间歇性发行审核,就给境内 IPO 带来很大不确定性,所以外资 PE 考虑退出方式时要对间歇发行审核的可能性及风险系数作出预判。此外,海外直接上市还要通过中国证监会的批准,反向并购后红筹上市的模式,需要商务部和证监会的双重批准,是否能够得到批准,成为外资 PE 必须考虑的最大风险。除了来自于监管机构的风险之外,外资 PE 还要考虑上市过程中合作者及竞争对手所带来的风险。

---

① 信息源自:《上市地点优势比较——6 家国际交易所上市成本比较分析》,德意志银行电子期刊,2007.11。

（二）效益考虑

1.品牌效益。一般说来，中国内地的中小型企业在香港地区、新加坡或者美国纳斯达克上市，都有助于提高他们的国际形象和影响力。而在内地上市的公司更多的是获得国内影响力和认可。值得一提的是，在香港上市，将会对公司国内国际的声誉提高都很有帮助，因此有更多的吸引力。故而，如果外资PE在退出时还为企业的长远国际形象提升及战略发展考虑，上市退出当然是最佳选择。

2.实际收益。PE能获得的实际收益取决于PE获得股权转让对价的高低。对于并购退出而言，股权转让价格取决于PE的谈判能力及企业的基本面；对于上市退出而言，PE获得股权转让定价的因素有二：其一，上市定价；其二，市场流通性。

仍以上市为例，就上市定价而言，在香港股市上，发行价格是由公司状况和市场环境共同决定的，而没有上下额的限制。在定价过程中，财务模型和未来赢利预测得到了广泛使用。在这点上，新加坡也非常类似。中国内地的A股市场却有些不同而且比较复杂，在具体定价上，也是依靠历史财务数据，而不是依据对未来赢利的预测。定价方式的区别在一定程度上影响上市发行的市盈率。然而，中国A股市场的市盈率普遍偏高，这一现象有违经济学常理，但是却为PE带来了丰厚利润：企业发行市盈率高，企业的股份一级发行的时候价格就高，这在一定程度上抬高了二级市场上转让股份的价格，故而PE在退出时是受益于此的。

就市场流通性而言，现在的境内A股市场已经做到全流通，与境外市场无异，但在日平均交易量上，境内外市场仍有区别；从市值角度看，通常市值越高的市场流通性越好。当然这样的规律并非精准，中国企业在境外上市较难获得投资者认可，故而在股份转让时，不一定能获得期望的转让价格。无论如何，市场流通性直接决定着PE能否在场内市场转让股份以及转让股份的价格，它是外资PE选择退出渠道时不得不考虑的问题。

三、外资PE退出的特殊之处

如上文所述，外资 PE 的退出在渠道问题上与内资 PE 相同，但是在具体运作上，两者仍存在区别，具体表现如下：

（一）环节的特殊之处

被投资企业上市或并购后，外资 PE 这一组织获得股权转让对价，而至此退出尚未完结：外资 PE 的有限合伙人大多或全部为境外投资者，而如何将这些股权转让对价汇出境内分配给境外有限合伙人，是外资 PE 要考虑的特殊问题。而内资 PE 则不需要考虑此问题。此处涉及在境内清结税费、购汇后将外汇汇往境外的问题，此将在下文详述。

（二）法律规制的特殊之处

外资 PE 退出在法律规制方面不同于内资 PE，本质在于：外资 PE 退出所依赖的平台，即被投资企业的属性为外商投资企业，鉴于我国对外商投资企业向来有特别法律规范，其相对于内资企业来说要进行审批与报备过程，程序更繁杂，门槛更为复杂。比如在股权转让这一核心问题上，外商投资企业的股权转让要经过设立时的审批机关进行审批，审批合格后方可进行；在上市问题上，外商投资企业变更为股份有限公司要符合专门的《关于设立外商投资股份有限公司若干问题的暂行规定》。

需要说明的是，外商投资相关法律法规整体而言有明显的滞后性。其一，滞后性；《公司法》已于 2005 年进行修订，其中引入大量现代企业治理理念，而作为《公司法》特别法的《中外合资企业法》《中外合作企业法》、《外商投资企业法》（下称"三资企业法"）却没有随之进行修订，三法中最新的一部为 2001 年修订的《中外合资企业法》；其二，涉及外商投资企业改制为股份有限公司的重要法律《关于设立外商投资股份有限公司若干问题的暂行规定》颁布于 1995 年，而此时中国的资本市场尚无中小企业板和创业板，时过境迁，如此陈旧的法律指导现有外商投资行为，明显是力不从心；其三，滞后立法所透露出来的对外资企业的非国民待遇倾向，已明显与现有国家宏观调控理念不符。然而，成文法系统下法律的效力不会因其合理性而效力减退，外资 PE 进行投资和退出行为要严格遵循相关法律。

总之，外资 PE 在退出时的特殊之处，主要体现在环节和法律规制两方面。关于外资退出的详细规范，我们将在下文论述。

四、外资PE基础问题的厘定

（一）外资PE投资退出范围厘定

1. 以外资 PE 境内投资的退出为主体，兼顾红筹退出。外资 PE 境内投资的退出，因为如果外资 PE 投资于境外主体，并在境外退出，则整个过程与中国无关，完全适用于境外法规；如果外资 PE 投资于境外主体，却境内退出，此情形理论上存在，但是实际上并不现实：国内资本市场的吸引力还未强到吸引境外资本来运作境内上市或并购。故而，外资 PE 的境外投资，不在本文讨论范围内。

但仍有一个例外，即红筹上市问题。红筹上市模式通常是境外的外资 PE 投资于境外主体，并以境外被投资企业为主体在境外上市的一种上市方案，表面看起来应该不受中国法律规制，但是，由于红筹的实质意义在于将境内权益转移至境外并上市，这中间存在境外主体并购境内主体的问题，故而我们将在讨论外资 PE 中国投资的境内、境外退出之后，讨论此种特殊的境外投资的退出模式。

2. 以外资 PE 的境内外上市、股权转让退出为主体，兼顾其他退出渠道。上面所列举的各类退出渠道，在一定程度上存在交叉，比如借壳上市，其实质就是被投资企业通过反向并购实现上市，其核心过程是并购；原始股东回购股份的实质也是外资 PE 将股权转让于原始股东；股权并购与狭义股权转让的区别在于，前者转让股权的范围更大，可能基于公司全部股份，而依据《关于外商投资者并购境内企业的规定》第 55 条之规定，外资 PE 投资的企业在被并购之时，并不适用于该法律规范，故而在外资 PE 退出渠道这一层面上，股权并购与股权转让又无区别，故而统一归类为股权转让。

此外，资产并购这种退出渠道，并不因被并购企业中有外资 PE 的投资而有所特殊，故而不在本文中做详细论述；企业回购股权、企业破产清算等情形，一则不是外资 PE 的主要退出渠道，二则在操作时更多的涉及程序性规范，遵照执行即可，故而也不在本文论述范围之内。

本章中，我们将以上市及股权转让为主体框架及核心，详尽解读外资 PE 的退出，这两种退出渠道也是现实中 PE 最常用的退出渠道。但对于借壳上市、并购、股权回购等渠道中涉及的特殊问题会予以简单介绍。

（二）被投资企业性质

被投资企业的性质是本章的立论基础。因为 PE 的上市退出依赖于被投资企业的上市行为，而 PE 的股权转让涉及到被投资企业的股权变更，故而被投资企业的性质是需要最先明确的重要问题。

如前文所述，外资 PE 投资境内企业可以进行直接投资，被投资企业的性质为外商投资企业；外资 PE 也可落地中国——在中国设立一个实体，并以此实体为基础投资，这个实体可能是有投资功能的普通外商投资企业，即通常所说的 WFOE，也可能是投资型外商投资企业，比如外商投资创业投资企业、外商投资有限合伙企业。如前文所述，WFOE 在现有的外汇管制体系下使用受阻，故而不在本书的讨论范围内；而对于投资型企业所投资的公司，根据《外商投资创业投资企业》等特别法的规定，被投资企业的性质仍然是外商投资企业。

故而，外资 PE 不管是否在中国"落地"，其投资之企业的性质均为外商投资企业。

（三）小结

本章将讨论外资 PE 的"4+1"退出问题，即境内上市、境内股权转让、境外上市、境外股权转让，以及红筹模式。现就这 5 种退出渠道的法律适用问题进行简单介绍，如表 5.1 所示，具体问题将在下文中详述。

表5.1 外资PE退出渠道的法律适用表

境内退出	境内上市	《关于设立外商投资股份有限公司若干问题的暂行规定》 《关于外商投资股份公司有关问题的通知》 《关于股份有限公司境内上市外资股的规定》 相关资本市场发行上市规则。
	境内股权转让	《中外合资企业法》 《中外合作企业法》 《外商投资企业法》 《指导外商投资方向规定》 《产业投资指导目录》 以及《外商投资企业投资者股权变更的若干规定》 如果收购方是设立实体的外资 PE，则还需考虑： 《外商投资创业投资企业管理规定》 《外国企业或者个人在中国境内设立合伙企业管理办法》
境外退出	境外上市	《关于设立外商投资股份有限公司若干问题的暂行规定》 《关于外商投资股份公司有关问题的通知》 《关于企业申请境外上市有关问题的通知》 《关于股份有限公司境外募集股份及上市的特别规定》 以及境外资本市场发行上市规则
	境外股权转让	《中外合资企业法》 《中外合作企业法》 《外商投资企业法》 《指导外商投资方向规定》 《产业投资指导目录》 以及《外商投资企业投资者股权变更的若干规定》
红筹模式	并购阶段	通常适用商务部"10 号文" 如果被并购方属于外商投资企业，适用于外商投资相关法律规范
	上市阶段	境外法律

第二节　外资PE中国投资的境内退出

一、境内上市退出

2001 年 11 月 8 日中国对外经济贸易部和中国证监会联合发布了《关于上市公司涉及外商投资有关问题的若干意见》，明确规定允许外商投资企业申请上市发行 A 股或 B 股。证监会于 2009 年 9 月 11 日发布的数据显示，首批受理的 149 家创业板拟上市企业中，外商投资企业有 12 家，占比 8%，比例并不低。2010 年初国务院发布的《关于进一步做好利用外资工作的若干意见》中提出，鼓励外资以参股、并购等方式参与国内企业改组改造和兼并重组；支持符合条件的外商投资企业境内公开发行股票。一系列的政策为外资 PE 境内上市退出打开通道。然而，在具体的操作层面，尚缺乏有操作性的法律规范。

【信息链接】

我国将减少外资股权比例限制　允许外资企业境内上市[①]

新华网厦门 9 月 8 日电（记者王希、曹筱凡）商务部部长陈德铭 2009 年 9 月 8 日说，为进一步拓展中外合作领域、创新投资方式、优化外资结构，

[①]　信息源自：http://finance.sina.com.cn/g/20090908/22436723157.shtml，2009.9.8。

我国将逐步减少对外商投资的股权比例等限制，允许具备条件的外商投资企业在境内上市。

陈德铭是在此间举行的第十三届中国国际投资贸易洽谈会2009国际投资论坛上作出上述表示的。

受国际金融危机影响，中国吸收外商直接投资已连续10个月下降，1至7月，全国新设立外商投资企业12 264家，实际使用外资484亿美元，同比分别下降27.4%和20.4%。上半年中国累计实现非金融类对外直接投资124亿美元，同比下降51.7%。

（一）上市规则解读

上市退出包括改制与上市两个环节，而其中改制环节包括公司的股份制改造以及公司治理结构调整、债权债务清理、人员关系清理等细分环节。在此我们仅介绍对外资PE有特殊要求的几个关键问题。

1. 股份制改造。无论外资PE在中国是否有实体，其投资后的企业均为外商投资企业，而当外国股东持股比例高于25%时，该被投资企业在改制时应该遵循《关于设立外商投资股份有限公司若干问题的暂行规定》（下称"《暂行办法》"），通过整体变更或新设的方式，改制为外商投资股份有限公司。而对于外资持股低于25%的企业，其改制时仍适用《公司法》等相关法律。在此，我们只讨论外资PE作为股东持股外商投资企业，且外商持股比例超过25%（除外资PE外可能还有其他外商持股）的情形下，企业改制的操作。

（1）先投资，后整体变更。外资PE先投资于企业，企业性质变为外商投资企业，根据《暂行办法》第15条规定，已设立中外合资经营企业、中外合作经营企业、外资企业的（以下简称外商投资企业），如申请转变为公司的，应有最近连续3年的赢利记录，由原外商投资企业的投资者作为公司的发起人（或与其他发起人）签定设立公司的协议、章程，报原外商投资企业所在地的审批机关初审同意后转报商务部审批，发起人应在批准证书签发并缴足其认购的股本金后，向公司登记机关办理变更登记手续。需要注意的是须有连续 3 年的赢利记录，这是比较严苛的财务要求。

（2）先整体变更，再投资。先变更再投资，要分两种情形讨论：首先，当拟投资企业是内资企业时，则该拟投资企业先行变更为股份有限公司，变更后企业性质为内资股份有限公司，此过程不涉及外资因素，应该遵守《公司法》相关规定；在变更为内资股份有限公司后，外资 PE 认购其股份增资，应遵循根据《暂行办法》第 20 条关于内资股份有限公司变更为外商投资股份有限公司的规定："股份有限公司申请转变为公司的，除符合本规定其他条款的规定外，还须符合以下条件：（一）该股份有限公司是经国家正式批准设立的；（二）外国股东以可自由兑换的外币购买并持有该股份有限公司的股份占公司注册资本的 25% 以上；（三）股份有限公司的经营范围符合外商投资企业产业政策。"需要注意的是，此种情形下，变更为股份有限公司时不需要有连续 3 年的赢利记录，这无疑有利于缩短外资 PE 投资的周期。

其次，当拟投资之企业原本就有外资成分，即其原本即为三资企业时，该三资企业先行变更为外商投资股份有限公司，此时与前文讨论之"先投资再整体变更"情形一样，仍适用《暂行办法》第 15 条之规定；而第二个步骤为外资 PE 向变更后的外商投资股份有限公司增资入股，但此问题暂无明确法律规定，即《暂行办法》中无对外商投资股份有限公司增资的规定，而《外商投资企业投资者股权变更的若干规定》中未明确规定范围是否包括外商投资股份有限公司，我们认为在没有法律规定的情况下仅可参照此两法律规范进行，尤其要注意《产业投资指导目录》的限制以及审批层级、审批机关。

【信息链接】

改制提速方式①

假设 2009 年 6 月，外资 PE B 完成其向境内 A 公司的投资并成为股东，A 公司相应变为一家外商投资企业，依据《暂行规定》，如果 A 希望变更为股份有限公司，应表明其具有最近连续 3 年的持续赢利记录。因此，A 公司要在 2008 年赢利的前提下继续等待两年，方可向商务部申请形式变更。这样，申请变更的可行时间最早也要在 2011 年 3 月，A 公司才能得到其 2010 年财务报表的审计报告，申请整体变更为外商投资股份有限公司。

A 公司如果得以在 2011 年 6 月变更为股份有限公司，经过紧张的筹备（两个月），A 公司于 2011 年 8 月向证监会提交首发上市申请。若一切顺利，A 公司可于 2012 年实现上市。

然而，假设 2009 年 3 月，A 公司先行变更为股份有限公司，A 公司变更为内资股份有限公司，此时不涉及外资，一家有限责任公司整体变更为股份有限公司不违反《暂行规定》；而 2009 年 6 月 B 完成其投资并成为 A 公司的股东，也不受限于《暂行规定》的规定，没有要求公司必须提交前 3 年连续赢利记录。这样 2009 年 6 月，A 公司可以变更为股份有限公司，如果在 2009 年 8 月，A 公司可以向证监会提交在创业板首发并上市的申请；若一切顺利，2010 年 6 月，A 公司的首发上市计划得到批准，实现上市。

两种情况下，A 公司的上市时间节省至少两年。

（3）新设外商投资股份有限公司。根据《暂行规定》，设立外商投资股份有限公司至少须有 5 个发起人，且其中至少有一个发起人为外国股东，

---

① 信息源自：《外资 PE 如何演绎巧进快出》，http://blog.sina.com.cn/s/blog_5cfeca710100dqv8.html，2009.5.17。

中方发起人不可为自然人；公司注册资本至少为 3 000 万元人民币。新设外商投资股份有限公司可采取发起方式或募集方式设立，其中募集设立的必须有一个发起人有募集股份前 3 年连续赢利的记录。发起人须将有关设立公司的申请书、可行性研究报告、资产评估报告、甚至招股说明书（仅适用于募集方式）等文件，经所在地主管部门和外经贸部门层层提交至外经贸部（即商务部）审查和核准，获得批准证书后，发起人缴纳出资并进行工商登记。

2. 上市。根据《关于外商投资股份公司有关问题的通知》及《关于上市公司涉及外商投资有关问题的若干意见》，外商投资股份公司申请上市发行 A 股或 B 股，应获得商务部审批及证监会批准，具体条件如下：

申请上市与上市后的外商投资股份公司应符合外商投资产业政策；

申请上市的外商投资股份公司应为按规定和程序设立或改制的企业；

注册资本不低于 3 000 万元人民币；

上市后的外商投资股份公司的非上市外资股比例应不低于总股本的 25%；

申请上市前 3 年均已通过外商投资企业联合年检；

上市发行股票后，其外资股比例应不低于总股本的 10%；

按规定需由中方控股（包括相对控股）或对中方持股比例有特殊规定的外商投资股份有限公司，上市后应按有关规定的要求继续保持中方控股地位或持股比例。

除了上述明确在法律法规中的上市规则外，还存在一些意见或指导思想，影响着外资 PE 所投资的企业是否能够成功在境内上市。例如 2009 年，中国证监会提出对境内上市的外商投资企业提出了 6 点要求：第一，希望外方投资主体为国际知名企业；第二，产业为高新产业或中国需要发展的产业；第三，具有相当规模；第四，有较好的经济效益；第五，具有良好发展前景及其研究总部设在国内；第六，中外合作良好，具有良好管理架构。

这些要求一定程度上为外资 PE 境内投资并在境内上市退出指明了方向，但由于要求不甚明晰，执行起来自由裁量空间比较大，故而实际操作中往往为拒绝外资 PE 所投资的企业境内上市留下借口，这增加了外资 PE 境内上市退出的不确定性。

【信息链接】

怡亚通本月深交所挂牌，外资PE将首次A股退出[①]

由于怡亚通的上市，赛富亚洲无疑成为转身最快的外资创投，并且成为 A 股退出样板，而这个退出期限不到 9 个月。

怡亚通招股说明书显示，2006 年 10 月 16 日，SAIF II Mauritius 向怡亚通增资 1 822 万美元，获得怡亚通 2 062 万股股份，持股比例为 22.27%。SAIF II Mauritius 是软银赛富亚洲投资基金 II 的全资子公司。

据悉，怡亚通当时已经着手海外上市方案，引进赛富亚洲也是为公司海外上市做准备，后来在深圳市政府和深交所做其工作之后，公司转到内地上市。好的企业应该在内地上市。

2006 年下半年，怡亚通正式筹划 A 股上市方案。2007 年 10 月底，怡亚通开始上市发行，发行价为 24.89 元/股。

赛富亚洲 2006 年 10 月份购入怡亚通的价格大致是 6.36 元人民币/股，以怡亚通发行价计算，赛富亚洲此举将获得近 4 倍的收益。

3. 锁定期。《暂行规定》第 8 条规定，外商投资股份有限公司的发起人，在公司设立登记 3 年后并经公司原审批机关批准后，方可转让其股份。而根据《公司法》的规定，发起人股份在企业公开上市后 1 年内不可交易，

---

① 信息源自:《怡亚通本月深交所挂牌，外资 PE 将首次 A 股退出》，http://www.wabei.cn/news/200711/94074.html，2007.11.10。

结合两者规定可知外资 PE 的上市退出可能面临更长的锁定期，比如公司在改制后 1 年半的时间上市，则外资 PE 作为发起人，最早可于公司上市后 1 年半时进行股份转让。明显的非国民待遇会一定程度上挫败外资 PE 境内上市退出的积极性。

4. 特别披露义务。《外商投资股份有限公司招股说明书内容与格式特别规定》对外商投资企业上市的关联交易做出了相当严格的规定，要求详细披露过去 3 年与外国股东之间的关联交易情况，同时说明下一年的关联交易总量。若是生产加工类型的外商投资股份有限公司，还需要披露原材料来源、产品销售渠道①。这些规定主要是针对跨国公司境内上市制定的，目的在于防止境内资产流失。对于外资 PE 来说，无论被投资企业是否是跨国公司，都要尤其注意对关联交易的解释，毕竟这是监管机构要特别审查的要点，是上市成功与否的关键所在。

此外，要求详细披露拟上市公司的商标权、专利权等无形资产是否受到外国股东的限制，若存在依赖外国股东的情形，还需要说明保护公众投资者利益的措施。

5. 小结。与一般内资企业相比，外资 PE 投资的企业上市在信息披露和外商投资产业政策方面有一些特殊要求，复杂程度有所增加，但并不会在上市时构成实质性的障碍。监管机构也一直强调外资企业在境内上市没有政策障碍，有关主管部门如证监会和商务部也持积极态度。

但是操作细则的缺失是外资 PE 境内上市退出最大的阻碍因素，在中国的法律和政策环境下，如果没有操作细则，往往意味着政策的执行力不足。此外，一些看不到的规则在影响着公司上市发审，证监会的监管思路在一定程度上存在不稳定性，是否能上市、门槛有多高、条件有多大都存在一

---

① 信息源自：《外商投资企业境内上市相关问题研究》，http://www.deheng.com.cn/asp/paper/html/200852216325017.htm，2008.5.22。

定弹性。这也是境内上市退出对外资 PE 吸引力不大的原因。

【信息链接】

影响外资境内上市的一些特殊因素[①]

在境内资本市场及其监管较为封闭、开放度不够的情况下，外资登陆境内资本市场可能产生一些敏感的问题。例如，2002 年 11 月日资参股 45.53% 的"富通昭和"（600439）通过了证监会发审委审核，因恰遇钓鱼岛事件被暂缓上市。2003 年 9 月 1 日，公司公布招股说明书后，因公司名称中有"昭和"字样并出现在股票简称中，引起舆论大哗，被再次叫停，此后再也没有上市。又如，2004 年 5 月 11 日外资控股公司第一家东睦股份（600114）上市，上市后 15 天即公告向老股东分配滚存利润，派现共计 5 950 万元，令市场产生上市圈钱后用募集资金向老股东派发的误解，并令监管层承压。为照顾"公众影响"，并给政府"面子"，1 个月后公司发布公告称，其 5 位发起人股东将分得的 5 950 万元现金红利无偿交回给公司使用。

外资企业本身所具有的一些复杂的特质，特别是股东中存在避税港公司（BVI 公司）的企业，较易与境内公众公司的监管理念存在冲突。例如，BVI 公司本身缺乏透明度，控股股东、实际控制人等情况难以核查，资金流动过程复杂，在股权安排方面往往存在对赌条款等特殊承诺，其合规性难以查证，且大量存在的内资企业外资化现象也引起有关部门关注。目前，监管部门对股东中存在避税港公司（BVI 公司）的企业实际上是暂停审核的（以上内容部分引自深交所资料）。

已在境内上市的外资企业大多为外资参股企业，外资控股企业上市的案例很少，使一些投资机构和保荐机构对外资企业的投资和保荐上市心存疑虑。

---

① 信息源自：《外资企业境内上市政策与案例》，http://blog.sina.com.cn/s/blog_4ae7d4ff0100in8n.html，2010.5.13。

（二）红筹模式A股回归

由于红筹模式受到越来越多的法律限制，加之境内资本市场日渐繁荣，A股IPO诱人的市盈率，都诱使已经搭建红筹构架的企业积极寻求境内上市。

红筹回归的关键点，就是将已经转移至境外的权益再转移回境内，达到这一目标，重要的途径就是股权转让。在实际控制人控制下的境外权益转移至境内，可以股权置换的方式进行，这一过程实质是境内主体并购境外主体，故而不需要受到"10号文"规制，可以自由进行。

而在红筹回归过程中，外资PE何去何从？一种方式便是行使赎回权并退出，比如263网络，其进行A股上市构架时将境外投资者所持有股权进行赎回，PE就此退出；另一种方式为境内认购新股，比如启明星辰，其境外投资者按照与境外结构安排相同的持股比例认购公司于境内拟上市主体发行的新股，直接投资于拟上市公司。

显然，两种方式中以后者为首选，外资PE在搭建红筹模式过程中作出巨大贡献，目的必然不甘于以回购退出，而是直指上市退出；当红筹不可行时，外资PE必然不甘于被排除于境内上市结构之外。然而就现有红筹回归企业披露的材料来看，通过认购境内企业新股的方式持股上市公司的外资PE并不多，而更多的是选择回购退出，此中充满企业创始人与PE的博弈，也可能存在对境内上市不确定性之风险的考虑，此间细节不得而知。

【信息链接】

红筹回归中企业需要处理的实际问题[①]

1. 实际控制人是否有变化？红筹模式将权益转移至境外的过程中，可能有短暂时间导致主要权益不在境内实际控制人手中，比如先卖后买的模

---

① 信息源自：《红筹架构境内上市专题研究》，http://bbs.esnai.com/frame.php?frameon=yes&referer=http%3A//bbs.esnai.com/thread-4667491-1-1.html，2010.5.10。

式中，就有一大段时间境内权益转移至境外 PE 掌控之中（此将在下文详述）；此外，为了隐含境外公司的特殊目的，实际控制人也经常使用代持或控股母公司等方式将自己与境外拟上市主体隔离开，如此一来，红筹回归后，实际控制人便要面对如何向证监会解释实际控制人保持不变的问题。

2. 解释红筹历程及回归原因。撰写招股说明书时，最好是单列一节来解释清楚红筹架构从搭建到废止的全过程，另外，一般还会捎带解释为什么回到国内上市的原因。

红筹历程中不可回避的需要解释的是外汇登记问题。在境外设立特殊目的公司构架红筹模式之时，实际控制人需要根据外管局"75 号文"的要求进行外汇登记。由于"75 号文"所要求的外汇登记影响企业通过"10 号文"的审查，影响红筹上市的成功，故而实际控制人通常不进行外汇登记。在红筹回归后，企业面临如何解释未进行外汇登记的问题。

3. 补缴税款。有些红筹架构的搭建在某种程度上就是假外资的返程投资，但是一般情况下境内企业都会依照外商投资企业享受"两免三减半"的税收优惠政策，那么如果红筹架构废止而变成内资企业以前的税收优惠是否要退呢？一般认为，根据有关法律法规这个税收优惠需要补缴是没有异议的。

4. 为红筹设立主体需要注销。红筹架构废止后，境外上市主体也相应开始开展注销工作，该工作不一定要在申报材料之前完成，只要已经开始注销就可以。另外，为了在境外上市很多公司还会在境内设立外商独资企业（如新浪模式），通过协议的方式来控制境内资产，如果决定回归境内上市，那么境内的外商独资企业也要注销，且有关的一些协议需要签署终止协议。

（三）企业上市后的PE股权转让

企业上市后，外资 PE 获得在公开市场上转让股份的机会。过了锁定期后，PE 可将持有股份进行转让。此时当然要依据所在资本市场关于股份转让的规定进行，但对于外商投资股份有限公司的股份转让是否有特殊规定呢？

就目前立法来看，关于外商投资股份有限公司的外资股份在公开市场上如何转让尚属法律空白。《暂行办法》对外商投资股份有限公司的股权变更未做规制，《外商投资企业投资者股权变更的若干规定》（下称"《股权变更规定》"）中第2条明确规定其规制的范围包括三资企业，未提及包括外商投资股份有限公司。故而对于外商投资股份有限公司的股份转让是否需要审批，转让是否有股份比例限制（比如外方转让股份后外资持股总比例不得低于25%，除非外方将全部股份售予中方），外资PE转让股份是否属于上市公司重大变化需要披露，如果外方出售全部股份导致企业性质变为内资股份有限公司后公告及工商登记变更等处理程序，这些问题都有待法律进一步明确。

二、境内股权转让退出

境内股权转让退出，即外资PE将所持有被投资企业股份转让给境内企业或自然人的问题。此时股权转让的主体可能仅有外资PE，也可能连同部分内资股一起转让；而受让方除了境内自然人、纯内资法人之外，还可能是境内外商投资企业，以及境内设有实体的另一家外资PE（包括外商投资创业投资企业、及外资有限合伙企业）。

（一）股权并购的一般流程

由于外资PE所投资企业性质为外商投资企业，故而其股权变更需要遵从三资企业法及《外商投资企业投资者股权变更的若干规定》的规定。《外商投资企业投资者股权变更的若干规定》规定"企业投资者股权变更应遵守中国有关法律、法规，并按照本规定经审批机关批准和登记机关变更登记。未经审批机关批准的股权变更无效。"根据此规定,境内并购的基本流程如下：

首先，依照三资企业法及PE投资时签订的投资协议所要求的程序，进行内部股权转让决议。根据三资企业法的规定，股权转让须经过其他各方的同意；如果投资协议中约定 PE 出售股权时原始股东有优先购买权的，还需要确认原始股东已放弃行使优先购买权。之后要形成股权转让的股东会决议及董事会决议。

其次，外资 PE 与受让方签订股权转让协议，股权转让协议需包含如下内容：转让方与受让方的名称，住所，法定代表人的姓名、职务、国籍；转让股权的份额及其价格；转让股权交割期限及方式；受让方根据企业合同、章程所享有的权利和承担的义务；违约责任；适用法律及争议的解决；协议的生效与终止；订立协议的时间、地点。约定新董事会成员，且需要经其他股东书面认可。

再次，被投资企业将投资者股权变更申请书、企业原合同、章程及其修改协议、企业批准证书和营业执照复印件、企业董事会关于投资者股权变更的决议、企业投资者股权变更后的董事会成员名单、转让方与受让方签订的并经其他投资者签字或以其他书面方式认可的股权转让协议，及审批机关要求的其他文件，报送审批机关审批。企业投资者股权变更的审批机关为批准设立该企业的审批机关。

接下来，被投资企业将等待 30 日获得审批机关的批准文书，并在获得批准文书之日起办理外商投资企业批准证书变更手续，并在随后的 30 日内进行工商登记变更。不过这些都与外资 PE 无关，因为外资 PE 已经成功将股权转让并退出。

【信息链接】

高盛亚洲并购退出英茂糖业①

2009 年 8 月，光明食品（集团）有限公司宣布以 8.00 亿元的价格收购

---

①　信息源自：《2009 年中国私募股权投资年度研究报告》，清科研究中心。

云南英茂糖业有限公司 60% 的股权。此次收购由光明食品集团旗下的光明糖业有限公司实施，光明糖业将受让高盛亚洲持有的英茂糖业 30% 的股权以及以李锦泉为领导的英茂糖业管理层 30% 的股权。交易完成后，光明集团将持有英茂糖业 60% 的股权，英茂糖业管理团队持有 35% 的股权，高盛亚洲持有 5% 的股份，高盛实现部分退出。

此次收购，光明食品集团将趁机整合糖业上下游资源，进一步提高在糖业的竞争优势，同时也可以利用资本优势推动英茂糖业的上市步伐。

（二）受让方为内资法人或自然人的特殊问题

需要注意的是，如果外资 PE 向其他中方投资者（包括法人或自然人）转让股份、或有其他中方股东回购股权时，则转让后应保证全部外资持股比例不低于 25%，除非全部转让给中方。这样一来，外资 PE 的退出可能因为还存在其他外商投资者且持股比例不足 25% 而受到阻碍。另外，中方投资者获得企业全部股权的，自审批机关批准企业投资者股权变更之日起 30 日内，须向审批机关缴销外商投资企业批准证书。审批机关自撤销外商投资企业批准证书之日起 15 日内，向企业原登记机关发出撤销外商投资企业批准证书的通知。

需要注意的是，25% 外资比例的立法原意在于对外资持股 25% 以上的企业给予税收优惠，随着新《企业所得税》法的出台，外商投资企业的所得税率与内资企业的所得税率统一为 25%，故而区分外商投资企业中外资持股比例的问题已经不再关键。然而，此问题需要法律进一步确认。

（三）受让方为外商投资型企业的特殊问题

外商投资型企业包括外商投资创业投资企业、外商投资有限合伙企业，该类企业在对外投资时仍被视为外资对待，故而外资 PE 向这类企业转让股份时，等同于向外商投资者转让股份。但是由于外商投资型企业是依照中国法律在中国境内设立的，故而我们称此类股权转让为境内转让，是外资PE境内退出的一种方式。

如果股权并购时，境内股东与外资PE共同向收购方——外商投资型企业出售股份，则会导致外资持股比例增加，此时要考虑《产业投资指导目录》的问题，对于不允许外资控股的产业，则考虑收购方的持股比例不能过高。

此外，此外资PE的退出对于接手的外商投资型企业而言，是一轮投资，还要遵循对应其企业性质相关的法律规定处理，比如外商投资创业投资企业还要参照《外商投资创业投资企业管理规定》。

三、境内退出后投资收益的取得

被投资企业上市后，外资PE需要将持有股权在公开市场上出售从而获得股权交易对价，即其投资收益；而股权转让中，外资PE也直接将股权转让给受让方并退出，获得投资收益。下面的问题，就是外资PE如何将收益汇往境外，分配给外资PE的投资者的问题了。

由于外资PE的涉外性质，加之我国对外商投资进行外汇管制，故而其在退出后获得收益的环节存在一些特殊之处，这种特殊集中体现在税收和外汇两个方面。外资PE在获得股权转让对价后，不得不考虑以下几个问题：是否需要纳税以及纳多少税？汇出收益时会受到怎样的规制？

（一）税收问题

《企业所得税法》出台后，内资和外资企业统一适用25%的税率，不再实行内外有别，故而原来外商投资企业享受的税收优惠政策已经不再存在。根据外资PE的组织形式、投资地点等区别，投资退出后获得收益应缴纳的所得税，享受的具体税收优惠政策不尽相同。

1. 境外外资PE。《企业所得税法》及其实施细则规定：非居民企业在中国境内未设立机构、场所的，或者虽设立机构、场所但取得的所得与其所设机构、场所没有实际联系的，应当就其来源于中国境内的所得缴纳企业所得税，并且对于非居民企业所得收入可以减免税收，减按 10% 的税率征收企业所得税。故而，对于境外的外资 PE 而言，其直接投资于境内企业，在境内没有机构或营业场所，但是其境内投资后，股权转让所得收入属于中国境内所得，应依照前述规定，减按 10% 的税率征收所得税，此即所谓"预提税"。

当然，此减免规定不适用于虽然没"落地"中国，但是在中国设有代表处的外资 PE，显然代表处即前述法条所谓之机构、营业场所，设有代表处的境外外资 PE 应按照居民企业的规定缴纳 25% 的企业所得税。

2. 境内公司制外资 PE。对于在境内设立实体的法人制外商投资创业投资企业，则由于其是境内登记注册的法人，在境内有机构和场所，其境内投资所得收益应严格依照《企业所得税法》规定的普通情形缴纳 25% 的企业所得税。但是，根据《企业所得税法》第 31 条以及《企业所得税法实施条例》第 97 条的规定，采取股权投资方式投资于未上市中小高新技术企业的，可按该创投企业对中小高新技术企业投资额的 70%，在股权持有满两年的当年抵扣其应纳税所得额；当年不足抵扣的，可以在以后纳税年度结转抵扣。

此外，企业层面纳税后，作为公司型 PE 股东的有限合伙人在获得收益时还需要缴纳个人所得税。虽然外资 PE 的有限合伙人是境外投资者，但依照《个人所得税法》其仍然需要就境内所得纳税，税率为股权收益的 20%。

3. 境内非法人制外资 PE。根据《国家税务总局关于外商投资创业投资公司缴纳企业所得税有关税收问题的通知》的规定，组建为非法人的创投企业，即外方投资者在中国境内没有设立经营机构，而是委托其他投资机构进行投资运作。根据税法细则第 7 条的规定，"可由投资各方分别申报缴纳企业所得税；也可以由创投企业申请，经当地税务机关批准，统一依照税法的规定，申报缴纳企业所得税。"即非法人制外资创业投资企业，可以由各投资方分别申报，也可以由该 PE 申请统一缴纳。当各方分别缴纳税负时，如外方投资者在境内设有机构场所，则交纳 25% 的企业所得税；如属于非法人制外资 PE，则按照非居民就境内所得申报企业所得税，税率为10%。对于个人投资者而言，无论其是否为境内居民，由于其投资收益是在中国取得的，故而需要依照个体工商户投资所得缴纳 5% ~ 35% 的个人所得税。

4. 境内合伙制外资 PE。《合伙企业法》确定了先分后税的原则，合伙人分别缴纳所得税，合伙人是个人的缴纳个人所得税，是企业的缴纳企业所得税。财政部国家税务总局《关于合伙企业合伙人所得税问题的通知》明确规定合伙企业以每一个合伙人为纳税义务人的原则，但是该通知是否适用外资有限合伙企业尚有争议，合伙制外资 PE 的所得税处理，可能需要进一步的税收法规明确。

各地方税收政策沿袭了对于普通合伙人和有限合伙人进行区别对待的精神，如北京市出台的《关于促进股权投资基金的发展》中明确规定，合伙制股权基金的普通合伙人，其行为符合下列条件之一的，不征收营业税：（一）以无形资产、不动产投资入股，参与接受投资方利润分配，共同承担投资风险；（二）股权转让，境外投资者根据其作为普通合伙人还是有限合伙人，税务处理也应当有所不同。

（二）投资收益汇出

1. 境外外资 PE。在境内没有实体的外资 PE，其从被投资企业退出之后获得股权转让价款，在缴纳非居民企业所得税后，可以将所得资金汇出至境外。此时的汇出过程，需要向外汇指定银行申请购付汇，方能汇出至境外。

2. 境内外资 PE。《外商投资创业投资企业管理规定》第 36 条规定："创投企业中属于外国投资者的利润等收益汇出境外的，应当凭管理委员会或董事会的分配决议，由会计师事务所出具的审计报告、外方投资者投资资金流入证明和验资报告、完税证明和税务申报单（享受减免税优惠的，应提供税务部门出具的减免税证明文件），从其外汇账户中支付或者到外汇指定银行购汇汇出。外国投资者回收的对创投企业的出资可依法申购外汇汇出。"

第三节 外资PE中国投资的境外退出

一、境外上市退出

企业境外上市最重要的法律依据是《关于企业申请境外上市有关问题的通知》，该通知确定了证监会支持境内企业境外上市的核心原则、以及"成熟一家，批准一家"的指导思想。此通知中并未对于外商投资企业境外直接上市有特殊规定，而现实中，能够在境外直接上市的企业，基本都有着外资 PE 投资。故而，外资 PE 与内资 PE 在境外退出时在渠道的具体操作上并无本质差别。

（一）改制环节

改制环节，企业需要依照《关于设立外商投资股份有限公司若干问题的暂行规定》的要求进行股份制改造，此与境内上市的股份改制流程与审批层级相同，在此不赘述。

（二）上市环节

根据《关于企业申请境外上市有关问题的通知》的要求，企业境外上市应符合如下标准：

1. 筹资用途符合国家产业政策、利用外资政策及国家有关固定资产投资立项的规定。

2. 净资产不少于4亿元人民币，过去一年税后利润不少于6 000万元人民币，并有增长潜力，按合理预期市盈率计算，筹资额不少于5 000万美元。

3. 具有规范的法人治理结构及较完善的内部管理制度，有较稳定的高级管理层及较高的管理水平。

4. 上市后分红派息有可靠的外汇来源，符合国家外汇管理的有关规定。

符合上述条件的企业，依照《关于企业申请境外上市有关问题的通知》以及上市地证券监管机构要求履行上市申报程序即可。

需要说明的是，由于境外直接上市需要经过境内外两重监管审核，且境内审核对企业要求较高，故而，通常只有大牌PE推动下的大型企业才能顺利突出重围，而更多的外资PE对此只能望而却步，而通常选择间接方式境外上市，比如借壳上市、红筹上市。

【信息链接】

中国太保香港上市，凯雷投资实体顺利退出[①]

2002年2月，中国太保想凯雷的投资实体 Parallel Investors Holdings Limited 以及 Carlyle Holding Mauritius Limited 发行了1 333 300 000股，每股价格4.27元，两投资者共投入53.93亿元。香港上市前，两投资者分别持有中国太保1 051 785 087股及281 514 913股A股股份，占比为13.7%及3.7%。中国太保在香港主板上市时，两投资者所持A股可转换为H股。转换后，两投资者持股比例变为12.3%及3.3%。按中国太保H股发行价计算，两投资者可获得5.73倍的投资收益。

---

① 信息源自:《2009年中国私募股权投资年度研究报告》，清科研究中心。

二、境外股权转让退出

向境外主体转让股权从而实现退出，是外资PE在中国投资境外退出的主要形式。通过向境外投资者转让股权，外资PE直接获得股权对价并直接退出。

（一）适用外商投资相关法律规定

根据上文讨论，外资PE投资的境内企业性质上属于外商投资企业。根据《关于外国投资者并购境内企业的规定》第55条第二款规定："外国投资者购买境内外商投资企业股东的股权或认购境内外商投资企业增资的，适用现行外商投资企业法律、行政法规和外商投资企业投资者股权变更的相关规定，其中没有规定的，参照本规定办理。"故而，当外资PE将其持有的外商投资企业股权转让给境外投资者时，不适用《关于外国投资者并购境内企业的规定》，即"10号文"的规定，而适用现行外商投资企业法律、行政法规和外商投资企业投资者股权变更的相关规定，其中没有规定的，参照"10号文"办理。换言之，有外资PE投资的外商投资企业，境内并购与境外并购适用相同的法律规范，这些规范包括但不限于三资企业法及《外商投资企业投资者股权变更的若干规定》。

（二）境外并购的一般流程

与境内并购一样，普通的境外并购的基本流程如下：企业内部做出股权转让决议；与并购方签订股权并购协议；经过主管商务部门审批；更换外商投资企业批准证书；变更工商登记。具体流程参见前文境内并购一般流程的论述。

【信息链接】

培生并购华尔街英语，凯雷顺利退出①

2009 年 4 月，培生集团以 1.45 亿美元现金向全球私募股权投资机构凯雷集团收购其控股的华尔街学院旗下华尔街英语（中国），此次收购使得华尔街英语早期投资方凯雷集团实现套现退出。

此次收购将帮助培生集团在中国英语教育培训市场上取得领先地位，使其为从小学生到成人各个阶段的不同客户提供全面的英语培训服务。收购完成后，培生集团和华尔街英语（中国）计划将培生的培训资源、测评工具和技术专长结合到华尔街英语的教学中去。

（三）外资PE行使拖带权时的特殊程序

如果外资 PE 投资时与原始股东签有拖带权条款，则外资 PE 在将股权出售于境外投资者时，原始股东也应将相应的股份出售。此时涉及到外资持股比例的增大，从而可能导致外资控股被投资公司或使被投资公司变为外商独资企业的问题。故而外资 PE 行使拖带权时应注意以下几个问题：

首先，依照《外商投资产业指导目录》，不允许外商独资经营的产业，中方被拖带出售股份后，不得导致外国投资者持有企业的全部股权；

其次，依照《外商投资产业指导目录》要求中方控股的产业，中方被拖带转让股份后，不得导致中方控股地位的变化；

此外，需由国有资产控股或占主导地位的产业，中方被托带转让股份后，不得导致外国投资者控股或占主导地位。

---

① 信息源自:《2009 年中国私募股权投资年度研究报告》，清科研究中心。

（四）关于股权转让的价金支付

《外商投资企业投资者股权变更的若干规定》并未对股权转让对价金额确定及支付方式、时间等做出规定，相应的三资企业法也无此规定。由于转让股权的对价金额及支付方式并不影响中方利益，也不影响被投资之外商投资企业利益，故而允许外资PE与受让人就这些问题进行协商确定。

当然，如果被拖带而转让股份的中方是以国有资产出资的，根据《外商投资企业投资者股权变更的若干规定》第8条的规定，必须经有关国有资产评估机构对需变更的股权进行价值评估，并经国有资产管理部门确认。

三、境外退出收益的取得

外资PE如果在境内没有实体，则是纯粹的境外投资者，其在境外获得股权收益后如何变现、如何再投资等问题均与中国法律无关。

如果外资PE在境内设有实体，并通过该实体进行股权投资，则退出后所得到的股权转让对价首先应从境外汇入境内归于此实体，再由此实体进行分红或清算，经过纳税和购汇后将实际收益归于境外有限合伙人。相对境内收益而言，多出一个境外收益汇入境内的过程。

第四节　外资PE境外投资的退出——以红筹为核心

一、红筹模式的法律解读

红筹模式，以其对中国监管规则的最大化规避、对境外上市要求的最大化满足、对上市成本的最大化缩减等特点，吸引着无数外资 PE。红筹模式经历了从宽松的红筹上市时期，到"无异议函"时代，无异议函被取消后的红筹上市黄金期，直至"10 号文"出台后的"封杀"红筹时代，外资 PE 没有放弃过以境外离岸公司重组并购境内企业，将境内权益转移至境外并以境外主体上市并最终退出的道路。

然而，红筹上市的道路始终是坎坷的，至少就目前而言，其所追求的避开中国政府监管的目的并不是那么容易实现的。在本节中，我们将着重解析红筹模式的法律障碍，以及对法律障碍的规避方式，解读所谓"变相红筹"是如何运作的，PE 在后"10 号文"时代，是如何实现红筹上市退出的。

此外还需强调的是，下文论述的很多问题可能与 PE 退出没有直接关联，但的确是影响企业红筹上市的关键因素，从而也间接影响 PE 是否能成功退出，故而外资 PE 应该知晓甚至熟悉这些环节和问题，这样不但使得自身行为更加规范，也可以指导被投资企业的行为，要知道，通常我们认为，红筹模式是由 PE 主导运作的，尽管大多数运作发生在被投资企业层面。

二、红筹模式的法律适用——以"10号文"为核心

红筹模式的核心即先由境外主体并购境内主体，再由境外主体在境外上市，因为有权益的中转，故而称之为间接上市。显然，红筹模式的核心环节是境外主体并购境内主体，且因为境外并购涉及中国法律的规制问题，是我们讨论的重点；而其上市环节，由于是境外主体境外上市，并不涉及中国法律规制问题，故而不做重点讨论。

红筹上市进行的并购不可能回避讨论"10号文"，即《关于外国投资者并购境内企业的规定》，其核心内容是对境外投资者并购境内企业的行为进行了程序规制，要求特定行为需要经过商务部审批。根据"10号文"的规定，下列事宜需要经过商务部及证监会审批：

1. 境内企业在境外设立特殊目的公司（SPV）时。根据"10号文"第39条规定：特殊目的公司系指中国境内公司或自然人为实现以其实际拥有的境内公司权益在境外上市而直接或间接控制的境外公司。

2. 境外企业（需为特殊目的公司或境外上市企业）以股权并购境内企业时。

3. 境内公司、企业或自然人以其在境外合法设立或控制的公司名义并购与其有关联关系的境内公司时。

4. 外国投资者并购境内企业并取得实际控制权，涉及重点行业、存在影响或可能影响国家经济安全因素，或者导致拥有驰名商标或中华老字号的境内企业实际控制权转移的，当事人应就此向商务部进行申报。

5. 境外特殊目的公司境外上市交易,应经国务院证券监督管理机构批准。

这些需要商务部、证监会审批的事项，并不是PE红筹退出的障碍，毕竟需要审批就报批，最多是个时间成本问题。PE红筹退出难，关键难在自"10号文"颁布以来，商务部、证监会从未批准过任何一个企业任何一个上述事项。这就导致"10号文"，表面上为红筹划定了流程表，但实际上封堵了企业红筹上市、PE红筹退出之路。故而上述五项需要批准的事项，

成为企业红筹上市的 5 个障碍,也成了 PE 通过红筹模式上市退出的五重门。

然而事实上,"10 号文"之后仍有企业成功通过红筹模式境外上市,PE 仍然热衷于推崇此种上市模式。下文中,我们将以关联并购的规避为核心,为读者介绍一些成功红筹的案例,解析其绕行"10 号文"的要点所在,以及可能存在的风险。

三、后"10号文"时代的红筹运作

规避关联并购审批是红筹构架的关键,在后"10 号文"时代,如何成功规避关联交易审批已经成为企业能否成功红筹上市的决定性因素。具体方法不一而足,下文我们介绍几种典型的方式。

(一)先卖后买——银泰百货[①]

2007 年 3 月 20 日,银泰百货成功在香港联交所挂牌上市,从公开资料的信息中,我们可以判断其采取了先买后卖的模式,规避了"10 号文"的审批。

1. 模式介绍。先卖后买,即先将境内企业出售给没有关联关系的境外企业,由于不存在关联并购,也不采用股权置换的方式,故而不需要经过商务部审批;并购完成后,境外企业的实际控制人再获得境外主体的股权,从而实现将境内权益置入境外主体,并保证境内企业的实际控制人控制境外上市主体。

2. 红筹模式的运作。我们可以将其还原成红筹上市模式,其梗概如图 5.3 所示。

---

① 信息源自:http://blog.sina.com.cn/s/blog_4ee995330100hdrn.html,2010.1.12。

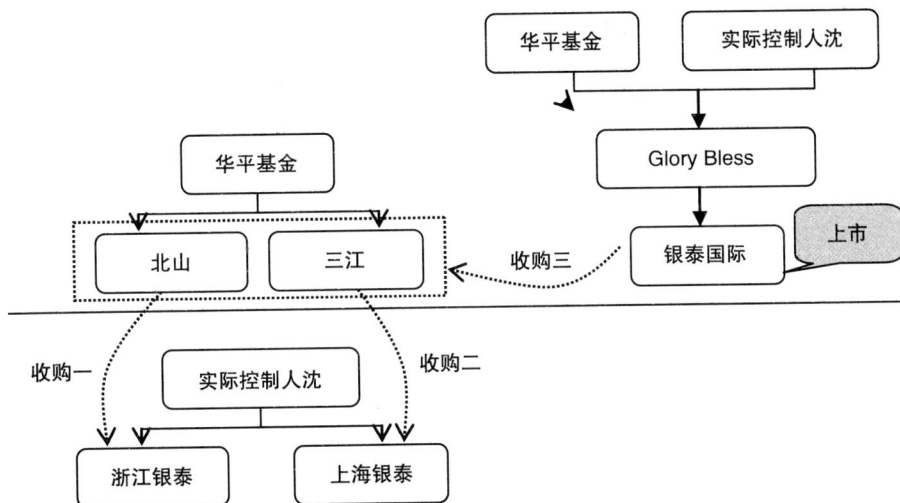

图5.3　银泰百货红筹上市梗概

在收购一、二中，北山收购浙江银泰、三江收购上海银泰的行为，都是非关联并购，因为北山、三江在PE控制中，境内企业的实际控制人并未有参股，故而此境外投资者并购境内企业的行为不受"10号文"规制，不需要经过商务部审批，只需经地方商务机关审批即可。因此一、二两个收购行为，为"先卖"行为，成功将境内权益置入境外中转主体，并避免了关联并购，规避了第一重障碍。

在收购三中，境内企业实际控制人和PE共同控制下的境外拟上市公司，收购北山和三江，将置入境外中转主体的实际权益收归企业创始人掌控中，同时PE亦在拟上市公司层面上持股，保证两者权益同时最大化。此即"后买"行为，完成了对第二重障碍的突破。

3. 核心要点。先卖后买的模式，关键在于暂时割裂境内外两主体的关联性，从而使得境外企业对境内企业的并购变为非关联公司的并购，进而规避商务部审批。

4. 风险提示。先卖后买的模式也存在一定风险，即企业的实际控制人可能会发生变动，并且影响业绩连续计算，影响企业上市速度，进而影响PE退出进程①。

银泰百货对此在招股说明书中的解释是：三江控股上海银泰期间，公司原实际控制人沈仍保有上海银泰的投票权及管理控制权，并有委任5名董事中的3人的权利，同时，在收购三无法完成时，有权要求华平基金以购买价加利息将上海银泰权益售回予实际控制人沈，故而，上海银泰一直处于沈的实际控制之下，实际控制人未发生变化。

需要注意的是，银泰百货的重组完成于2005年，此时"10号文"并未出台。而"10号文"出台后，这种处于同一实际控制人的解释，将导致境外企业被认定为处于境内自然人间接控制下，使得三江对上海银泰的并购属于同一实际控制人之下的关联并购，需要向商务部报审。故而，后"10号文"时代，如果想用先买后卖的方式规避商务部审批，则需要牺牲上市速度。

（二）协议控制——中国秦发②

协议控制的模式始创于新浪模式，创设之初主要是为了规避境内投资的行业限制，而在"10号文"生效后，却被广泛用来规避"10号文"对关联并购的审批。中国秦发2008年构筑红筹上市模式时，便使用了协议控制方式。由于其全部重组行为发生在"10号文"生效之后，并且在香港采用IPO方式而非借壳方式上市，其协议控制红筹模式的设立具有一定的借鉴意义。

1. 协议控制模式介绍。协议控制的实质是不发生境外主体对境内主体

---

① 对于企业创始人、实际控制人来说，先卖后买还有一重风险：将权益置入境外中转主体时，权益处于投资者全权控制下，容易产生投资者道德风险。此风险的规避方式可以是：设定回购权，或者设定收购三的发生与收购一、二的审批同时完成。此风险不是PE的风险，故不在本文详述。
② 信息源自：http://blog.sina.com.cn/s/blog_4ee995330100hdrn.html，2009.12.10。

的并购，而是境外主体在境内设立全资子公司（形式上是外商独资企业，即 WFOE ），通过协议方式对境内主体进行控制，将境内主体的利益经过 WFOE 中转后输入境外上市主体中。

2. 红筹模式的运作。秦发的协议控制主要有三个步骤，而站在 PE 的角度，通过中国秦发的境外上市，PE 只用了四步便红筹上市退出成功：

第一步，帮助境内企业实际控制人在境外设立特殊目的公司。根据"10号文"的规定，境内企业设立境外特殊目的公司，需要报商务部批准，并向所在地外汇管理部门申办外汇登记手续；而根据《关于境内居民通过境外特殊目的公司融资及返程投资外汇管理有关问题的通知》（即通常所说的"75号文"）的规定，境内居民①设立境外特殊目的公司仅需要进行相应的外汇登记②即可。中国秦发的境外特殊目的公司设立是其实际控制人发起设立的，属于境内自然人设立的情形，故而未经过商务部批准。

第二步，PE 向境外特殊目的公司（SPV）投资。投资可能是通过购买实际控制人一部分股权实现的，也可能是通过认购 SPV 增资实现的，但更为可能的方式是 PE 与实际控制人联手设立的 SPV。无论方式为何，此步骤的关键是保证 PE 在境外 SPV 层面，也就是上市主体层面持股。

第三步，由中国秦发（SPV）直接向境内直接投资（即 FDI 形式）设立全资子公司秦发物流，全资子公司在性质上属于外商独资企业。

第四步，利用全资子公司和国内公司中国秦发集团签署系列协议，控制境内企业的运营、管理、股权、融资等关键命脉，保证境内利益向境外的输送。由于此环节并非通过并购实现的，所以不受"10号文"规制，无

---

① "75号文"第1条第三款规定："境内居民自然人"是指持有中华人民共和国居民身份证或护照等合法身份证件的自然人，或者虽无中国境内合法身份但因经济利益关系在中国境内习惯性居住的自然人。

② 外汇登记问题仅是境内公司或者境内居民为了将其拥有的境内权益转移境外而设立境外特殊目的公司时，方有涉及，与 PE 没有直接关联，故本章节中并未详细介绍。详细规定见"75号文"、"106号文"。

需经过任何审批手续。企业成功上市后，经过锁定期后，PE 便可通过出售股权而退出获利了。

中国秦发的协议控制模式可以简单描述如图 5.4 所示。

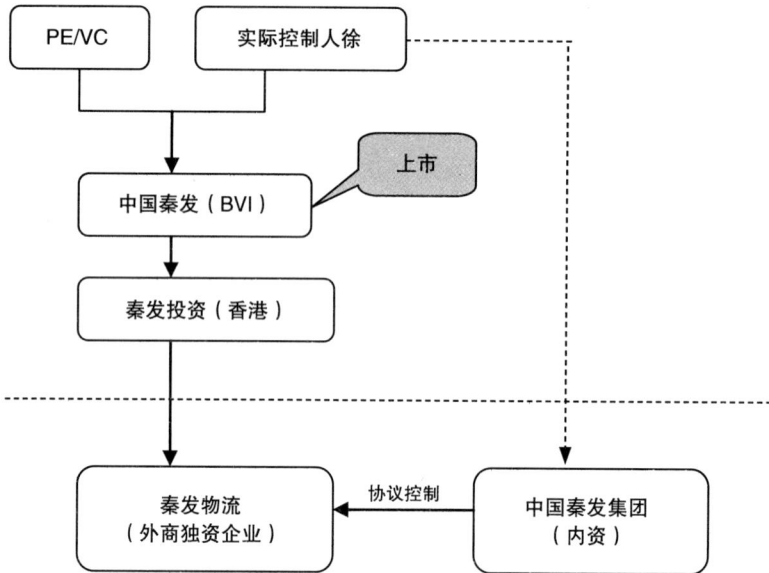

图5.4　中国秦发的协议控制模式图

3. 核心要点。协议控制的要点是不发生并购，而是通过协议转移境内权益。严格来说，此方式不算是规避关联并购审批的方式，而是规避整个"10号文"适用的一种方式。

4. 风险提示。对于 PE 来说，协议控制仍存在一定的风险，PE 可以用相应方式弱化该风险。

其一，通过协议控制的方式输送利益存在较大的不确定性，合同关系随时可能因为乙方违约而破除；对此，PE 可以在投资条款中设定赎回权或拖带权，以确保企业无法通过协议控制上市的时候，其获得的补偿补抵一定数额或比例。

其二，PE 在协议模式的运作过程中作用并不突出，这可能影响到股权比例的谈判，以及交易价格的确定；这一问题只能依靠谈判技巧来规避。

其三，根据"10号文"的规定，特殊目的公司境外上市应该经过证监会批准。协议控制虽然没有并购环节，原则上不受"10号文"制约，但是也不排除政策变化的可能，同时不能排除因为担心证监会认定此模式为不合理而规避证监会审批的行为，进而不予认可的风险。从中国秦发的案例来看，协议控制是得到证监会默许的，也没有事后追究。对于PE而言，提醒企业在招股说明书中揭示此风险，避免被处罚的风险，是唯一能做的事。

（三）借力准内资公司——瑞金矿业

1.模式介绍。瑞金矿业红筹上市模式可以总结为借力"准内资"企业，及利用外商投资企业再投资的企业为并购方，收购境内权益并将其置于境外主体的间接控制之下。

根据《外商投资企业境内再投资暂行规定》的规定，一家外商投资企业如果进行境内再投资，所投资企业如果属于允许类和鼓励类，应向被投资公司所在地公司登记机关提出申请，如果属于限制类，应报商务部门审批。经公司登记机关或商务部门批准的，发给《企业法人营业执照》，并在企业类别栏目加注"外商投资企业投资"字样。一般来讲，这一被投资企业是没有外商投资企业批准证书的，除非为了享受税收优惠政策而主动申请；换言之，此被投资企业已经不再被视为外商投资企业[①]。如此一来，这一被投资企业再投资，其公司的外资特征已经不再被关注，基本作为内资企业对待，故而以此公司为主体进行并购不再适用《外商投资企业再投资暂行管理规定》，更不适用"10号文"的规定，没有投资行业限制，不需

---

① 关于外商投资企业再投资后的企业性质是内资企业，还是外资企业，依照原对外经济贸易部的有关规定进行审批确定。此处我们强调：外商投资企业再投资的企业，由于没有外商投资企业批准证书，通常不会引起监管部门注意其外资属性，故而基本是依照内资企业的规范运作的，但只是被视为内资企业，并非其性质为内资企业。

要商务部门审批。

2. 操作流程。第一步，设立离岸公司安臣，并且并购境内主体安臣通讯，从而搭建基本的境内权益移转框架，成为后续运作的基点。由于收购一、二不涉及关联并购问题，且发生于"10号文"生效之前，故而没有法律障碍。

第二步，安臣（BVI）投资安臣通讯，再由安臣通讯投资于赤峰富侨。经过两重投资后，如上文所述，赤峰富侨属于外商投资企业再投资的企业，在运作上已经不被视为外商投资企业，继续进行并购基本可以依照内资企业之间的并购行为进行。通过这一步，实际控制人吴掌控了继续境内并购的主体。

第三步，赤峰富侨收购赤峰铜业。由于赤峰铜业掌管三大矿业属于限制投资行业，故如果赤峰富侨属于外商投资企业，其收购赤峰铜业的过程则需要商务部门的审批。然而如上所述，赤峰富侨被视为内资企业，收购赤峰铜业的过程只经过了工商登记部门的登记变更，无需经过任何核准和审批。至此，境内权益已经归于境外主体控制之下。

第四步，利达（BVI）收购境内企业富邦工业，并以富邦工业为主体收购赤峰富侨。此步骤可能是出于变更上市主体的考虑。由于利达（BVI）与富邦工业没有关联关系，故而不需要经过商务部批准；富邦工业对赤峰富侨收购，并没有太多信息披露，根据上文的分析，如果富邦工业直接收购赤峰富侨，属于外商投资企业的再投资行为，是需要经过商务部门审批的，如果富邦工业又设立全资子公司收购赤峰富侨，只需进行工商登记部门批准即可。至此，境内权益悉数移转至上市主体控制下。

瑞金矿业的红筹模式主体设计如图5.5所示。

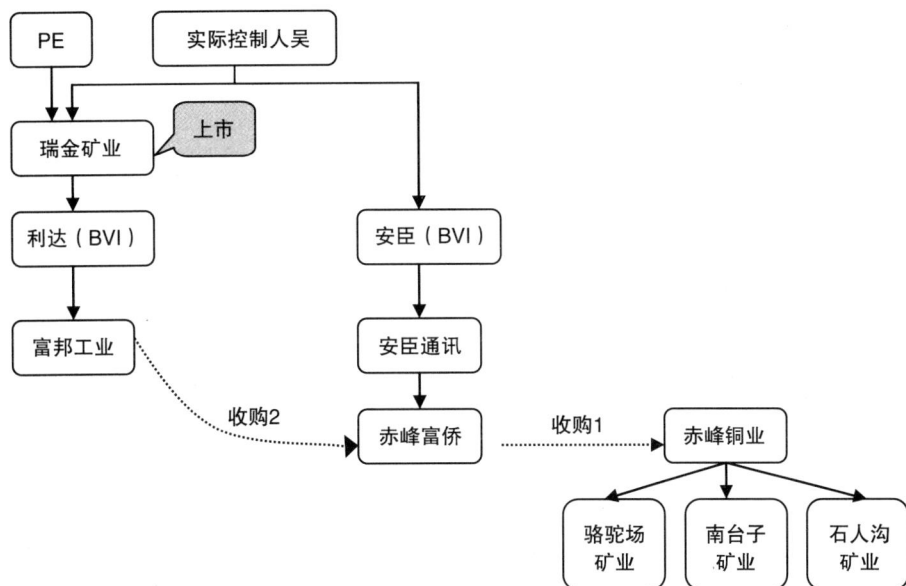

图5.5 瑞金矿业的红筹模式主体设计图

几经周折，境外拟上市主体瑞金矿业终于控制了境内所转移出来的全部权益，并成功在香港IPO，PE也如愿以偿地以红筹上市模式退出。

3. 风险提示。"10号文"第11条第二款明确表示"当事人不得以外商投资企业境内投资或其他方式规避前述要求。"所谓前述要求，是指关联并购的审批我们有理由相信这种规避是危险的，有被监管机关处罚的风险，此其一。

其二，借力"准内资"企业，不过是打个擦边球，是在利用外商投资企业多重投资的法律空白，"伪装"成内资企业并购境内企业，从而进行权益转移。故而此种模式最大的风险在于：法律法规变动的风险，以及被行政机关追究责任的风险。PE能做的就是敦促企业对此风险在招股说明书中披露，当然，在披露上可以讲求一定技巧。

四、小结

只要有法律空白，就有借用，只要有阻碍，就有规避，这恐怕是立法者必须面对的事实。对规避审查的行为"不深究"，实际上体现了监管机构在红筹上市这一问题上的"纠结"心态：一方面，想防止境外并购的泛滥，防止境内优秀资源流失，害怕企业家追逐利益的行为影响公众利益；另一方面，又怕管得太严，堵死中国企业资本市场的一条康庄大道，打击投资者积极性，增加国际资本对中国政府的不信任。于是有了举棋不定的犹豫，有了"写的严管的松"的形象，也便有了企业和PE与监管机构大玩文字游戏的红筹现状。

2009年末以来，一直有"10号文"或可能松动的新闻报出，然而只听雷声未见下雨。在"10号文"修改之前，尽管我们诟病其过于严苛、限制了资本运作，却仍然要坚持在其框架内行事。在此还要强调的是，任何一种规避方式都是有风险的，PE要做的，就是利用自己的经验，帮助企业预测风险、防范风险；此外，还要提醒PE，与监管部门尤其是证监会的预先沟通是必要的，这也与PE为企业提供资源整合的本质相吻合。

第六章

外资PE在中国的展望

第一节 外资PE在中国运作的本土化趋势

一、外资PE募集和设立的本土化

经历近 70 年的发展之后，股权投资行业在国外已经具有了非常成熟的运作模式，而对中国而言，股权投资这一陌生的概念直到 2000 年前后才开始具备法律基础。这种市场和体制的落差，形成的便是外资 PE 落地中国的本土化实践。

（一）外资PE境内设立的本土化

在外资 PE 进入中国初期，国内尚无专门规制股权投资的法律规定，此时的外资 PE 只得另辟蹊径，依赖具有投资功能的 WFOE 模式和外商投资性公司实现股权投资运作。整体而言，这种运作模式具有天生的局限性——一方面必须与其他的外商投资业务混合在一起运作；另一方面必须承担游离在体制之外的市场风险。正因如此，许多大型的 PE 机构仍然选择了直接投资，或是通过红筹模式寻求境外运作。

而在 WFOE 模式和红筹模式都被终结之后，外资 PE 在中国境内的设立又面临着新一轮本土化形式的考验，此时的设立将更多地倾向于独资或合资形式的有限合伙制外资 PE。2010 年初，中国对合伙制的两大法律限制逐渐放开，一是允许外国企业和个人设立合伙企业；二是合伙企业的证券登记放行，这两大因素都将有利于合伙制外资 PE 在境内的发展。

实际上，境外 PE 的管理机构习惯于自行发起设立若干只不同功能的合伙制基金，而在我国目前的政策条件（尤其是"142 号文"）的限制下，这种模式尚不能实现。可以说在实现有限合伙制外资 PE 运作的道路上，境外投资者们仍然有许多的本土化运作的空间，例如用境外主体作为基金发起人、或者用境内实体的自有人民币完成出资、或者协议通过境内企业完成出资。

值得一提的是，外商投资创业投资企业的形式在境内始终以非法人制为主，创投公司未见太多。如今，设立外资有限合伙制 PE 的法律障碍已解除，非法人制创投企业的形式意义似乎已不复存在。若想要外商创投企业的形式再度恢复活力，则需要对《外商投资创业投资企业管理规定》作出完善，降低门槛，放宽限制。

（二）外资PE境内募集的本土化

这里所讲到的外资 PE 境内募集，即指人民币的募集。而境内募集人民币的过程，即是与境内各类投资人逐渐融合的过程，其中的操作方式与境外募集大有不同。

虽然近年来本土投资人的数量和规模都有所增长，但相比于境外投资人的成熟体系，本土投资人在观念上仍然不够成熟，他们并不具有很好的股权投资理念，而且对外资管理人的认可度并不高。在成熟的 PE 市场，投资人关注更多的是基金管理人的过往业绩、团队稳定性，以及收益率、投资理念等问题；而在国内，大多数投资人则渴望"短平快"的投资项目，仅仅关注基金是否有即将上市的项目、何时能够收回本金等问题。

如此看来，外资 PE 在募集人民币时需要更多把握投资人的心理，要获取投资者对项目的信任而非对管理人的信任，须尽量用投资项目吸引投资者而非基金管理人本身的业绩。除此之外，另一个有效的手段是与本土管理人的合作，这一点在实践中已有所体现。

对于国内一些特殊的机构投资者，外资PE募集人民币时也存在困境，例如部分地方政府引导基金，通常会要求基金需要有一定比例的资金投向自己区域的企业等等。对于这一类机构投资者，外资PE在募集中则应尽量配合投资者的投资战略，以取得更为丰厚和稳定的资金来源。

毋庸讳言，外资PE募集人民币的难度是与国内投资者的成熟度成反比的，我们也可以看到，2010年初全国社保基金已经向IDGVC注资，打破了其仅投资产业基金的既往策略。相信随着外资PE募集人民币的规模增长，本土投资者也将逐步成熟。

【信息链接】

外资PE的圈地募资[①]

为解决本土募资的难题，大型外资PE选择了与地方政府合作——PE机构可借此完成大规模的募资并获取政府资源，地方政府则吸引外资机构进入促进本地投资业发展，"政绩明显"。

但"优质"的政府资源是有限的。这意味着一只大型外资基金与地方政府进行深入合作，在某种程度上消减了当地再与其他基金进行规模性直接合作的可能。由此，PE对政府资源的竞争愈发激烈，像是拉开了"圈地运动"。

两起案例或可佐证。2010年7月底，北京凯雷外资人民币基金宣布完成首期募集，显然意欲与北京市政府合作设立人民币基金的机构不止凯雷一家，但只有凯雷成行；8月底，TPG分别与上海市政府和重庆市政府相关部门合作，设立两只各50亿元规模的人民币基金。

---

① 信息源自：王小波、尹先凯，《外资PE圈地，欲本土化需先解决本土募资难题》，摘自《财经国家周刊》，2010.9.26。

　　显而易见的是，因有自主性优惠政策和政府强力推动，北京、上海、天津、重庆4个直辖市成为外资PE争夺重点，地方政府成为外资PE能否完成募资的关键。对其他省市，大型外资PE的兴趣似乎并不大，除经济原因之外，政策空间狭窄也是主要原因之一。

　　在资金渠道并不畅通的情况下，外资PE机构通过与地方政府合作，进行募资不失为是一种好方式，但地方政府充当"合作人"帮忙募资的角色有待商榷。

　　"外资PE与地方政府进行合作募集基金，是一种信用获取的方式"。和君创业总裁李肃说。但这只是一种过渡性的现象，并非是常态，待到市场成熟，地方政府充当合伙人的角色将消退。

二、投资与管理方面的本土化趋势

　　中国的政治、经济、文化、社会、法律环境具有自身的独特的特点，并且中国的经济正处在一个快速发展变化的过程中。外资PE在中国投资、管理的发展，也受到中国上述环境的深刻影响，不得不寻求本土化运作，谋求在中国扎根，并适应中国快速发展的经济环境。

（一）投资方面的本土化趋势

　　在2008年以前，外资PE在中国的投资可谓是风生水起，独当一面。但随着2008年全球金融危机的爆发，促使了人民币基金崛起。人民币基金首次超过美元基金成为PE市场的头把交椅，并且随着国内创业板的推出，有限合伙制在法律上的确认，外资有限合伙制企业办法的推出，原先盛行的"两头在外"的募集投资模式不再具有那么明显的优势。由此，更多的外资PE开始考虑通过境内募集设立人民币基金投资，并在境内资本市场实现退出。

　　过去外资PE在境内投资大多首先在境外设立离岸控股公司，然后以境外离岸控股公司通过多层控股公司投资于境内的模式，这一模式可以充分利用离岸公司的税收等优惠便利条件，并且一定程度上规避了行业指导目录和外汇管理等问题，因此，这一模式在一段时间内曾经盛行不衰，成为外资PE投资中国的主要模式。但是随着"10号文"的出台后，至今还没有一例通过红筹模式在境外成功上市的案例，外资PE不得不考虑直接在中国境内设立PE或者直接投资于境内。虽然存在外汇管制、行业指导目录等限制，但是随着各大城市（特别是北京、上海、深圳等）推出外资PE的优惠政策，进一步鼓励外资PE在境内通过设立PE等形式进行投资，外资PE越来越多的考虑在中国境内设立PE，并且更多考虑设立人民币基金，企图通过人民币基金投资，实现在境内投资的无障碍化，更便利地登陆创业板等新兴资本市场，从而实现退出利益的最大化。由此，外资PE越来越以其实际面目在中国出现，更多地充分利用中国对于PE发展的热情和鼓励投资于境内。

外资PE投资虽然仍然沿用着其专业投资工具、投资专业术语和投资专业文件，但是其在具体投资时，因为越来越多地考虑在境内退出的因素，其对于投资工具诸如优先股、可转债等，以及条款清单、增资协议等，不再完整地照搬和坚持西方操作惯例，而更多地融入中国法律本土元素，适当地在中国法律环境下进行本土化，以顺利通过有关部门如商务部、证监会等的审批，并且按照证监会等要求对于一些条款（诸如对赌协议、优先权等）进行处理，以免影响上市进程，这些都说明外资PE在中国投资时不得不进行一番有针对性地本土化进程。

（二）管理方面的本土化趋势

外资PE在本土化的过程中，最大的困难是看不懂中国的资本市场，不了解中国的文化背景。外资PE需要熟悉和适应国内的投资环境，还要了解中国的企业家、创业者的影响力，以及跟政府打交道方面的能力、资源等等。因此，外资PE的本土化首先一定要团队本土化。其中首先是管理人员的本地化，比如凯雷在亚洲的团队，几乎全是土生土长的中国人。外资

PE 为了实现在中国的投资，聘请了许多具有本土和国际化双重背景的精英人才，为外资股权投资活动服务。许多在海外留过学、熟知中国文化、社会、经济发展变迁的金融、经济、产业领域的人士，正在不断地被重金网罗到外资 PE 的旗下。由于大量聘请本土的优秀人才，使得外资 PE 在中国如鱼得水，发展迅猛。但是东方文化跟西方文化还是有很大的不同，虽然很多外资 PE 进入中国聘用华人团队，但是不一定会说中国话就懂东方文化，仅仅华人是不够的，因此还需要结合真正的本土投资机构，这是外资 PE 进入中国最便捷的整合途径，但是两者最终能否整合到一起，还是要看两种文化碰撞磨合的过程。

【信息链接】

外资PE进入中国的情况及其华人管理团队[①]

表5.2 外资PE进入中国的情况

	基金名称	管理团队	代表项目
1	凯雷	杨向东、祖文萃	徐工 / 太保集团 / 安信地板
2	KKR	刘海峰、路明	天瑞水泥
3	德州太平洋	王先先	联想集团
4	新桥	单伟建	深发展 / 新疆广汇
5	华平	孙强	亚信 / 港湾 / 哈药 / 国美
6	淡马锡	蒋福娟、唐葵	民生银行 / 建行 / 中行
7	贝恩资本	竺稼、黄晶生	参与海尔收购美泰
8	橡树资本	朱德淼	中行 / 日本新生银行
9	麦格理	谢岷	参与收购电讯盈科
10	英联投资	陈柏松	蒙牛 / 无锡尚德
11	红杉资本	沈南鹏、张帆	亚洲传媒 / 福建利农等
12	蓝山资本	唐越	古杉生物柴油 / 鑫苑置业

① 信息源自：北京大学金融与产业发展研究中心。

外资 PE 募集资金的渠道无疑应该是国际化的，但外资 PE 要想在中国取得成功，建立起适应中国市场特性的投资决策程序是一个关键。要想保持在中国的领先地位，外资 PE 的投资决策权必须向深刻理解中国市场的本地人士转移，让更多理解和熟悉中国市场的人士参与到项目投资决策流程中来。如果决策者都在美国，运作项目的人在中国，而且其向外资 PE 的决策者推荐的项目不是真正的好项目，这是让外资 PE 面临的困惑之一。从长远趋势分析，由本土人士运作项目的模式将会受到越来越多的外资 PE 的青睐，这样才能形成独特的眼光，也才能拿到自己想拿的项目，而"飞行者模式"则会呈相反趋势。

在一般合伙人（GP）和有限合伙人（LP）关系处理上，外资 PE 对于中国特殊国情下 LP 的"富一代"情结，给予了适当的考虑，妥善解决募集和管理的问题。LP 在参与投资管理决策方面并非没有发言权，而是在一定程度上参与并影响着投资决策。同时，在管理费问题上也适时考虑 LP 出资顾虑，考虑中国习惯的以结果论英雄的思维习惯，不再坚持必须的管理费等等。外资 PE 在中国投资管理实践中已经在悄然改变一些他们习以为然的惯例，逐渐考虑在中国政治法律经济环境下如何更好地投资管理和经营，进行必要的本土化运作，以实现投资的利益最大化。

从长远发展角度来看，在一个逐渐强大崛起的经济大背景下，任何一个外来投资者，无论其本身有多大的经济实力和文化强势，如果其希望从这种经济大背景下有所作为和斩获，有更大的发展，适当和必要的本土化在所难免。只有在本土化过程中，才会实现彼此之间更多的融合和交流，更多的吸纳和包容，减少一些壁垒和冲突、封闭和自大，这样才会实现一个双赢甚至多赢的局面；而且最重要的是，最终外资 PE 是姓"美元"、"欧元"还是"人民币"，已经不再重要，而最为重要的是，外资 PE 作为投资工具已经融入中国经济发展大环境中，成为经济发展不可或缺的一份子，起到其应起到的作用。

三、退出方面的本土化趋势

外资 PE 退出途径在境外受阻，一方面，直接境外上市一直困难重重，另一方面，红筹上市因为"10 号文"的长期封堵而不得出路。这样一来，外资 PE 的中国投资只能寻求境内退出的新突破，由此有了红筹回归的问题。

（一）红筹回归——红筹模式的退出本土化

我们已经讲过现有红筹回归的操作模式，即将移转至境外的权益全部逆转，以境内主体境内上市。而除了此种传统方式外，红筹回归还有一些新趋势，目前正在学术和专业领域讨论。[①]

1. 境外母公司在境内设立子公司并上市。由于境内的子公司是境内法人，所以其发行、交易、监管等均可适用中国法律，并且不存在境内外法律双重适用的问题，这种方式法律障碍最小。但是，可能会导致子公司和母公司之间资金、业务等往来的混乱，而上市公司控股股东与上市公司的利益冲突、纠葛，正是 A 股市场广受诟病的缺陷之一。

2. 以境外主体直接上市。这种方式程序上极为简单，也不涉及第一种模式中公司治理的问题，但是因为系境外法人，可能存在法律障碍。按照《公司法》有关公司的规定，公司是指依照本法在中国境内设立的有限责任公司和股份有限公司。在境内设立、发行股票在证券交易所上市交易的股份有限公司必须为中国公司。当然，理论上讲这不但不是种实质性的障碍，而且还是种最为恰当的回归方式。毕竟在优势比较明显的情况下，法律上的小小问题往往并不会成为问题，虽然可能与《公司法》违背。近期有关监管部门曾在不同场合表示，将倾向于红筹股公司以直接发行 A 股的方式

---

① 信息源自: 红筹回归专题小结，http://blog.sina.com.cn/s/blog_4ae7d4ff0100dmrr.html?retcode=0 2009.6.4。

回归境内资本市场，部分红筹股公司也表达出类似的想法，例如中国移动。

3. 境内发行。预托凭证（Depositary Receipt，简称 DR）是指某国上市公司为使其公司发行的股票能在外国证券市场流通，将一定数额的股票委托给某银行保管，再由该银行通知外国的预托银行在当地推出代表该股份的预托凭证，然后该预托凭证就可以在外国的证券市场挂牌进行交易。

境内发行（CDR）的设计思路源于美国存托凭证（ADR），主要为香港及海外上市的内地公司到内地市场融资提供一种渠道。海外上市的内地公司向托管银行发行一批股票，包括新股或非流通国有股，托管银行以这些股票为标的，在内地发行以人民币为交易货币的 CDR。目前香港红筹股公司正积极争取 CDR 试点工作，而 CDR 也不过是个制度设想，具体的制度和规则尚在制定中。

在我国尚未实现人民币资本项目下可自由兑换的前提下，发行 DR 存在一定的障碍，而且有关 DR 的发行条件、交易制度、与基础股票的转换问题都较为复杂，目前国内也没有制定有关 DR 发行和上市的相关法规，因此还不完全具备推行 DR 发行上市的条件。但可以作为 PE 未来退出可以预见的一种途径。

（二）国际版——境外PE境外投资的退出本土化

境外 PE 的境外投资，由于通常选择在境外退出，因不涉及中国因素故而不在本书讨论范围之内。然而，创业板推出后，业界普遍呼吁推出国际版，监管部门也明确表示国际版的推出正在筹划之中，于是境外 PE 在境外投资的中国退出成为可能，境外 PE 境外投资的境内退出，是外资 PE 退出本土化的一个表现。

国外公司长期以来都有到中国来上市的强烈意愿，联合利华早在 2004 年前后就公开表示意欲在 A 股上市，后来陆续有汇丰银行、渣打银行、东亚银行等表示过这个意愿。为了满足国际企业境内上市的需求，也为了把上海打造成国际金融中心，证监会积极推动上海证券交易所（简称上交所）"国际板"的法律制度建设及技术建设。

上交所酝酿的"国际板"模式将以人民币作为交易货币，发行方式目前来看更倾向于直接发行A股，国际板在A股募集的人民币将用于该企业在中国境内的投资，从而避免货币兑换的问题，且境外公司在境内的业务拓展也能得以规避外汇风险。

上交所国际板的顺利出台，为境外PE的境内退出会开辟出一条新途径。

【信息链接】

相关部委达成共识国际板推出条件具备[①]

目前国际板推出的法律障碍已经清除，上海证券交易所酝酿已久的国际板正悄然加速推出进程。据有关人士透露，证监会、商务部及外管局在内的多个相关部委就国际板推出的法律问题达成共识，国际板的推出只剩下技术测试和时机问题了。

目前，上交所已开始加速其推出国际板的相关工作，规则拟定和技术上的安排都在原有准备的基础上更加完善，国际板推出的条件已经具备。按照目前的进程，2011年初所有工作就将完全到位，而2011年4月前后正式推出的可能性很大。

[①] 信息源自:《相关部委达成共识，国际板推出条件具备》，http://www.gf.com.cn/commons/infoList.jsp?docId=549410，2010.9.26。

第二节　外资PE在中国发展的瓶颈分析

一、从外资人民币基金的募集看"国民待遇"

外资人民币基金，在这里是指具有境外资金成分的、以人民币为货币形式的股权基金。在人民币基金大规模兴起之前，其概念是较为狭隘的，仅指内资机构设立、向内资机构募集的股权投资基金，并不牵涉外资成分。然而 2008 年后的中国，人民币基金开始大大超越美元基金成为主流，而嗅觉敏锐的外资 PE 自然不甘愿被排除在人民币基金之外，试图以各种方式参与人民币基金的募集，由此引发外资人民币基金的"国民待遇"问题。当然，我们这里讨论的"国民待遇"问题是广义的概念，它包含了对外资企业投资领域的限制问题和对外资企业资本金结转的限制问题。

（一）外资人民币基金的投资领域限制

外资人民币基金的投资领域限制，在实质上是对外商投资企业的投资领域进行的限制，它代表的是国家对产业投资的管理。按照外商投资的一般规定，只要企业的资本含有外资成分，就将受到《外商投资产业指导目录》有关投资领域的限制，而这一规定也同样适用于外资人民币基金。

从概念上讲，外资人民币基金包括多种形式，而其中最为典型的当属境内设立的、外资 PE 管理人所发起的人民币基金。按照国际惯例，由管理人发起设立的基金应由该管理人作为普通合伙人，并需要对该基金注入一小部分资金，通常不超过 5%。这一惯用做法使得该类基金在法律上有一种特殊的身份，即在币种上体现为人民币，从资金来源上看又含有外资成分，当然，其外资成分非常低。抛开现行法律规定、单从常理而言，将这种典型的外资人民币基金认定为外商投资企业，并限制其投资方向有待商榷。

对外资人民币基金的这一限制，直接影响的是其在投资环节的企业选择和时间成本，同时，其间接导致外资 PE 管理机构在境内募集人民币时处于较为劣势的地位。

虽然目前典型的有限合伙制 PE 由于外汇管制尚未实现这种操作模式，但是投资领域的限制已经成为许多外资人民币基金的困扰。在当前的体制下，要解决这一困境有两个方法，一是在《外商投资产业指导目录》当中将股权投资与其他的产业投资分离开来，列为单独的一类允许项；二是发布特殊性规定，将外资成分较少的人民币基金视同内资企业对待。

（二）外资参与人民币基金的"国民待遇"

所谓外资参与人民币基金，不仅包括境内的外资管理人向其自有人民币基金投资，也包括境外投资者对境内人民币基金的投资。

境内的外资管理人对其自有人民币基金投资，主要受到"142 号文"的限制，而境外投资者对境内人民币基金的投资，则属于一般意义上的外商投资行为，需要经过商务主管部门的前置审批才能实现结汇和资金注入。一个外汇管制、一个投资审批，这一内一外的限制规定大大影响了人民币基金募集外资的效率，甚至会使外资投资人望而却步。

目前，外资参与人民币基金的限制，更多体现在境内的外资管理人向自有人民币基金投资当中，由于这一限制同时阻碍了外资有限合伙制基金在境内的发展，所以要求突破的呼声甚为高涨。然而在突破这一制度的同时，我们也应当看到境外投资者对人民币基金的兴趣，本土的 PE 管理人也终将成长为能够吸引外资股权投资者的成熟机构，实际上，鼎晖创投、弘毅投资早已成为了这方面成功的典范，只不过之前它们募集的都是美元基金而已。

为了解决参与人民币基金募集的效率问题，外资投资者曾有先注资境内PE管理机构、再通过管理机构注入人民币基金的做法，借此规避烦琐的审批流程。如果外资PE直接注资人民币基金能够得到解决，必将进一步刺激人民币基金的发展。当然，这种制度上的调整还需考虑境外资金流入的监控。

（三）外资PE"国民待遇"的出口——QFLP制度

"合格境外有限合伙人"（QFLP）是证券市场中QFII制度在股权投资领域的一次引入，具体而言，它是指通过对外资机构投资者的资格审批，简化对其外汇资金的监管，允许一定资质的外资机构在法定范围内，将外汇自由兑换为人民币资金，并投资于国内PE市场的制度。

目前QFLP制度仍有待国家外汇局和商务部等部门审批，并很有可能率先在上海展开试点。根据市场预测，QFLP制度可能首先对试点地区的外资人民币基金适用，采纳的方案将规定外资资金的换汇额度最高不得超过基金募资规模的50%，其中普通合伙人的换汇额度上限为5%。对于QFLP的资格，则要求其自有资金不少于5亿美元，管理基金规模达到50亿美元，申请流程类似于外资机构申请QFII。

除了允许合格境外投资者参与人民币基金募集，QFLP的另外一个突破是获批的QFLP设立人民币基金时，将可以在项目投资审批流程上享受与本土人民币基金等同的待遇。可能的方案是这种基金仅需在投资项目时通过项目所处行业的监管部门的审批，这无疑大大提高了外资人民币基金的投资效率。

QFLP一旦成行，将解决外资PE在境内募集设立的三大问题：

第一，境内的外资 PE 管理机构可以通过申请 QFLP 资格突破外汇限制，通过自由结汇对其设立的人民币基金出资，从而实现经典的有限合伙 PE 运作；

第二，具有投资人民币基金意愿的外资投资者，可以通过申请 QFLP 资格规避繁琐的注资审批程序，提高人民币基金募集外资的效率；

第三，QFLP 设立的外资人民币基金，将享有与内资机构设立的人民币基金同样的投资待遇，使其获得"国民身份"。

毋庸置疑，QFLP 制度一旦成行，将使得中国市场上的本土 PE 和外资 PE 平起平坐。外资合伙制基金将获得崛起的机会、境外资本对人民币基金的参与度将大大提升、外资人民币基金对境内项目的投资也不再受到审批流程的限制——这一切都将带动外资 PE 在境内的又一轮盛宴。

另外值得一提的是，随着境外资本对人民币基金的参与，QFLP 制度还将带来跨境 FOF（基金中的基金）的发展，促使那些拥有境外 LP 资源又熟悉境内 GP 市场的 FOF 产生，将境外资本和境内基金紧密联系起来。

如今业界对 QFLP 制度拥有十足的信心和期待，然而其是否能够促进外资 PE 在境内的规范发展，仍然犹未可知。若 QFLP 制度获批，如何选择试点基金、如何控制基金规模、如何扩大试点范围、如何监督 QFLP 资金流向，也都是日后实践中需要探索的方向。

【信息链接】

关于QFLP制度的担忧[①]

一位曾参与过人民币基金筹建的业内人士坦言，如果没有配套的退出政策，没有很好的国内上市退出渠道，国外资本参与人民币基金的意愿不

---

① 信息源自：胡薇、温婷，《京沪津"请缨"QFLP 制度，内外资 PE 将同台竞技》，上海证券报，2010.3.30。

会太强。

另有业内人士担心，在目前人民币面临升值压力的背景下，推行
QFLP制度可能会成为热钱涌入的"秘道"。

还有创投专家质疑，未来QFLP的监管力度和有效性，担忧外资PE
能否真正投入到国内高科技产业，而不是变相进入二级市场。

长期关注人民币基金问题的深圳创业投资公会秘书长王守仁则表示，
QFII的最大特点是对投资金额和领域都有限制，被严格监管，做到了"专
款专用"；而这恰恰是QFLP的最大问题。王守仁指出，地方政府设立相
关政策和吸引外资必须要有所选择，要把政策落实到鼓励创业投资进入高
新科技产业上面；而外资参与设立人民币基金往往投资分散、股权流动性
差且信息不对称，在无法进行有效监管的情况下，QFLP的放开要慎之又
慎，对于外资退出时的结汇、税收等问题都要想到，严防热钱的进入、以
及QFLP自由结汇等造成的人民币流动性过剩。

二、从外资PE"曲线救国"看"投资限制尺度"

（一）对于投资限制的分析

一段时间以来，"两头在外"成为外资PE投资中国的主要模式，这中
间的因素可谓是利弊权衡的结果，在多种因素中，对于外资PE投资限制是
一个根本性的原因。对于外商投资，中国不仅在行业指导目录上进行限制，
而且在外汇方面也进行了一定规制。从现行限制规定来看，其实对于外资
PE与外商投资的限制之中并无太多区别，均视为具有外资性质的投资，并
未因为外资PE不同于外商投资而有太多的区分，而且《关于外国投资者并
购境内企业的规定》对于试图通过红筹模式并购境内企业的外资PE更是加
上一把枷锁，外资PE对于境内企业的并购在该规定出台后更像是戴着脚镣
在跳舞，看似自由，其实束缚诸多。

这一现实，对于外资 PE 而言，其实可谓诸多不利。因为外资 PE 之所以区别于一般外商投资，即因为其作为一种金融投资工具，其本身不仅是资金的集合体，而且更强调一种专业化操作，包括专业化的投资结构、投资模式以及投资手段的选择，并且退出设计得非常精心，在西方被誉为可以起到经济杠杆作用的工具。如果将其视为一般外商投资，那么其将按照一般外商投资适用同样的法律政策环境，外资 PE 投资工具的优势无疑将受到比较大的限制，毕竟以资金和投资作为优势的外资 PE 与以技术、资金、品牌等为优势的一般外商投资存在着比较大的差别。

从我国改革开放之初对于外资的热捧和差别对待，到我国全方位开放后对外资平等对待，可以说，这是中国对待外资态度变化的一面镜子，我国开始更加理性对待外资引进和投资，可以说"10 号文"正是这一态度变化的集中体现。其实概观全球，对于外资的进入，特别是对于敏感行业、支柱行业或者关键技术的投资，都十分的敏感。在世界经济越来越一体化的同时，每个国家对于自身国家经济安全更加关注。国际社会不乏超政府势力的资金雄厚的组织机构，其对国际经济的影响已经远超从前，1997年东南亚金融危机、2008 年全球金融危机以及 2009 年欧洲债务危机，都一再告诫我们，对于国际资金流动和国际经济组织的行为要保持足够的警惕和谨慎，否则会陷入万劫不复的经济灾难之中。但是，全球经济毕竟越来越市场化，国际社会对于某一国家任意设置非市场性壁垒还是存在诸多非议，毕竟根据国际贸易精神和 WTO 宗旨，实现国际经济贸易市场化才是其最终潮流和趋势。

（二）如何摆脱投资限制的困境

反思对于外资 PE 投资的限制尺度，到底什么程度合适？这是值得认真思量和斟酌的。从根本而言，这与国家对于行业指导目录和指导外资投资有着直接的联系；还与国家对于外汇进出境内的管理制度和思路有着直

接的关系。我国目前对于行业指导目录，按照加入 WTO 承诺逐渐放开有
关行业产业的开放。总体而言，这是一个逐渐开放的过程，并且这一进程
已经越来越迅速，我们已经逐渐感觉到我们的经济生活与世界整体经济越
来越一体化。外汇管理方面也已经摆脱了过去"宽进严出"的状况，而更
加注意均衡管理，促进国际收支平衡、维护国家金融安全和服务经济发展。
外资 PE 投资的限制尺度也将在这些基础上得到进一步改善，这一两年来
地方政府已经开始进行一些大胆尝试，逐步放开外资 PE 投资方面的限制，
鼓励外资 PE 直接落地投资，让更多的外资 PE 确确实实参与我国经济，不
仅可以加强国内 PE 的竞争力，也可以把更多的经济发展好处留在国内。

　　从外资 PE 本身特性而言，有关的法规政策需要契合外资 PE 本身的一
些特性加以制定，尽可能创造符合外资 PE 发展的法律经济环境，既能充分
发挥外资 PE 本身的积极作用，又能适时遏制其一些消极或者不利方面，扬
长避短。诸如可以对于外资 PE 设立的人民币基金，以及外资 PE 作为 GP
管理的人民币基金进行适当的区分，尽量考虑到人民币基金是以人民币为
主投资的因素以及外资 PE 其实在这些基金中已经不再以其资金作为其优
势，而是充分发挥其管理咨询运作方面的专业优势；在认定这些基金的投
资性质时，与一般外商投资加以区别，在税收、投资行业限制等方面加以
区别对待。

　　另外，对于外资 PE 投资行业方面，鼓励外资 PE 参与国家提倡发展领
域或相关产业（新能源、高新技术、新农业、文化创意产业等），吸取其参
加有关政府产业基金发起的子基金，或者共同合作设立人民币基金，给予
外资 PE 一定的政策、税收等方面优惠；而对于外资 PE 投资于一些国家一
般行业、限制性行业或者产能过剩行业，则加以限制或者在政策、税收上
予以控制，这样可以引导其投资行业倾向，引导其投资行为，达到引资的
真正目的。在最近一系列引人注目的外资 PE 在中国成立人民币基金案例中，
都可以看到外资 PE 与中国地方政府合作的案例，诸如凯雷与北京市政府合

作设立一只规模 50 亿元的人民币基金，TPG 与上海市人民政府及重庆市人民政府合作分别设立两只规模 50 亿元的人民币基金。

【信息链接】

凯雷调整中国投资策略，初见成效[①]

数次的失败经历迫使凯雷反思其在中国的投资策略，入股徐工失败则被认为是凯雷在中国发展战略的转折点，亦被业内人士称为外资 PE 机构在中国并购市场的"标志性事件"。

此后，凯雷在中国的投资明显趋于保守，凯雷方面亦表示其投资策略也在逐步调整，此前一直倚重的国企项目甚至成为凯雷投资的黑名单。凯雷的策略调整包括其在中国的投资方向、投资方式等，转变非常明显。

近两年，凯雷在中国的投资涵盖了多个行业，包括食品、医疗健康、农业、教育等，如广东雅士利集团、中国森林控股、泰和诚医疗、北京昊月教育集团、深圳歌力思服装等，侧重于更受中国政府欢迎的成长性企业的股权投资，而不再是行业性的并购，刻意规避敏感性的行业，如金融、资源能源行业等。

与政府密切合作的这种"中国元素"，被认为是外资 PE 机构进入中国市场的捷径。在凯雷内部，与政府保持良好合作关系也被凯雷引以为傲。凯雷在中国设有专门处理政府与媒体关系的部门及人员，"这在国际 PE 里应该算是唯一的了。"据相关人士介绍。

三、从外商投资企业上市规则看"退出黑洞"

虽然外商投资企业发行 A、B 股在理论上可行，但是实际上还面临一

---

① 信息源自：王小波、尹先凯，《财经国家周刊》，http://business.sohu.com/20100927/n275291976.shtml，2010.9.27。

些障碍。

（一）中外合资经营企业上市难

1. 法律适用冲突。由于中外合资企业适用《中外合资经营企业法》，而上市公司适用《公司法》，因此，在中外合资企业上市过程中，不可避免的出现一系列法律冲突，比如在公司的组织形式方面，根据《中外合资经营企业法》，中外合资企业的组织形式只能是有限责任公司，而根据《公司法》，上市公司必须是股份有限公司。尽管《关于设立外商投资股份有限公司若干问题的暂行规定》这一行政规章已经解决了上述冲突，但从法律效力上看，仍需要以法律的形式来确认股份有限公司可以作为中外合资企业的组织形式。

再如，在公司的权力机构方面，根据《中外合资经营企业法》，中外合资企业的最高权力机构是董事会，而《公司法》规定的上市公司的最高权力机构是股东会。因此，中外合资企业改制为股份有限公司后，应当按照《公司法》的规定，将公司的最高权力机构确定为股东会，并建立股东大会的召集与决策程序。

虽然上述问题在实践操作中都有相应的化解之道，但是直接、明确的法律规范的缺失，无疑会给监管带来不必要的麻烦，也不利于鼓励中外合资企业境内上市。

2. 改制要求过高。根据《关于设立外商投资股份有限公司若干问题的暂行规定》，外商投资企业改制为外商投资股份有限公司，应有最近连续 3 年的赢利记录。根据《首次公开发行股票并上市管理办法》的规定，外商投资股份有限公司上市条件之一为最近 3 个会计年度净利润均为正数且累计超过人民币 3 000 万元。由此，正常情况下外商投资企业境内上市需要在改制前后分别保持至少连续 3 年的赢利记录，这对企业来说，保持持续经营十分困难，对 PE 来说，退出的风险被放大，退出的周期被拖延①。

取消"内外有别"的外资利用政策、还原公平竞争的市场经济环境早已经成为中国外资利用政策改革的方向。然而，我国外商投资企业改制上市的政策法规依据，却又显现出内外资区别对待的痕迹，这在一定程度上又将内外资企业置于不公平竞争的境地。

（二）中外合作企业上市的不确定性

为了达到同股不同权的目的，外资 PE 在某些情况下希望与企业共同设立中外合作经营企业。依照《中外合作经营企业法》的相关规定，合作协议是合作企业最高运作准则,合作双方有权自由约定分红比例、清算顺序、终止合作时间等问题，这无疑便于外资 PE 进行优先分红权、优先清算权等特殊权利安排，有利于保证其收益的取得。

从理论上讲,《关于设立外商投资股份有限公司若干问题的暂行规定》设定了中外合作企业变更为股份有限公司的途径与方法，而进行股份制改造的企业，只要符合上市条件，进行公开发行并上市是不应该存在障碍的。然而，从实践角度来看，鲜有中外合作企业上市的先例，特殊的历史沿革、实际控制人的连续性、经营的连续性等问题,都可能成为不通过发审的理由。而证监会的审批一向谨慎，含有外资成分的企业境内上市本身就存在一定的风险，合作企业这种组织形式会加大这种隐形风险。中外合作企业境内上市存在非常大的不确定性。

外资 PE 如果投资中外合作企业，上市退出的可能性微乎其微。中外合作企业上市问题的法律空白，是阻碍外资 PE 境内上市退出的又一桎梏。

---

① 信息源自:《外商投资企业境内上市相关问题研究》, http://www.deheng.com.cn/asp/paper/html/200852216325017.htm，2008.5.22。

（三）外商独资企业境内上市不可能

外资 PE 投资于境内已设立外商独资企业时，或者外资 PE 与其他境外投资者在境内新设外商独资企业时，都可能推动该独资企业境内上市作为退出的选择渠道。

外商独资企业上市的第一步是改制为外商投资股份有限公司。根据《关于设立外商投资股份有限公司若干问题的暂行规定》，外商投资股份有限公司是由外国股东与中国股东在中国境内共同投资举办的企业法人，且半数以上的股东在境内有住所。从规定来看，外商投资企业改组为外商投资股份有限公司，必须至少有一个发起人为中国股东，如果境外股东人数大于两名，则境内投资者必须保持在两名以上。这对于外商独资经营企业来说，是个不小的问题。首先，境内投资者比例过半，要求引入新股东的数量较大，进入的风险提高成功可能性相应降低；其次，由于引入境内股东意味着企业要对境内投资人增发新股，或者转让部分股份于境内投资者，这必然导致原始股东股权比例的稀释，并同时导致原始股东对企业控制力的减弱。

缺乏对外商投资企业境内上市的明确制度安排，迫使外商独资企业不得不变身为合资企业再上市，是我国资本市场法律体系中非常凸显的一个缺失。

总之，外资 PE 在境内退出，面临着严重的制度"黑洞"，所谓黑洞，一方面是法律无明文规定，无法可依；另一方面，监管机构自由裁量权的使用缺乏监管，发审问题存在不确定、不透明的情况。如何封堵"黑洞"，将成为我国鼓励外资 PE 境内投资，大力发展人民币基金，用国际资本市场带动境内资本市场繁荣的关键环节。

第三节　对有关外资PE的政策发展的探讨

一、关于外资PE募集与设立的全国性规范出台

有关私募股权投资领域的统一性规范缺位，一直是制约我国 PE 市场发展的重要因素。而在外资 PE 领域，北京、上海等地的试点政策已经取得了一定成效，我们也期待在国家层面有统一性的规范出台。

全国性规范需要解决的首要问题应当是给外资 PE 正名。目前落地的外资 PE 机构，大多只能冠以"创业投资企业"、"创业投资管理企业"之名，而在北京、上海两地，外资 PE 管理机构又有"基金管理"和"股权投资管理"两种称谓。对此，国家层面应当制定统一的规范，区分创业投资企业、创业投资管理企业、股权投资企业、股权投资管理企业各自的经营范围，并明确"基金"一词是否能用于股权投资企业。

其次，在设立资质方面，创投企业、创投管理企业、股权投资企业、股权投资管理企业的资质要求必然是有差异的，而目前则只有《外商投资创业投资管理办法》一部法律予以规制。在实务中，股权投资的资金量超过创业投资很多倍，而创业投资企业则是我国鼓励外资 PE 参与的行业种类，需要降低设立门槛，增加优惠政策。如何在资质方面区分这几类 PE 机构，也是全国性规范需要考虑的问题。

再次，在募资方面，我们则期待 QFLP 制度的审批能够最大限度地满

足外资 PE 参与人民币基金的要求。自 2009 年起上海市就在争取对外资股
权投资管理企业放开股权投资的外汇管制，如果这一制度性变革能够在全
国范围内实现，必将大大刺激有限合伙制外资 PE 在境内的发展。

二、关于外资PE在中国投资性质确认方面的政策突破

（一）既有争议

关于外资 PE 在中国境内的投资性质确定，是涉及外资 PE 投资的核
心问题，但一直以来并未有定论，争议始终未曾停息。有观点认为其为外
资 PE 投资，并不区别于其他投资，应当视为外商投资的一个类型，属于外
资并购的一种投资方式。而另外的说法则认为，PE 投资本身应是一种金融
工具，其专注于股权投资，并且使用专业投资工具、专业术语、专业投资
协议等等，所以应当将其视为一种金融工具。如此应当将 PE 投资视为金融
工具，那么其外资 PE 投资将视为外资运用金融工具进行投资，其审批部门
或许将是银监会，那么其投资是否还受到行业指导目录影响？如果进行商
务审批，是否应当有别于其他一般外商投资？

正因为对于私募股权投资存在这样那样的争议，对于私募股权投资是
否应当监管？如进行监管，应当归属于哪个部门管理？直至今日中国尚未
出台一部有关私募股权投资的法律，更多的是各地方政府为发展地方经济
考虑出台的具有试验性质的地方法规。这也直接影响到外资 PE 投资行为的
选择。如上所述，如果作为一般外商投资，外资 PE 将无法区别于其他一般
外商投资，其与一般外商投资比较的优势或特点无法体现出来，最终其在
进行具体投资时必然无法发挥出其优势。

（二）期待突破

由于外资 PE 专注于股权投资，其与一般外商投资有着明显的区别。

一般外商投资更专注于资金和技术等投入，直接创建企业，可以给投资者带来生产、技术和服务的提升；而外资 PE 投资通过外资并购方式，更多通过资本运作，更多运用资本并购和企业控股权，通过资本运作实现投资的增值以及资本的赢利，并且直接带来生产、技术、服务的提升。

PE 投资之所以比一般投资更具有优势和特点，正是在于其积聚了资金和专业投资的优势，具有专业操盘手的优势，并且日积月累的投资，也使得 PE 积聚了投资行业以及相关行业的资源优势，无论是管理经验、销售渠道、人才储备、政府资源、上市渠道等等，这都是一般投资无法具备的，所以在考虑 PE 投资性质，应当关注到 PE 投资所具备的上述特点或优势，给予其不同于一般外商投资有所区别的待遇，以更好地发挥出其专业投资的优势。

对于外资 PE 投资而言，如果将其性质认定不同于一般外商投资，那么其在外汇结汇方面有可能会走出现在外资 PE 的困境，外资 PE 投资可以根据其本身投资性质决定外汇的结汇，那么将外资 PE 对外投资将可以在一定程度上扫清障碍，更加自如地对外投资。可以想象，一个境内投资几百万或几千万的项目与一个投资几亿甚至几十亿、几百亿的项目，如果在外汇方面严加管制，对于后者外资 PE 如果纯粹调动境外资金，其无疑十分费时费力，并且存在诸多关卡门槛，而可以想象，随着中国经济的快速发展，涉及几个亿或者几十亿、几百个亿的项目，也会屡见不鲜的。由此，对于外资 PE 在境内投资性质认定其重要性不言而喻。

随着外资 PE 以及人民币基金的蓬勃发展，对于外资 PE 投资性质的政策的迟迟未能出台，已经成为制约限制 PE 发展的一个关键问题和障碍。可以预想在一定时期内，关于外资 PE 投资性质认定的政策法规或将出炉，这将有利于外资 PE 在中国的顺利发展。

【信息链接】

上海拟申请取消外资PE资金使用限制为其拓宽退出渠道[①]

上海市金融服务办公室主任方星海表示，上海市政府已向国家外汇管理局提出申请，建议取消对在浦东新区注册成立的境外私募股权投资公司的资金使用限制，为境外私募股权投资公司筹集人民币资金和在华投资提供便利。

上海市政府这项申请如果能顺利获得批准并在全国范围内推广，无疑对外资投资基金是个重大利好。它将彻底打通风险投资和私募股权基金在国内融资、投资、退出的通道。对初生期的创业板和中国广大创业型企业也是个重大好消息。

据统计，过去5年间，外资创投基金在国内投资了上千家创业型企业。主要集中在互联网、教育培训、生物科技、新能源、健保、电信、半导体等行业中。而这些行业，相信应该是国内创业板未来的目标资源行业。在这些行业中，外资创投基金已经储备了较为丰富的上市资源。而从过往外资基金所投资企业在海外上市的情况来看，这些企业也大多符合国内创业板的上市条件。所以，取消外资的股权投资限制对创业板的健康持续发展和二级市场的培育，推动意义极大。

取消对外资投资基金的限制，并将主要在中国融资本地注册的私募股权投资公司归为境内投资者，还可以进一步促进外资基金和地方政府引导基金以及国内LP配套合作，也能推动地方经济的发展和国内投资理念和操作的培育，并最终在中国股权投资市场上形成良性互动，共同促进产业发展的局面。

[①]　信息源自《21世纪经济报道》，http://www.58188.com/invest/2009/8-6/17414.html。

（三）一些设想

我们可以初步设想，外资 PE 投资性质政策认定的一些相关内容，首先根据外资 PE 中外资成分的多少，设定一定的比例，在一定比例之内可以将这样的外资 PE 认定为人民币基金，享受内资 PE 投资待遇，不再受到《投资产业指导目录》和外汇管制的影响[①]；其次，视外资 PE 投资中外资所起的作用而认定其投资性质，如果该外资 PE 中外资所起的作用更注重于提供管理咨询以及促进公司上市等投资增值服务，而不是以外资资本投资获利为其唯一途径，在此种情形下，应当将此类外资 PE 对外投资认定为内资基金的投资，或者给予其一定优惠政策或税收待遇；再次，根据外资 PE 投资资金来源，如果来自于境内，即使为外商投资赢利收入再次投资，在其在境内再次投资时可以将其视为内资投资，以此确保外资 PE 真正长期的投资，而非短期套现获利，这样可以促使外资 PE 更倾向于长期投资；最后，明确外资 PE 的主管部门，根据外资 PE 投资手段及性质，确定银监会或商务部作为具体主管部门，由其牵头负责和管理外资 PE 设立、投资以及退出等一应事宜。

当然，一些政策内容的明确和清晰，其实与对于外资 PE 的认识和理解是不可分割的。随着中国接纳越来越多的外资 PE 投资和投资管理实践经验的丰富，相关部门将会不断在实践中调整一些政策，更加扬其长，避其短，使其在中国经济发展中起到更加积极和正面的作用。

---

① 按照以往政策，只要在人民币基金中有 1% 的外资资金，整个人民币基金就属于中外合资性质，不能享受"国民待遇"。近传上海希望在这方面有所突破，只有外资投资比例不超过 20%，可以考虑让其享受内资基金待遇。（信息源自：翁海华、杨扬，《21 世纪经济报道》http://money.163.com/09/0829/03/5HRR69LE00251LIE.html）。

三、关于"10号文"等境外退出方面的政策完善

（一）改进立法理念

呼唤修订"10号文"的声音一直都没停止过，绕道"10号文"间接海外上市的案例还在不断发生，合理的境外并购受到阻挠，而我们却看到权利寻租切切实实的摆在眼前。

我们认为，对"10号文"的完善不可从条文的梳理或改进入手，而要从理念入手。可以沿袭"围而不堵"的思路，即进行监管，进行把控，但是不完全堵死，为确实有必要红筹上市的企业保留一条通路。在监管技巧上，哪些应该严格监管，哪些又该放松？或许保留审批层级，降低审批要求是个可行的方法，比如为红筹构架的企业设置资本、盈业收入等具体指标，保证只有达到一定规模的企业才能够红筹上市。提高门槛可以把更多的企业留在境内，但是对于非常优秀的企业也可以进行国际资本运作，这无论对企业、对境内其他企业、对境内资本市场都有积极作用。

【信息链接】

商务部称将完善"10号文"鼓励企业境外直接上市[①]

商务部外国投资管理司副司长林哲莹2009年6月在第三届中国企业国际融资洽谈会上表示，鼓励企业境外直接上市。

对于股权投资基金发展问题，林哲莹表示，商务部将尽快从两方面做起。一方面，在现有法律框架下，使得外资基金能够在投资时实行真正的备案制度，给予其审批上最大的便利化。另一方面，商务部将尽快协调相关部门，对股权投资基金发展作出客观的、前瞻性的认识，及时在应对危

[①] 信息源自：《商务部称将完善"10号文"鼓励企业境外直接上市》，http://finance.ifeng.com/topic/stock/gjb/stock/zqyw/20090611/775440.shtml，2009.6.11。

机的背景下推出创新。

林哲莹说，商务部会在股权投资方面与工商、税务、外管局等部门协调，使更多企业能够在财税政策上享有必要的优惠，在资本项下结汇享有便利。

他同时介绍说，目前，商务部鼓励更多的优质企业在本土上市，如果本土上市空间不够，也鼓励他们到境外直接上市。"我们的'10 号文'（《关于外国投资者并购境内企业的规定》）存在着需要进一步完善的迫切要求。"林哲莹的本次发言，是商务部官员近年来首次对外界表示"10 号文"的完善和企业海外直接上市问题作出表态。

自"10 号文"实施以来，没有一家其后成立的企业实现海外红筹上市，"10 号文"被业界认为是堵住了海外红筹上市之路。

（二）理顺上下级法律关系

仅以新设外商投资股份有限公司为例，对于新设立的外商投资股份有限公司，《关于设立外商投资股份有限公司若干问题的暂行规定》（以下简称《暂行规定》）第 7 条规定公司的注册资本应为在登记注册机关登记注册的实收股本总额，公司注册资本的最低限额为人民币 3 000 万元，其中外国股东购买并持有的股份应不低于公司注册资本的 25%。可见，对外商投资股份有限公司我国采取的是实缴资本制。同时《暂行规定》第 13 条还规定，发起人应自批准证书签发之日起 90 日内一次缴足其认购的股份。可见发起人出资采用一次性出资制度，不允许分批出资。

严格的出资制度，比起《公司法》要求股份有限公司最低注册资本 500 万元，首期出资 20% 且于两年内缴清的规定大相径庭。从层级上看，《暂行规定》是商务部颁布的部门规章，而《公司法》是法律，下位法违反上位法的规定已违反基本法理。如果把《暂行规定》视为《公司法》的特别法，则该特别法应该在立法本意与立法思路上与普通法一致。

上下位法律的不一致，主要原因是法律更新未能跟上经济形势的发展。

改革开放之初，我国采用试探性引入外资的态度，对外资采取较为严格的监管措施，而随着我国加入 WTO，给外资国民待遇已经成为不能回避的问题，此时就要求对外资相关法律加以修订。但实际上此种修订并未及时跟进。2005 年《公司法》进行了大规模修订，引入了现代公司理念，就此《公司法》与外商投资相关法律的差异愈发加大。及时更新法律，保持外商投资相关法律与《公司法》及其他上位法的一致性，是当前立法迫切需要进行的一项工作。

（三）完善具体条文

如果前文所述的理念和上下位法律协调问题，受到一定的宏观经济形势乃至国际关系形势的影响，不可能一蹴而就，也不可能如理论界所想的那样做彻底的改变，那对现有法律的具体条文的完善则成为当务之急。

仍以《暂行规定》为例，该部门规章颁布于 1995 年，至今 15 年未予修订，亦未有任何补充法律规范出台，成文法的滞后性已充分显现。该法已成为外商投资企业股份制改造路上的一大绊脚石，为外资 PE 的境内上市退出设置了一道门槛。

比如降低发起人限售期限问题。《暂行规定》第 8 条规定，发起人股份的转让，须在公司设立登记 3 年后进行，并经公司原审批机关批准。这与《公司法》规定的 1 年限售期有出入，不利于外资 PE 在上市后迅速退出。考察此条立法本意，无非是意欲对外资方的投资退出做出一定的限制，希望外资 PE 对企业的发展贡献更多力量，而在财务投资越发活跃的现今资本市场上，抑制纯粹的财务投资，不但不能起到引入外国现金管理经验和管理制度的目的，反倒会封堵中小企业融资的重要途径，可谓得不偿失。

再如，降低整体变更的营业要求。《暂行规定》要求已设立中外合资经营企业、中外合作经营企业、外资企业，如申请转变为外商投资股份有限公司，应有最近连续 3 年的赢利记录。这一规定的本意是为了保证外商投资股份有限公司的质量，但却拖延了外商投资企业上市的步伐。从保证上市公司质量、保护公众投资者利益的角度考虑，上市标准中规定的企业须连续 3 年赢利就很严格了，要求外商投资股份有限公司在改制前便有 3 年的连续赢利业绩未免过于苛刻。

总之，对于外资 PE 来说，退出是其终极目标，为外资 PE 退出"清道"有利于吸引外商投资，利用国际资本市场的力量带动、引导国内资本市场。而对外资 PE 退出相关法律规范的完善是个大工程，治标的办法便是修订具体条文，而治本的办法却要重新立法，摆脱对外资的敌意和防范心态，依托市场本身的自我调节能力和自我选择能力对外商投资进行引导与规范。

附件1：外资PE相关法律法规汇总一览表

	施行时间 （最终修订版）	名称	主要内容
设立相关	1995-09-06	《设立境外中国产业投资基金管理办法》	境内机构在境外发起设立股权投资基金并投资于境内投资的相关规定
	2000-10-31	《外资企业法》	在中国设立外商独资企业规则
	2000-10-31	《中外合作经营企业法》	在中国设立中外合作企业规则
	2001-03-15	《中外合资经营企业法》	在中国设立中外合资企业规则
	1995-01-10	《关于设立外商投资股份有限公司若干问题的暂行规定》	在中国设立外商投资股份有限公司规则
	2003-03-01	《外商投资创业投资企业管理规定》	外商投资创业投资企业的设立、审批、经营、投资方向等
	2009-03-05	《关于外商投资创业投资企业、创业投资管理企业审批事项的通知》	
	2007-06-01	《合伙企业法》	有限合伙制度（外商投资者不适用）
	2010-03-01	《外国企业或者个人在中国境内设立合伙企业管理办法》	外商投资企业可适用合伙制
	2010-03-01	《外商投资合伙企业登记管理规定》	外商投资合伙企业登记管理办法

续表

	施行时间 （最终修订版）	名称	主要内容
投资相关	2000-09-01	《关于外商投资企业境内投资的暂行规定》	一般外商投资企业境内股权投资规则
	2004-10-09	《外商投资项目核准暂行管理办法》	外商投资企业及境外投资者对境内企业的投资项目的批准制度
	2008-07-03	《关于进一步加强和规范外商投资项目管理的通知》	
	2010-05-04	《关于做好外商投资项目下放核准权限工作的通知》	
	2006-09-08	《关于外国投资者并购境内企业的规定》（10号文）	外国投资者的并购程序、审批及反垄断等方面的规定
	2007-12-01	《外商投资产业指导目录（2007年修订）》	规范外商投资方向
	2006-06-30	《外国投资者对上市公司战略投资管理办法》	境外投资者对境内上市公司的股权投资规则（PIPE）
退出相关	1995-12-25	《关于股份有限公司境内上市外资股的规定》	外商投资股份公司境内上市相关规定
	2001-05-17	《外商投资股份公司有关问题的通知》	
	1997-05-28	《外商投资企业投资者股权变更的若干规定》	外商投资企业股权转让相关规定
	1994-08-04	《关于股份有限公司境外募集股份及上市的特别规定》	
	1999-07-14	《关于企业申请境外上市有关问题的通知》	境内企业境外上市相关规定

续表

施行时间 （最终修订版）		名称	主要内容
2008-08-01	外 汇 相 关	《中华人民共和国外汇管理条例》	外汇管理基本规定
2002-05-01		《关于进一步加强外商投资企业验资工作及健全外资外汇登记制度的通知》	外资再投资、转增资等情形需要注册会计师核对外汇局资本项目核准件
2002-07-01		《关于改革外商投资项下资本金结汇管理方式的通知》	外资PE只能在其投资项目的正常生产经营开支范围内进行资本金结汇
2003-01-01		《关于加强外商投资企业审批、登记、外汇及税收管理有关问题的通知》	外资PE投资境内企业收购其股权，需符合产业指导目录，并经商务机关审批，对外投资出资有明确期限
2003-04-01		《关于完善外商直接投资外汇管理工作有关问题的通知》	非投资性外商投资企业与其所投资企业之间外汇资金不得在境内划转
2005-11-01		《关于境内居民通过境外特殊目的公司融资及返程投资外汇管理有关问题的通知》（75号文）	通过设立特殊目的公司返程投资的，特殊目的的公司返程投资外汇管理有关问题的公司获利收入应当在获利之日起180日内调回境内
2008-08-29		《关于完善外商投资企业外汇资本金支付结汇管理有关业务操作问题的通知》	外商投资企业资本金结汇所得人民币，应当在经营范围内使用，除非另有规定，结汇资金不得用于境内股权投资
2003-01-01	税 收 相 关	《关于外国投资者并购境内企业股权有关税收问题的通知》	境外投资者从事境内并购项目的税收政策
2003-03-01		《关于外商投资创业投资公司缴纳企业所得税有关税收问题的通知》	外商投资创业投资企业的税收政策
2006-01-01		《关于促进创业投资企业发展有关税收政策的通知》	创业投资企业税收优惠，根据《外商投资创业投资企业管理办法》第五条的规定，也同样适用于外资创投企业
2008-01-01		《企业所得税法》	对外商投资企业和内资企业适用同种税率；投资于未上市中小高新技术企业的公司享有税收优惠
2008-01-01		《企业所得税法实施条例》	
2008-01-01		《关于合伙企业合伙人所得税问题的通知》	合伙企业以每一合伙人为纳税义务人
2008-01-01		《关于加强非居民企业股权转让所得企业所得税管理的通知》	非居民企业股权转让所得税政策

续表

	施行时间 （最终修订版）	名称	主要内容
地 方 政 策	2009-05-08	《浦东新区促进股权投资企业和股权投资管理企业发展的实施办法》	上海浦东新区设立外商投资股权投资管理企业优惠政策相关文件
	2009-06-02	《浦东新区设立外商投资股权投资管理企业试行办法》	
	2005-02-01	《关于印发促进首都金融产业发展的意见的通知》	北京市设立外商投资股权投资基金管理企业优惠政策相关文件
	2009-04-27	《关于印发促进股权投资基金业发展意见的通知》	
	2010-01-01	《在京设立外商投资股权投资基金管理企业暂行办法》	

外商投资创业投资企业管理规定

第一章　总则

第一条　为鼓励外国公司、企业和其他经济组织或个人（以下简称外国投资者）来华从事创业投资，建立和完善中国的创业投资机制，根据《中华人民共和国中外合作经营企业法》、《中华人民共和国中外合资经营企业法》、《中华人民共和国外资企业法》、《公司法》及其他相关的法律法规，制定本规定。

第二条　本规定所称外商投资创业投资企业（以下简称创投企业）是指外国投资者或外国投资者与根据中国法律注册成立的公司、企业或其他经济组织（以下简称中国投资者），根据本规定在中国境内设立的以创业投资为经营活动的外商投资企业。

第三条　本规定所称创业投资是指主要向未上市高新技术企业（以下简称所投资企业）进行股权投资，并为之提供创业管理服务，以期获取资本增值收益的投资方式。

第四条　创投企业可以采取非法人制组织形式，也可以采取公司制组织形式。

采取非法人制组织形式的创投企业（以下简称非法人制创投企业）的投资者对创投企业的债务承担连带责仟。非法人制创投企业的投资者也可以在创投企业合同中约定在非法人制创投企业资产不足以清偿该债务时由第七条所述的必备投资者承担连带责任，其他投资者以其认缴的出资额为限承担责任。

采用公司制组织形式的创投企业（以下简称公司制创投企业）的投资

者以其各自认缴的出资额为限对创投企业承担责任。

第五条 创投企业应遵守中国有关法律法规,符合外商投资产业政策,不得损害中国的社会公共利益。创投企业在中国境内的正当经营活动及合法权益受中国法律的保护。

第二章 设立与登记

第六条 设立创投企业应具备下列条件:

(一)投资者人数在2人以上50以下;且应至少拥有一个第七条所述的必备投资者。

(二)非法人制创投企业投资者认缴出资总额的最低限额为1 000万美元;公司制创投企业投资者认缴资本总额的最低限额为500万美元。除第七条所述必备投资者外,其他每个投资者的最低认缴出资额不得低于100万美元。外国投资者以可自由兑换的货币出资,中国投资者以人民币出资。

(三)有明确的组织形式。

(四)有明确合法的投资方向。

(五)除了将本企业经营活动授予一家创业投资管理公司进行管理的情形外,创投企业应有3名以上具备创业投资从业经验的专业人员。

(六)法律、行政法规规定的其他条件。

第七条 必备投资者应当具备下列条件:

(一)以创业投资为主营业务。

(二)在申请前三年其管理的资本累计不低于1亿美元,且其中至少5 000万美元已经用于进行创业投资。在必备投资者为中国投资者的情形下,本款业绩要求为:在申请前三年其管理的资本累计不低于1亿元人民币,且其中至少5 000万元人民币已经用于进行创业投资)。

(三)拥有3名以上具有3年以上创业投资从业经验的专业管理人员。

(四)如果某一投资者的关联实体满足上述条件,则该投资者可以申请成为必备投资者。本款所称关联实体是指该投资者控制的某一实体、或控制该投资者的某一实体、或与该投资者共同受控于某一实体的另一实体。本款所称控制是指控制方拥有被控制方超过50%的表决权。

（五）必备投资者及其上述关联实体均应未被所在国司法机关和其他相关监管机构禁止从事创业投资或投资咨询业务或以欺诈等原因进行处罚。

（六）非法人制创投企业的必备投资者，对创投企业的认缴出资及实际出资分别不低于投资者认缴出资总额及实际出资总额的1%，且应对创投企业的债务承担连带责任；公司制创投企业的必备投资者，对创投企业的认缴出资及实际出资分别不低于投资者认缴出资总额及实际出资总额的30%。

第八条　设立创投企业按以下程序办理：

（一）投资者须向拟设立创投企业所在地省级外经贸主管部门报送设立申请书及有关文件。

（二）省级外经贸主管部门应在收到全部上报材料后15天内完成初审并上报对外资易经济合作部（以下简称审批机构）。

（三）审批机构在收到全部上报材料之日起45天内，经商科学技术部同意后，做出批准或不批准的书面决定。予以批准的，发给《外商投资企业批准证书》。

（四）获得批准设立的创投企业应自收到审批机构颁发的《外商投资企业批准证书》之日起一个月内，持此证书向国家工商行政管理部门或所在地具有外商投资企业登记管理权的省级工商行政管理部门（以下简称登记机关）申请办理注册登记手续。

第九条　申请设立创投企业应当向审批机构报送以下文件：

（一）必备投资者签署的设立申请书。

（二）投资各方签署的创投企业合同及章程。

（三）必备投资者书面声明（声明内容包括：投资者符合第七条规定的

资格条件；所有提供的材料真实性；投资者将严格遵循本规定及中国其他有关法律法规的要求）。

（四）律师事务所出具的对必备投资者合法存在及其上述声明已获得有效授权和签署的法律意见书。

（五）必备投资者的创业投资业务说明、申请前三年其管理资本的说明、其已投资资本的说明，及其拥有的创业投资专业管理人员简历。

（六）投资者的注册登记证明（复印件）、法定代表人证明（复印件）。

（七）名称登记机关出具的创投企业名称预先核准通知书。

（八）如果必备投资者的资格条件是依据第七条第（四）款的规定，则还应报送其符合条件的关联实体的相关材料。

（九）审批机构要求的其他与申请设立有关的文件。

第十条　创投企业应当在名称中加注创业投资字样。除创投企业外，其他外商投资企业不得在名称中使用创业投资字样。

第十一条　申请设立创投企业应当向登记机关报送下列文件，并对其真实性、有效性负责：

（一）创投企业董事长或联合管理委员会负责人签署的设立登记申请书。

（二）合同、章程以及审批机构的批准文件和批准证书。

（三）投资者的合法开业证明或身份证明。

（四）投资者的资信证明。

（五）法定代表人的任职文件、身份证明和企业董事、经理等人员的备案文件。

（六）企业名称预先核准通知书。

（七）企业住所或营业场所证明。

申请设立非法人制创投企业，还应当提交境外必备投资者的章程或合伙协议。企业投资者中含本规定第七条第四款规定的投资者的，还应当提交关联实体为其出具的承担出资连带责任的担保函。

以上文件应使用中文。使用外文的，应提供规范的中文译本。

创投企业登记事项变更应依法向原登记机关申请办理变更登记。

第十二条　经登记机关核准的公司制创投企业，领取《企业法人营业执照》；经登记机关核准的非法人制创投企业，领取《营业执照》。

《营业执照》应载明非法人制创投企业投资者认缴的出资总额和必备投资者名称。

第三章　出资及相关变更

第十三条　非法人制创投企业的投资者的出资及相关变更应符合如下规定：

（一）投资者可以根据创业投资进度分期向创投企业注入认缴出资，最长不得超过5年。各期投入资本额由创投企业根据创投企业合同及其与所投资企业签定的协议自主制定。投资者应在创投企业合同中约定投资者不如期出资的责任和相关措施。

（二）投资者在创投企业存续期内一般不得减少其认缴出资额。如果占出资额超过50%的投资者和必备投资者同意且创投企业不违反最低1 000万美元认缴出资额的要求，经审批机构批准，投资者可以减少其认缴资本额（但投资者根据本条第（五）款规定减少其已投资的资本额或在创投企业投资期限届满后减少未使用的认缴出资额不在此限）。在此情况下，投资者应当在创投企业合同中规定减少认缴出资额的条件、程序和办法。

（三）必备投资者在创投企业存续期内不得从创投企业撤出。特殊情况下确需撤出的，应获得占总出资额超过50%的其他投资者同意，并应将其权益转让给符合第七条要求的新投资者，且应当相应修改创投企业的合同和章程，并报审批机构批准。

其他投资者如转让其认缴资本额或已投入资本额，须按创投企业合同的约定进行，且受让人应符合本规定第六条的有关要求。投资各方应相应修改创投企业合同和章程，并报审批机构备案。

（四）创投企业设立后，如果有新的投资者申请加入，须符合本规定和创投企业合同的约定，经必备投资者同意，相应修改创投企业合同和章程，并报审批机构备案。

（五）创投企业出售或以其他方式处置其在所投资企业的利益而获得的收入中相当于其原出资额的部分，可以直接分配给投资各方。此类分配构成投资者减少其已投资的资本额。创投企业应当在创投企业合同中约定此类分配的具体办法，并在向其投资者作出该等分配之前至少30天内向审批机构和所在地外汇局提交一份要求相应减少投资者已投入资本额的备案说明，同时证明创投企业投资者未到位的认缴出资额及创投企业当时拥有的其他资金至少相当于创投企业当时承担的投资义务的要求。但该分配不应成为创投企业对因其违反任何投资义务所产生的诉讼请求的抗辩理由。

第十四条 非法人制创投企业向登记机关申请变更登记时，上述规定中审批机关出具的相关备案证明可替代相应的审批文件。

第十五条 非法人制创投企业投资者根据创业投资进度缴付出资后，应持相关验资报告向原登记机关申请办理出资备案手续。登记机关根据其实际出资状况在其《营业执照》出资额栏目后加注实缴出资额数目。

非法人制创投企业超过最长投资期限仍未缴付或缴清出资的，登记机关根据现行规定予以处罚。

第十六条 公司制创投企业投资者的出资及相关变更按现行规定办理。

第四章　组织机构

第十七条 非法人制创投企业设联合管理委员会。公司制创投企业设董事会。联合管理委员会或董事会的组成由投资者在创投企业合同及章程中予以约定。联合管理委员会或董事会代表投资者管理创投企业。

第十八条 联合管理委员会或董事会下设经营管理机构，根据创投企业的合同及章程中规定的权限，负责日常经营管理工作，执行联合管理委员会或董事会的投资决策。

第十九条 经营管理机构的负责人应当符合下列条件：

（一）具有完全的民事行为能力。

（二）无犯罪记录。

（三）无不良经营记录。

（四）应具有创业投资业的从业经验，且无违规操作记录。

（五）审批机构要求的与经营管理资格有关的其他条件。

第二十条 经营管理机构应定期向联合管理委员会或董事会报告以下事项：

（一）经授权的重大投资活动。

（二）中期、年度业绩报告和财务报告。

（三）法律、法规规定的其他事项。

（四）创投企业合同及章程中规定的有关事项。

第二十一条 联合管理委员会或董事会可以不设立经营管理机构，而将该创投企业的日常经营权授予一家创业投资管理企业或另一家创投企业进行管理。该创业投资管理企业可以是内资创业投资管理企业，也可以是外商投资创业投资管理企业，或境外创业投资管理企业。在此情形下，该创投企业与该创业投资管理企业应签订管理合同，约定创投企业和创业投资管理企业的权利义务。该管理合同应经全体投资者同意并报审批机构批准后方可生效。

第二十二条 创投企业的投资者可以在创业投资合同中依据国际惯例约定内部收益分配机制和奖励机制。

第五章　创业投资管理企业

第二十三条 受托管理创投企业的创业投资管理企业应具备下列条件：

（一）以受托管理创投企业的投资业务为主营业务。

（二）拥有三名以上具有三年以上创业投资从业经验的专业管理人员。

（三）注册资本或出资总额不低于100万元人民币或等值外汇。

（四）有完善的内部控制制度。

第二十四条　创业投资管理企业可以采取公司制组织形式，也可以采取合伙制组织形式。

第二十五条　同一创业投资管理企业可以受托管理不同的创投企业。

第二十六条　创业投资管理企业应定期向委托方的联合管理委员会或董事会报告第二十条所列事项。

第二十七条　设立外商投资创业投资管理企业应符合本规定第二十三条的条件，经拟设立外商投资创业投资管理公司所在地省级外经贸主管部门报审批机构批准。审批机构在收到全部上报材料之日起45天内，做出批准或不批准的书面决定。予以批准的，发给《外商投资企业批准证书》。获得批准设立的外商投资创业投资管理企业应自收到审批机构颁发的《外商投资企业批准证书》之日起一个月内，持此证书向登记机关申请办理注册登记手续。

第二十八条　申请设立外商投资创业投资管理公司应当向审批机构报送以下文件：

（一）设立申请书。

（二）外商投资创业投资管理公司合同及章程。

（三）投资者的注册登记证明（复印件）、法定代表人证明（复印件）。

（四）审批机构要求的其他与申请设立有关的文件。

第二十九条　外商投资创业投资管理企业名称应当加注创业投资管理字样。除外商投资创业投资管理企业外，其他外商投资企业不得在名称中使用创业投资管理字样。

第三十条　获得批准接受创投企业委托在华从事创业投资管理业务的

境外创业投资管理企业，应当自管理合同获得批准之日起 30 日内，向登记机关申请办理营业登记手续。

申请营业登记应报送下列文件，并对其真实性、有效性负责：

（一）境外创业投资管理企业董事长或有权签字人签署的登记申请书。

（二）经营管理合同及审批机构的批准文件。

（三）境外创业投资管理企业的章程或合伙协议。

（四）境外创业投资管理企业的合法开业证明。

（五）境外创业投资管理企业的资信证明。

（六）境外创业投资管理企业委派的中国项目负责人的授权书、简历及身份证明。

（七）境外创业投资管理企业在华营业场所证明。

以上文件应使用中文。使用外文的，应提供规范的中文译本。

第六章　经营管理

第三十一条　创投企业可以经营以下业务：

（一）以全部自有资金进行股权投资，具体投资方式包括新设企业、向已设立企业投资、接受已设立企业投资者股权转让以及国家法律法规允许的其他方式。

（二）提供创业投资咨询。

（三）为所投资企业提供管理咨询。

（四）审批机构批准的其他业务。

创投企业资金应主要用于向所投资企业进行股权投资。

第三十二条　创投企业不得从事下列活动：

（一）在国家禁止外商投资的领域投资。

（二）直接或间接投资于上市交易的股票和企业债券，但所投资企业上市后，创投企业所持股份不在此列。

（三）直接或间接投资于非自用不动产。

（四）贷款进行投资。

（五）挪用非自有资金进行投资。

（六）向他人提供贷款或担保，但创投企业对所投资企业1年以上的企业债券和可以转换为所投资企业股权的债券性质的投资不在此列（本款规定并不涉及所投资企业能否发行该等债券）。

（七）法律、法规以及创投企业合同禁止从事的其他事项。

第三十三条　投资者应在创投企业合同中约定对外投资期限。

第三十四条　创投企业主要从出售或以其他方式处置其在所投资企业的股权获得收益。创投企业出售或以其他方式处置其在所投资企业的股权时，可以依法选择适用的退出机制，包括：

（一）将其持有的所投资企业的部分股权或全部股权转让给其他投资者。

（二）与所投资企业签订股权回购协议，由所投资企业在一定条件下依法回购其所持有的股权。

（三）所投资企业在符合法律、行政法规规定的上市条件时可以申请到境内外证券市场上市。创投企业可以依法通过证券市场转让其拥有的所投资企业的股份。

（四）中国法律、行政法规允许的其他方式。

所投资企业向创投企业回购该创投企业所持股权的具体办法由审批机构会同登记机关另行制订。

第三十五条　创投企业应当依照国家税法的规定依法申报纳税。对非法人制创投企业，可以由投资各方依照国家税法的有关规定，分别申报缴纳企业所得税；也可以由非法人制创投企业提出申请，经批准后，依照税法规定统一计算缴纳企业所得税。

非法人制创投企业企业所得税的具体征收管理办法由国家税务总局另行颁布。

第三十六条　创投企业中属于外国投资者的利润等收益汇出境外的，应当凭管理委员会或董事会的分配决议，由会计师事务所出具的审计报告、外方投资者投资资金流入证明和验资报告、完税证明和税务申报单（享受减免税优惠的，应提供税务部门出具的减免税证明文件），从其外汇账户中支付或者到外汇指定银行购汇汇出。

外国投资者回收的对创投企业的出资可依法申购外汇汇出。公司制创投企业开立和使用外汇账户、资本变动及其他外汇收支事项，按照现行外汇管理规定办理。非法人制创投企业外汇管理规定由国家外汇管理局另行制定。

第三十七条　投资者应在合同、章程中约定创投企业的经营期限，一般不得超过 12 年。经营期满，经审批机构批准，可以延期。

经审批机构批准，创投企业可以提前解散，终止合同和章程。但是，如果非法人制创投企业的所有投资均已被出售或通过其他方式变卖，其债务亦已全部清偿，且其剩余财产均已被分配给投资者，则毋需上述批准即可进入解散和终止程序，但该非法人制创业投资企业应在该等解散生效前至少 30 天内向审批机构提交一份书面备案说明。

创投企业解散，应按有关规定进行清算。

第三十八条　创投企业应当自清算结束之日起 30 日内向原登记机关申请注销登记。

申请注销登记，应当提交下列文件，并对其真实性、有效性负责：

（一）董事长或联合管理委员会负责人或清算组织负责人签署的注销登记申请书。

（二）董事会或联合管理委员会的决议。

（三）清算报告。

（四）税务机关、海关出具的注销登记证明。

（五）审批机构的批准文件或备案文件。

（六）法律、行政法规规定应当提交的其他文件。

经登记机关核准注销登记，创投企业终止。

非法人制创投企业必备投资者承担的连带责任不因非法人制创投企业的终止而豁免。

第七章　审核与监管

第三十九条　创投企业境内投资比照执行《指导外商投资方向规定》和《外商投资产业指导目录》的规定。

第四十条　创投企业投资于任何鼓励类和允许类的所投资企业，应向所投资企业当地授权的外经贸部门备案。当地授权的外经贸部门应在收到备案材料后 15 天内完成备案审核手续并向所投资企业颁发外商投资企业批准证书。所投资企业持外商投资企业批准证书向登记机关申请办理注册登记手续。登记机关依照有关法律和行政法规规定决定准予登记或不予登记。准予登记的，颁发外商投资企业法人营业执照。

第四十一条　创投企业投资于限制类的所投资企业，应向所投资企业所在地省级外经贸主管部门提出申请，并提供下列材料：

（一）创投企业关于投资资金充足的声明。

（二）创投企业的批准证书和营业执照（复印件）。

（三）创投企业（与所投资企业其他投资者）签定的所投资企业合同与章程。

省级外经贸主管部门接到上述申请之日起 45 日内作出同意或不同意的书面批复。作出同意批复的，颁发外商投资企业批准证书。所投资企业持该批复文件和外商投资企业批准证书向登记机关申请登记。登记机关依照有关法律和行政法规规定决定准予登记或不予登记。准予登记的，颁发外商投资企业法人营业执照。

第四十二条　创投企业投资属于服务贸易领域逐步开放的外商投资项

目，按国家有关规定审批。

第四十三条　创投企业增加或转让其在所投资企业投资等行为，按照第四十条、第四十一条和第四十二条规定的程序办理。

第四十四条　创投企业应在履行完第四十条、第四十一条、第四十二条和第四十三条规定的程序之日起一个月内向审批机构备案。

第四十五条　创投企业还应在每年3月份将上一年度的资金筹集和使用情况报审批机构备案。

审批机构在接到该备案材料起5个工作日内应出具备案登记证明。该备案登记证明将作为创投企业参加联合年检的必备材料之一。凡未按上述规定备案的，审批机构将商国务院有关部门后予以相应处罚。

第四十六条　创投企业的所投资企业注册资本中，如果创投企业投资的比例中外国投资者的实际出资比例或与其他外国投资者联合投资的比例总和不低于25%，则该所投资企业将享受外商投资企业有关优惠待遇；如果创投企业投资的比例中外国投资者的实际出资比例或与其他外国投资者联合投资的比例总和低于该所投资企业注册资本的25%，则该所投资企业将不享受外商投资企业有关优惠待遇。

第四十七条　已成立的含有境内自然人投资者的内资企业在接受创业投资企业投资变更为外商投资企业后，可以继续保留其原有境内自然人投资者的股东地位。

第四十八条　创投企业经营管理机构的负责人和创业投资管理企业的负责人如有违法操作行为，除依法追究责任外，情节严重的，不得继续从事创业投资及相关的投资管理活动。

第八章　附则

第四十九条　香港特别行政区、澳门特别行政区、台湾地区的投资者在大陆投资设立创投企业，参照本规定执行。

第五十条　本规定由对外贸易经济合作部、科学技术部、国家工商行政管理总局、国家税务总局和国家外汇管理局负责解释。

第五十一条　本规定自二〇〇三年三月一日起施行。对外贸易经济合作部、科学技术部和国家工商行政管理总局于二〇〇一年八月二十八日发布的《关于设立外商投资创业投资企业的暂行规定》同日废止。(来源:外经贸部网站)

外国企业或者个人在中国境内设立合伙企业管理办法

第一条　为了规范外国企业或者个人在中国境内设立合伙企业的行为，便于外国企业或者个人以设立合伙企业的方式在中国境内投资，扩大对外经济合作和技术交流,根据《中华人民共和国合伙企业法》(以下称《合伙企业法》)，制定本办法。

第二条　本办法所称外国企业或者个人在中国境内设立合伙企业，是指2个以上外国企业或者个人在中国境内设立合伙企业，以及外国企业或者个人与中国的自然人、法人和其他组织在中国境内设立合伙企业。

第三条　外国企业或者个人在中国境内设立合伙企业，应当遵守《合伙企业法》以及其他有关法律、行政法规、规章的规定，符合有关外商投资的产业政策。

外国企业或者个人在中国境内设立合伙企业，其合法权益受法律保护。

国家鼓励具有先进技术和管理经验的外国企业或者个人在中国境内设立合伙企业，促进现代服务业等产业的发展。

第四条　外国企业或者个人用于出资的货币应当是可自由兑换的外币，也可以是依法获得的人民币。

第五条　外国企业或者个人在中国境内设立合伙企业，应当由全体合伙人指定的代表或者共同委托的代理人向国务院工商行政管理部门授权的地方工商行政管理部门（以下称企业登记机关）申请设立登记。

申请设立登记，应当向企业登记机关提交《中华人民共和国合伙企业登记管理办法》规定的文件以及符合外商投资产业政策的说明。

企业登记机关予以登记的，应当同时将有关登记信息向同级商务主管部门通报。

第六条　外国企业或者个人在中国境内设立的合伙企业（以下称外商投资合伙企业）的登记事项发生变更的，应当依法向企业登记机关申请变更登记。

第七条　外商投资合伙企业解散的，应当依照《合伙企业法》的规定进行清算。清算人应当自清算结束之日起 15 日内，依法向企业登记机关办理注销登记。

第八条　外商投资合伙企业的外国合伙人全部退伙，该合伙企业继续存续的，应当依法向企业登记机关申请变更登记。

第九条　外商投资合伙企业变更登记或者注销登记的，企业登记机关应当同时将有关变更登记或者注销登记的信息向同级商务主管部门通报。

第十条　外商投资合伙企业的登记管理事宜，本办法未作规定的，依照《中华人民共和国合伙企业登记管理办法》和国家有关规定执行。

第十一条　外国企业或者个人在中国境内设立合伙企业涉及的财务会计、税务、外汇以及海关、人员出入境等事宜，依照有关法律、行政法规和国家有关规定办理。

第十二条　中国的自然人、法人和其他组织在中国境内设立的合伙企业，外国企业或者个人入伙的，应当符合本办法的有关规定，并依法向企业登记机关申请变更登记。

第十三条　外国企业或者个人在中国境内设立合伙企业涉及须经政府核准的投资项目的，依照国家有关规定办理投资项目核准手续。

第十四条　国家对外国企业或者个人在中国境内设立以投资为主要业务的合伙企业另有规定的，依照其规定。

第十五条　香港特别行政区、澳门特别行政区和台湾地区的企业或者个人在内地设立合伙企业，参照本办法的规定执行。

第十六条　本办法自 2010 年 3 月 1 日起施行。

关于外商投资企业境内投资的暂行规定

第一条 为规范外商投资企业的投资行为，根据《中华人民共和国公司法》(以下简称"《公司法》")以及有关外商投资的法律、法规的有关规定，制订本规定。

第二条 本规定所称外商投资企业境内投资，是指在中国境内依法设立，采取有限责任公司形式的中外合资经营企业、中外合作经营企业和外资企业以及外商投资股份有限公司，以本企业的名义，在中国境内投资设立企业或购买其他企业(以下简称"被投资公司")投资者股权的行为。

外商投资举办的投资性公司境内投资，依照国家有关外商投资的法律、法规以及《关于外商投资举办投资性公司的暂行规定》办理。

外国投资者与外商投资企业共同在中国境内投资，按照国家有关外商投资的法律、法规办理，其中外国投资者的出资比例一般不得低于被投资企业注册资本的百分之二十五。

第三条 外商投资企业境内投资，应遵守国家法律、法规。

外商投资企业境内投资比照执行《指导外商投资方向暂行规定》和《外商投资产业指导目录》的规定。外商投资企业不得在禁止外商投资的领域投资。

第四条 被投资公司应为有限责任公司或股份有限公司。

第五条 外商投资企业应符合下列条件，方可投资：

1. 注册资木已缴清。

2. 开始赢利。

3. 依法经营，无违法经营记录。

第六条 外商投资企业境内投资，其所累计投资额不得超过自身净资产的百分之五十；投资后，接受被投资公司以利润转增的资本，其增加额不包括在内。

第七条　外商投资企业在鼓励类或允许类领域投资设立公司，应向被投资公司所在地公司登记机关提出申请，并应提供下列材料：

1.外商投资企业关于投资的一致通过的董事会决议。

2.外商投资企业的批准证书和营业执照(复印件)。

3.法定验资机构出具的注册资本已经缴足的验资报告。

4.外商投资企业经审计的资产负债表。

5.外商投资企业缴纳所得税或减免所得税的证明材料。

6.法律、法规及规章规定的其他材料。

第八条　公司登记机关依《公司法》、《中华人民共和国公司登记管理条例》(以下简称《公司登记管理条例》)的有关规定，决定准予登记或不予登记。准予登记的，发给《企业法人营业执照》，并在企业类别栏目加注"外商投资企业投资"字样(以下简称"《(加注)营业执照》")。

第九条　外商投资企业在限制类领域投资设立公司的，应向被投资公司所在地省级外经贸主管部门(以下称"省级审批机关")提出申请，并应提供下列材料：

1.依照第七条规定提供的材料。

2.被投资公司的章程。

被投资公司的章程应当载明下列事项：

（1）公司名称和住所。

（2）公司经营范围及产品国内外销售比例。

（3）公司注册资本。

（4）投资者的名称或姓名。

（5）投资者的权利和义务。

（6）投资者的出资方式和出资额。

（7）投资者转让出资的条件。

（8）公司的机构及其产生办法、职权、议事规则。

（9）公司的法定代表人。

（10）公司的解散事由与清算办法。

（11）投资者认为需要规定的其他事项。

投资者应当在公司章程上签名、盖章。

第十条　省级审批机关接到上述申请后，按照被投资公司的经营范围，征求同级或国家行业管理部门的意见。

省级审批机关应自收到同级或国家管理行业部门同意或不同意的意见起十日之内，作出书面批复。

第十一条　省级审批机关对外商投资企业作出同意批复的，外商投资企业凭该批复文件向被投资公司所在地公司登记机关申请设立登记。

公司登记机关依《公司登记管理条例》的有关规定，决定准予登记或不予登记。准予登记的，发给《（加注）营业执照》。

第十二条　自被投资公司设立之日起 30 日内，外商投资企业应向原审批机关备案。备案材料包括：

1. 外商投资企业投资备案表。

2. 被投资公司的营业执照（复印件）。

3. 被投资公司经营范围涉及限制类领域的，还应提交省级审批机关作出的同意设立被投资公司的批复。

第十三条　外商投资企业以其固定资产投资而改变原经营规模或内容的，投资前应向原审批机关申请并征得原审批机关的同意。

原审批机关应自接到申请之日起十五日之内予以答复；逾期不答复的，视作同意。

原审批机关不同意的，外商投资企业可向其上级审批机关或对外贸易经济合作部（以下简称"外经贸部"）提出申诉。该上级审批机关或外经贸部应自收到申诉之日起 30 日内，对外商投资企业作出书面答复。

第十四条　按照本规定第七条、第八条设立的公司变更经营范围，涉及限制类领域的，应按照本规定第九条、第十条规定的程序办理，并向其原公司登记机关申请变更登记。

第十五条　外商投资企业购买被投资公司投资者的股权，被投资公司经营范围属于鼓励类或允许类领域的，被投资公司应向原公司登记机关报送本规定第七条所列的材料，并按照《公司登记管理条例》等有关规定，申请变更登记。

被投资公司经营范围涉及限制类领域的，外商投资企业应按照本规定第九条、第十条规定的程序办理后，被投资公司凭省级审批机关的同意批复，按照《公司登记管理条例》等有关规定，向原公司登记机关申请变更登记。

公司登记机关依《公司登记管理条例》的有关规定，决定予以登记或不予登记。准予登记的，发给"(加注)营业执照"。

被投资公司属于外商投资企业的，按照《外商投资企业投资者股权变更的规定》办理。

第十六条　外商投资企业向中西部地区投资，被投资公司注册资本中外资比例不低于百分之二十五的，可享受外商投资企业待遇。

第十七条　被投资公司享受外商投资企业待遇，应按有关外商投资企业设立程序的规定，向被投资公司所在地的省级审批机关提出申请。申请人应提供下列材料：

1. 依照第七条规定应提供的材料。

2. 被投资公司的名称、住所。

3. 被投资公司的投资合同及章程。

4. 被投资公司经营范围涉及限制类领域的，还应提交设立被投资公司的项目建议书和可行性研究报告。

其投资者出让股权的被投资公司享受外商投资企业待遇的，申请人除向被投资公司所在地的省级审批机关提供上款所列材料之外，还应提交相应的投资者股权转让协议。

第十八条　省级审批机关确认外商投资企业的投资符合国家有关法律、法规且被投资公司注册资本中外资比例不低于百分之二十五的，向申请人下发批准文件，颁发《外商投资企业批准证书》，并加注"外商投资企业投资"字样。

被投资公司经营范围涉及限制类领域的，省级审批机关批准之前，应依照本规定第十条的规定，征求有关行业管理部门的意见。

第十九条　申请人凭《外商投资企业批准证书》向被投资公司所在地公司登记机关申请登记注册。

公司登记机关依《公司登记管理条例》的有关规定，决定准予登记或不予登记。准予登记的，发给《(加注)营业执照》。

被投资公司经营范围未涉及限制类领域的，按本规定第七条办理。

第二十条　中西部地区的被投资公司凭《外商投资企业批准证书》和《(加注)营业执照》享受国家法律、法规规定的外商投资企业待遇。

第二十一条　在中西部地区设立的被投资公司投资总额超过其所在省、自治区、直辖市审批机关审批权限的，应报外经贸部审批。

第二十二条　被投资公司属于法律、法规和部门规章明确规定的应由外经贸部审批的特定类型或行业的外商投资企业的，省级审批机关应将有关申请材料转报外经贸部审批。外经贸部根据有关法律、法规和部门规章的规定决定批准或不批准。

第二十三条　本规定颁布前，根据有关规定已设立的外商投资企业参股企业，符合本规定要求的，可参照本规定补办有关手续，享受外商投资企业待遇。

第二十四条　本规定由外经贸部和国家工商行政管理局负责解释。

第二十五条　本规定自2000年9月1日起施行。

关于外国投资者并购境内企业的规定（10号文）

第一章　总　则

第一条　为了促进和规范外国投资者来华投资，引进国外的先进技术和管理经验，提高利用外资的水平，实现资源的合理配置，保证就业、维护公平竞争和国家经济安全，依据外商投资企业的法律、行政法规及《公司法》和其他相关法律、行政法规，制定本规定。

第二条　本规定所称外国投资者并购境内企业，系指外国投资者购买境内非外商投资企业（以下称"境内公司"）股东的股权或认购境内公司增资，使该境内公司变更设立为外商投资企业（以下称"股权并购"）；或者，外国投资者设立外商投资企业，并通过该企业协议购买境内企业资产且运营该资产，或，外国投资者协议购买境内企业资产，并以该资产投资设立外商投资企业运营该资产（以下称"资产并购"）。

第三条　外国投资者并购境内企业应遵守中国的法律、行政法规和规章，遵循公平合理、等价有偿、诚实信用的原则，不得造成过度集中、排除或限制竞争，不得扰乱社会经济秩序和损害社会公共利益，不得导致国有资产流失。

第四条　外国投资者并购境内企业，应符合中国法律、行政法规和规章对投资者资格的要求及产业、土地、环保等政策。

依照《外商投资产业指导目录》不允许外国投资者独资经营的产业，并购不得导致外国投资者持有企业的全部股权；需由中方控股或相对控股的产业，该产业的企业被并购后，仍应由中方在企业中占控股或相对控股地位；禁止外国投资者经营的产业，外国投资者不得并购从事该产业的企业。

被并购境内企业原有所投资企业的经营范围应符合有关外商投资产业政策的要求；不符合要求的，应进行调整。

第五条　外国投资者并购境内企业涉及企业国有产权转让和上市公司国有股权管理事宜的，应当遵守国有资产管理的相关规定。

第六条　外国投资者并购境内企业设立外商投资企业，应依照本规定经审批机关批准，向登记管理机关办理变更登记或设立登记。

如果被并购企业为境内上市公司，还应根据《外国投资者对上市公司战略投资管理办法》，向国务院证券监督管理机构办理相关手续。

第七条　外国投资者并购境内企业所涉及的各方当事人应当按照中国税法规定纳税，接受税务机关的监督。

第八条　外国投资者并购境内企业所涉及的各方当事人应遵守中国有关外汇管理的法律和行政法规，及时向外汇管理机关办理各项外汇核准、登记、备案及变更手续。

第二章　基本制度

第九条　外国投资者在并购后所设外商投资企业注册资本中的出资比例高于25%的，该企业享受外商投资企业待遇。

外国投资者在并购后所设外商投资企业注册资本中的出资比例低于25%的，除法律和行政法规另有规定外，该企业不享受外商投资企业待遇，其举借外债按照境内非外商投资企业举借外债的有关规定办理。审批机关向其颁发加注"外资比例低于25%"字样的外商投资企业批准证书（以下称"批准证书"）。登记管理机关、外汇管理机关分别向其颁发加注"外资比例低于25%"字样的外商投资企业营业执照和外汇登记证。

境内公司、企业或自然人以其在境外合法设立或控制的公司名义并购与其有关联关系的境内公司，所设立的外商投资企业不享受外商投资企业待遇，但该境外公司认购境内公司增资，或者该境外公司向并购后所设企业增资，增资额占所设企业注册资本比例达到25%以上的除外。根据该款所述方式设立的外商投资企业，其实际控制人以外的外国投资者在企业注册资本中的出资比例高于 25% 的，享受外商投资企业待遇。

外国投资者并购境内上市公司后所设外商投资企业的待遇，按照国家有关规定办理。

第十条　本规定所称的审批机关为中华人民共和国商务部或省级商务主管部门(以下称"省级审批机关")，登记管理机关为中华人民共和国国家工商行政管理总局或其授权的地方工商行政管理局，外汇管理机关为中华人民共和国国家外汇管理局或其分支机构。

并购后所设外商投资企业，根据法律、行政法规和规章的规定，属于应由商务部审批的特定类型或行业的外商投资企业的，省级审批机关应将申请文件转报商务部审批，商务部依法决定批准或不批准。

第十一条　境内公司、企业或自然人以其在境外合法设立或控制的公司名义并购与其有关联关系的境内的公司，应报商务部审批。

当事人不得以外商投资企业境内投资或其他方式规避前述要求。

第十二条　外国投资者并购境内企业并取得实际控制权，涉及重点行业、存在影响或可能影响国家经济安全因素或者导致拥有驰名商标或中华老字号的境内企业实际控制权转移的，当事人应就此向商务部进行申报。

当事人未予申报，但其并购行为对国家经济安全造成或可能造成重大影响的，商务部可以会同相关部门要求当事人终止交易或采取转让相关股权、资产或其他有效措施，以消除并购行为对国家经济安全的影响。

第十三条　外国投资者股权并购的，并购后所设外商投资企业承继被并购境内公司的债权和债务。

外国投资者资产并购的,出售资产的境内企业承担其原有的债权和债务。

外国投资者、被并购境内企业、债权人及其他当事人可以对被并购境内企业的债权债务的处置另行达成协议，但是该协议不得损害第三人利益和社会公共利益。债权债务的处置协议应报送审批机关。

出售资产的境内企业应当在投资者向审批机关报送申请文件之前至少

15 日，向债权人发出通知书，并在全国发行的省级以上报纸上发布公告。

第十四条 并购当事人应以资产评估机构对拟转让的股权价值或拟出售资产的评估结果作为确定交易价格的依据。并购当事人可以约定在中国境内依法设立的资产评估机构。资产评估应采用国际通行的评估方法。禁止以明显低于评估结果的价格转让股权或出售资产，变相向境外转移资本。

外国投资者并购境内企业，导致以国有资产投资形成的股权变更或国有资产产权转移时，应当符合国有资产管理的有关规定。

第十五条 并购当事人应对并购各方是否存在关联关系进行说明，如果有两方属于同一个实际控制人，则当事人应向审批机关披露其实际控制人，并就并购目的和评估结果是否符合市场公允价值进行解释。当事人不得以信托、代持或其他方式规避前述要求。

第十六条 外国投资者并购境内企业设立外商投资企业，外国投资者应自外商投资企业营业执照颁发之日起 3 个月内向转让股权的股东，或出售资产的境内企业支付全部对价。对特殊情况需要延长者，经审批机关批准后，应自外商投资企业营业执照颁发之日起 6 个月内支付全部对价的 60% 以上，1 年内付清全部对价，并按实际缴付的出资比例分配收益。

外国投资者认购境内公司增资，有限责任公司和以发起方式设立的境内股份有限公司的股东应当在公司申请外商投资企业营业执照时缴付不低于 20% 的新增注册资本，其余部分的出资时间应符合《公司法》、有关外商投资的法律和《公司登记管理条例》的规定。其他法律和行政法规另有规定的，从其规定。股份有限公司为增加注册资本发行新股时，股东认购新股，依照设立股份有限公司缴纳股款的有关规定执行。

外国投资者资产并购的，投资者应在拟设立的外商投资企业合同、章程中规定出资期限。设立外商投资企业，并通过该企业协议购买境内企业资产且运营该资产的，对与资产对价等额部分的出资，投资者应在本条第一款规定的对价支付期限内缴付；其余部分的出资应符合设立外商投资企业出资的相关规定。

外国投资者并购境内企业设立外商投资企业，如果外国投资者出资比例低于企业注册资本25%，投资者以现金出资的，应自外商投资企业营业执照颁发之日起3个月内缴清；投资者以实物、工业产权等出资的，应自外商投资企业营业执照颁发之日起6个月内缴清。

第十七条　作为并购对价的支付手段，应符合国家有关法律和行政法规的规定。外国投资者以其合法拥有的人民币资产作为支付手段的，应经外汇管理机关核准。外国投资者以其拥有处置权的股权作为支付手段的，按照本规定第四章办理。

第十八条　外国投资者协议购买境内公司股东的股权，境内公司变更设立为外商投资企业后，该外商投资企业的注册资本为原境内公司注册资本，外国投资者的出资比例为其所购买股权在原注册资本中所占比例。

外国投资者认购境内有限责任公司增资的，并购后所设外商投资企业的注册资本为原境内公司注册资本与增资额之和。外国投资者与被并购境内公司原其他股东，在境内公司资产评估的基础上，确定各自在外商投资企业注册资本中的出资比例。

外国投资者认购境内股份有限公司增资的，按照《公司法》有关规定确定注册资本。

第十九条　外国投资者股权并购的，除国家另有规定外，对并购后所设外商投资企业应按照以下比例确定投资总额的上限：

（一）注册资本在210万美元以下的，投资总额不得超过注册资本的10/7。

（二）注册资本在210万美元以上至500万美元的，投资总额不得超过注册资本的2倍。

（三）注册资本在500万美元以上至1 200万美元的，投资总额不得超过注册资本的25倍。

（四）注册资本在 1 200 万美元以上的，投资总额不得超过注册资本的 3 倍。

第二十条　外国投资者资产并购的，应根据购买资产的交易价格和实际生产经营规模确定拟设立的外商投资企业的投资总额。拟设立的外商投资企业的注册资本与投资总额的比例应符合有关规定。

第三章　审批与登记

第二十一条　外国投资者股权并购的，投资者应根据并购后所设外商投资企业的投资总额、企业类型及所从事的行业，依照设立外商投资企业的法律、行政法规和规章的规定，向具有相应审批权限的审批机关报送下列文件：

（一）被并购境内有限责任公司股东一致同意外国投资者股权并购的决议，或被并购境内股份有限公司同意外国投资者股权并购的股东大会决议。

（二）被并购境内公司依法变更设立为外商投资企业的申请书。

（三）并购后所设外商投资企业的合同、章程。

（四）外国投资者购买境内公司股东股权或认购境内公司增资的协议。

（五）被并购境内公司上一财务年度的财务审计报告。

（六）经公证和依法认证的投资者的身份证明文件或注册登记证明及资信证明文件。

（七）被并购境内公司所投资企业的情况说明。

（八）被并购境内公司及其所投资企业的营业执照（副本）。

（九）被并购境内公司职工安置计划。

（十）本规定第十三条、第十四条、第十五条要求报送的文件。

并购后所设外商投资企业的经营范围、规模、土地使用权的取得等，涉及其他相关政府部门许可的，有关的许可文件应一并报送。

第二十二条　股权购买协议、境内公司增资协议应适用中国法律，并包括以下主要内容：

（一）协议各方的状况，包括名称（姓名），住所，法定代表人姓名、职务、国籍等。

（二）购买股权或认购增资的份额和价款。

（三）协议的履行期限、履行方式。

（四）协议各方的权利、义务。

（五）违约责任、争议解决。

（六）协议签署的时间、地点。

第二十三条　外国投资者资产并购的，投资者应根据拟设立的外商投资企业的投资总额、企业类型及所从事的行业，依照设立外商投资企业的法律、行政法规和规章的规定，向具有相应审批权限的审批机关报送下列文件：

（一）境内企业产权持有人或权力机构同意出售资产的决议。

（二）外商投资企业设立申请书。

（三）拟设立的外商投资企业的合同、章程。

（四）拟设立的外商投资企业与境内企业签署的资产购买协议，或外国投资者与境内企业签署的资产购买协议。

（五）被并购境内企业的章程、营业执照(副本)。

（六）被并购境内企业通知、公告债权人的证明以及债权人是否提出异议的说明。

（七）经公证和依法认证的投资者的身份证明文件或开业证明、有关资信证明文件。

（八）被并购境内企业职工安置计划。

（九）本规定第十三条、第十四条、第十五条要求报送的文件。

依照前款的规定购买并运营境内企业的资产，涉及其他相关政府部门许可的，有关的许可文件应一并报送。

外国投资者协议购买境内企业资产并以该资产投资设立外商投资企业的，在外商投资企业成立之前，不得以该资产开展经营活动。

第二十四条　资产购买协议应适用中国法律，并包括以下主要内容：

（一）协议各方的状况，包括名称（姓名），住所，法定代表人姓名、职务、国籍等。

（二）拟购买资产的清单、价格。

（三）协议的履行期限、履行方式。

（四）协议各方的权利、义务。

（五）违约责任、争议解决。

（六）协议签署的时间、地点。

第二十五条　外国投资者并购境内企业设立外商投资企业，除本规定另有规定外，审批机关应自收到规定报送的全部文件之日起30日内，依法决定批准或不批准。决定批准的，由审批机关颁发批准证书。

外国投资者协议购买境内公司股东股权，审批机关决定批准的，应同时将有关批准文件分别抄送股权转让方、境内公司所在地外汇管理机关。股权转让方所在地外汇管理机关为其办理转股收汇外资外汇登记并出具相关证明，转股收汇外资外汇登记证明是证明外方已缴付的股权收购对价已到位的有效文件。

第二十六条　外国投资者资产并购的，投资者应自收到批准证书之日起30日内，向登记管理机关申请办理设立登记，领取外商投资企业营业执照。

外国投资者股权并购的，被并购境内公司应依照本规定向原登记管理机关申请变更登记，领取外商投资企业营业执照。原登记管理机关没有登记管辖权的，应自收到申请文件之日起10日内转送有管辖权的登记管理机关办理，同时附送该境内公司的登记档案。被并购境内公司在申请变更登记时，应提交以下文件，并对其真实性和有效性负责：

（一）变更登记申请书。

（二）外国投资者购买境内公司股东股权或认购境内公司增资的协议。

（三）修改后的公司章程或原章程的修正案和依法需要提交的外商投资企业合同。

（四）外商投资企业批准证书。

（五）外国投资者的主体资格证明或者自然人身份证明。

（六）修改后的董事会名单，记载新增董事姓名、住所的文件和新增董事的任职文件。

（七）国家工商行政管理总局规定的其他有关文件和证件。

投资者自收到外商投资企业营业执照之日起 30 日内，到税务、海关、土地管理和外汇管理等有关部门办理登记手续。

第四章　外国投资者以股权作为支付手段
第一节　以股权并购的条件

第二十七条　本章所称外国投资者以股权作为支付手段并购境内公司，系指境外公司的股东以其持有的境外公司股权，或者境外公司以其增发的股份，作为支付手段，购买境内公司股东的股权或者境内公司增发股份的行为。

第二十八条　本章所称的境外公司应合法设立并且其注册地具有完善的公司法律制度，且公司及其管理层最近 3 年未受到监管机构的处罚；除本章第三节所规定的特殊目的公司外，境外公司应为上市公司，其上市所在地应具有完善的证券交易制度。

第二十九条　外国投资者以股权并购境内公司所涉及的境内外公司的股权，应符合以下条件：

（一）股东合法持有并依法可以转让。

（二）无所有权争议且没有设定质押及任何其他权利限制。

（三）境外公司的股权应在境外公开合法证券交易市场（柜台交易市场除外）挂牌交易。

（四）境外公司的股权最近1年交易价格稳定。

前款第（三）、（四）项不适用于本章第三节所规定的特殊目的公司。

第三十条　外国投资者以股权并购境内公司，境内公司或其股东应当聘请在中国注册登记的中介机构担任顾问（以下称"并购顾问"）。并购顾问应就并购申请文件的真实性、境外公司的财务状况以及并购是否符合本规定第十四条、第二十八条和第二十九条的要求作尽职调查，并出具并购顾问报告，就前述内容逐项发表明确的专业意见。

第三十一条　并购顾问应符合以下条件：

（一）信誉良好且有相关从业经验。

（二）无重大违法违规记录。

（三）应有调查并分析境外公司注册地和上市所在地法律制度与境外公司财务状况的能力。

第二节　申报文件与程序

第三十二条　外国投资者以股权并购境内公司应报送商务部审批，境内公司除报送本规定第三章所要求的文件外，另须报送以下文件：

（一）境内公司最近1年股权变动和重大资产变动情况的说明。

（二）并购顾问报告。

（三）所涉及的境内外公司及其股东的开业证明或身份证明文件。

（四）境外公司的股东持股情况说明和持有境外公司5%以上股权的股东名录。

（五）境外公司的章程和对外担保的情况说明。

（六）境外公司最近年度经审计的财务报告和最近半年的股票交易情况报告。

第三十三条 商务部自收到规定报送的全部文件之日起 30 日内对并购申请进行审核，符合条件的，颁发批准证书，并在批准证书上加注"外国投资者以股权并购境内公司，自营业执照颁发之日起 6 个月内有效"。

第三十四条 境内公司应自收到加注的批准证书之日起 30 日内，向登记管理机关、外汇管理机关办理变更登记，由登记管理机关、外汇管理机关分别向其颁发加注"自颁发之日起 8 个月内有效"字样的外商投资企业营业执照和外汇登记证。

境内公司向登记管理机关办理变更登记时，应当预先提交旨在恢复股权结构的境内公司法定代表人签署的股权变更申请书、公司章程修正案、股权转让协议等文件。

第三十五条 自营业执照颁发之日起 6 个月内，境内公司或其股东应就其持有境外公司股权事项，向商务部、外汇管理机关申请办理境外投资开办企业核准、登记手续。

当事人除向商务部报送《关于境外投资开办企业核准事项的规定》所要求的文件外，另须报送加注的外商投资企业批准证书和加注的外商投资企业营业执照。商务部在核准境内公司或其股东持有境外公司的股权后，颁发中国企业境外投资批准证书，并换发无加注的外商投资企业批准证书。

境内公司取得无加注的外商投资企业批准证书后，应在 30 日内向登记管理机关、外汇管理机关申请换发无加注的外商投资企业营业执照、外汇登记证。

第三十六条 自营业执照颁发之日起 6 个月内，如果境内外公司没有完成其股权变更手续，则加注的批准证书和中国企业境外投资批准证书自动失效。登记管理机关根据境内公司预先提交的股权变更登记申请文件核准变更登记，使境内公司股权结构恢复到股权并购之前的状态。

并购境内公司增发股份而未实现的，在登记管理机关根据前款予以核准变更登记之前，境内公司还应当按照《公司法》的规定，减少相应的注册资本并在报纸上公告。

境内公司未按照前款规定办理相应的登记手续的，由登记管理机关按照《公司登记管理条例》的有关规定处理。

第三十七条　境内公司取得无加注的外商投资企业批准证书、外汇登记证之前，不得向股东分配利润或向有关联关系的公司提供担保，不得对外支付转股、减资、清算等资本项目款项。

第三十八条　境内公司或其股东凭商务部和登记管理机关颁发的无加注批准证书和营业执照，到税务机关办理税务变更登记。

第三节　对于特殊目的公司的特别规定

第三十九条　特殊目的公司系指中国境内公司或自然人为实现以其实际拥有的境内公司权益在境外上市而直接或间接控制的境外公司。

特殊目的公司为实现在境外上市，其股东以其所持公司股权，或者特殊目的公司以其增发的股份，作为支付手段，购买境内公司股东的股权或者境内公司增发的股份的，适用本节规定。

当事人以持有特殊目的公司权益的境外公司作为境外上市主体的，该境外公司应符合本节对于特殊目的公司的相关要求。

第四十条　特殊目的公司境外上市交易，应经国务院证券监督管理机构批准。

特殊目的公司境外上市所在国家或者地区应有完善的法律和监管制度，其证券监管机构已与国务院证券监督管理机构签订监管合作谅解备忘录，并保持着有效的监管合作关系。

第四十一条　本节所述的权益在境外上市的境内公司应符合下列条件：

（一）产权明晰，不存在产权争议或潜在产权争议。

（二）有完整的业务体系和良好的持续经营能力。

（三）有健全的公司治理结构和内部管理制度。

（四）公司及其主要股东近 3 年无重大违法违规记录。

第四十二条 境内公司在境外设立特殊目的公司，应向商务部申请办理核准手续。办理核准手续时，境内公司除向商务部报送《关于境外投资开办企业核准事项的规定》要求的文件外，另须报送以下文件：

（一）特殊目的公司实际控制人的身份证明文件。

（二）特殊目的公司境外上市商业计划书。

（三）并购顾问就特殊目的公司未来境外上市的股票发行价格所作的评估报告。

获得中国企业境外投资批准证书后，设立人或控制人应向所在地外汇管理机关申请办理相应的境外投资外汇登记手续。

第四十三条 特殊目的公司境外上市的股票发行价总值，不得低于其所对应的经中国有关资产评估机构评估的被并购境内公司股权的价值。

第四十四条 特殊目的公司以股权并购境内公司的，境内公司除向商务部报送本规定第三十二条所要求的文件外，另须报送以下文件：

（一）设立特殊目的公司时的境外投资开办企业批准文件和证书。

（二）特殊目的公司境外投资外汇登记表。

（三）特殊目的公司实际控制人的身份证明文件或开业证明、章程。

（四）特殊目的公司境外上市商业计划书。

（五）并购顾问就特殊目的公司未来境外上市的股票发行价格所作的评估报告。

如果以持有特殊目的公司权益的境外公司作为境外上市主体，境内公司还须报送以下文件：

（一）该境外公司的开业证明和章程。

（二）特殊目的公司与该境外公司之间就被并购的境内公司股权所作的交易安排和折价方法的详细说明。

第四十五条 商务部对本规定第四十四条所规定的文件初审同意的，

出具原则批复函，境内公司凭该批复函向国务院证券监督管理机构报送申请上市的文件。国务院证券监督管理机构于 20 个工作日内决定是否核准。

境内公司获得核准后，向商务部申领批准证书。商务部向其颁发加注"境外特殊目的公司持股，自营业执照颁发之日起 1 年内有效"字样的批准证书。

并购导致特殊目的公司股权等事项变更的，持有特殊目的公司股权的境内公司或自然人，凭加注的外商投资企业批准证书，向商务部就特殊目的公司相关事项办理境外投资开办企业变更核准手续，并向所在地外汇管理机关申请办理境外投资外汇登记变更。

第四十六条 境内公司应自收到加注的批准证书之日起 30 日内，向登记管理机关、外汇管理机关办理变更登记，由登记管理机关、外汇管理机关分别向其颁发加注"自颁发之日起 14 个月内有效"字样的外商投资企业营业执照和外汇登记证。

境内公司向登记管理机关办理变更登记时，应当预先提交旨在恢复股权结构的境内公司法定代表人签署的股权变更申请书、公司章程修正案、股权转让协议等文件。

第四十七条 境内公司应自特殊目的公司或与特殊目的公司有关联关系的境外公司完成境外上市之日起 30 日内，向商务部报告境外上市情况和融资收入调回计划，并申请换发无加注的外商投资企业批准证书。同时，境内公司应自完成境外上市之日起 30 日内，向国务院证券监督管理机构报告境外上市情况并提供相关的备案文件。境内公司还应向外汇管理机关报送融资收入调回计划，由外汇管理机关监督实施。境内公司取得无加注的批准证书后，应在 30 日内向登记管理机关、外汇管理机关申请换发无加注的外商投资企业营业执照、外汇登记证。

如果境内公司在前述期限内未向商务部报告，境内公司加注的批准证书自动失效，境内公司股权结构恢复到股权并购之前的状态，并应按本规定第三十六条办理变更登记手续。

第四十八条 特殊目的公司的境外上市融资收入，应按照报送外汇管理机关备案的调回计划，根据现行外汇管理规定调回境内使用。融资收入可采取以下方式调回境内：

（一）向境内公司提供商业贷款。

（二）在境内新设外商投资企业。

（三）并购境内企业。

在上述情形下调回特殊目的公司境外融资收入，应遵守中国有关外商投资及外债管理的法律和行政法规。如果调回特殊目的公司境外融资收入，导致境内公司和自然人增持特殊目的公司权益或特殊目的公司净资产增加，当事人应如实披露并报批，在完成审批手续后办理相应的外资外汇登记和境外投资登记变更。

境内公司及自然人从特殊目的公司获得的利润、红利及资本变动所得外汇收入，应自获得之日起 6 个月内调回境内。利润或红利可以进入经常项目外汇账户或者结汇。资本变动外汇收入经外汇管理机关核准，可以开立资本项目专用账户保留，也可经外汇管理机关核准后结汇。

第四十九条 自营业执照颁发之日起 1 年内，如果境内公司不能取得无加注批准证书，则加注的批准证书自动失效，并应按本规定第三十六条办理变更登记手续。

第五十条 特殊目的公司完成境外上市且境内公司取得无加注的批准证书和营业执照后，当事人继续以该公司股份作为支付手段并购境内公司的，适用本章第一节和第二节的规定。

第五章 附 则

第五十一条 依据《反垄断法》的规定，外国投资者并购境内企业达到《国务院关于经营者集中申报标准的规定》规定的申报标准的，应当事先向商务部申报，未申报不得实施交易。

第五十二条　外国投资者在中国境内依法设立的投资性公司并购境内企业，适用本规定。

外国投资者购买境内外商投资企业股东的股权或认购境内外商投资企业增资的，适用现行外商投资企业法律、行政法规和外商投资企业投资者股权变更的相关规定，其中没有规定的，参照本规定办理。

外国投资者通过其在中国设立的外商投资企业合并或收购境内企业的，适用关于外商投资企业合并与分立的相关规定和关于外商投资企业境内投资的相关规定，其中没有规定的，参照本规定办理。

外国投资者并购境内有限责任公司并将其改制为股份有限公司的，或者境内公司为股份有限公司的，适用关于设立外商投资股份有限公司的相关规定，其中没有规定的，适用本规定。

第五十三条　申请人或申报人报送文件，应依照本规定对文件进行分类，并附文件目录。规定报送的全部文件应用中文表述。

第五十四条　被股权并购境内公司的中国自然人股东，经批准，可继续作为变更后所设外商投资企业的中方投资者。

第五十五条　境内公司的自然人股东变更国籍的，不改变该公司的企业性质。

第五十六条　相关政府机构工作人员必须忠于职守、依法履行职责，不得利用职务之便牟取不正当利益，并对知悉的商业秘密负有保密义务。

第五十七条　香港特别行政区、澳门特别行政区和台湾地区的投资者并购境内其他地区的企业，参照本规定办理。

第五十八条　本规定自公布之日起施行。

国家外汇管理局关于完善外商投资企业外汇资本金支付结汇管理有关业务操作问题的通知（142号文）

（汇综发【2008】142号）

国家外汇管理局各省、自治区、直辖市分局、外汇管理部，深圳、大连、青岛、厦门、宁波市分局；各中资外汇指定银行：

根据《中华人民共和国外汇管理条例》及相关规定，为改进外商投资企业外汇管理，便利外商投资企业办理外汇资本金（以下简称"资本金"）验资和支付结汇等业务、规范外汇指定银行（以下简称"银行"）和会计师事务所的相关业务操作，现就国家外汇管理局直接投资外汇业务信息系统（以下简称"投资系统"）运行后，外商投资企业资本金支付结汇管理的有关业务操作事项通知如下：

一、外商投资企业向银行申请资本金结汇，事先应当经会计师事务所办理资本金验资。会计师事务所应当在向国家外汇管理局及其分支机构（以下简称"外汇局"）办理验资询证后，为企业出具验资报告。银行不得为未完成验资手续的资本金办理结汇。

银行为外商投资企业办理资本金结汇的累计金额不得超过该外商投资企业资本金的累计验资金额。

二、会计师事务所为外商投资企业资本金验资而向外汇局询证外方出资情况以及银行为外商投资企业办理资本金支付结汇等业务，均应当通过国家外汇管理局投资系统办理。

三、银行为外商投资企业办理资本金支付结汇业务，应当执行国家外汇管理局关于支付结汇的管理规定。

外商投资企业资本金结汇所得人民币资金，应当在政府审批部门批准的经营范围内使用，除另有规定外，结汇所得人民币资金不得用于境内股权投资。除外商投资房地产企业外，外商投资企业不得以资本金结汇所得人民币资金购买非自用境内房地产。外商投资企业以资本金结汇所得人民币资金用于证券投资，应当按国家有关规定执行。

商务主管部门批准成立的投资性外商投资企业从事境内股权投资，其资本金的境内划转应当经外汇局核准后才可办理。

四、外商投资企业向银行申请资本金结汇，应当提交以下材料：

（一）外商投资企业外汇登记 IC 卡。

（二）资本金结汇所得人民币资金的支付命令函（格式见附件1）。支付命令函是指由企业或个人签发，银行据以将结汇所得人民币资金进行对外支付的书面指令。

（三）资本金结汇后的人民币资金用途证明文件。

包括商业合同或收款人出具的支付通知，支付通知应含商业合同主要条款内容、金额、收款人名称及银行账户号码、资金用途等。企业以资本金结汇所得人民币资金偿还人民币贷款，须提交该笔贷款资金已按合同约定在批准的经营范围内使用的说明。

（四）会计师事务所出具的最近一期验资报告（须附外方出资情况询证函的回函）。

（五）前一笔资本金结汇所得人民币资金按照支付命令函对外支付的相关凭证及其使用情况明细清单（格式见附件2）和加盖企业公章或财务印章的发票等有关凭证的复印件。若该笔结汇为一次性或分次结汇中的最后一笔，企业应当于结汇后的5个工作日内向银行提交前述材料。

（六）银行认为需要补充的其他材料。

等值5万美元（含）以下企业备用金结汇的，企业无需提交第（三）、（五）项文件，其资本金账户利息可凭银行出具的利息清单直接办理结汇。银行应当根据上述材料认真审核外商投资企业资本金结汇所得人民币资金用途的真实性与合规性，如发现各项材料之间不能互相印证或者存在矛盾的，不得为该企业办理相关业务。

五、外商投资企业资本金账户及人民币账户开立在同一家银行的，结汇银行须在当日办理完毕结汇、人民币资金入账及对外支付划出手续；不在同一家银行的，结汇银行在办理结汇所得人民币资金划出时，应当在划款凭证上注明"资本金结汇"字样，人民币资金划入银行应当在两个工作日内（含划入当日）根据支付命令函办理该笔资金的对外支付划转手续。

企业资本金结汇用于本企业备用金周转、工资奖金发放的，其结汇所得人民币资金可在企业自身的人民币账户留存。

六、境内机构或个人向外国投资者转让所持境内企业股份或权益而收取的外汇购买对价（以下简称"股权转让对价"），应当通过资产变现专用外汇账户办理入账及结汇。资产变现专用外汇账户的开立及资金入账应当经所在地外汇局根据相关规定核准，银行凭外汇局出具的核准件办理相应业务。境内机构或个人将资产变现专用外汇账户资金结汇的，应当按照支付结汇制度的有关要求，持以下材料直接向银行申请办理：

（一）结汇所得人民币资金的支付命令函（格式见附件3）。

（二）结汇后的人民币资金用途证明文件。

（三）前一笔资金结汇所得人民币资金按照支付命令函对外支付的相关凭证及其使用情况明细清单（格式见附件4）和加盖企业公章或财务印章的发票等有关凭证的复印件。若该笔结汇为一次性或分次结汇中的最后一笔，境内机构或个人应当于结汇后的5个工作日内向银行提交前述材料。

七、银行在为外商投资企业办理资本金转存定期、远期结售汇及掉期、结构性存款等所涉同一账户项下且无需外汇局核准的资金划转业务时，应当以同一账户项下不同子账号的方式进行操作，划转资金均应纳入资本金账户限额并按其收支范围进行管理，不得违规将资本金账户资金划入其他外汇账户。

八、银行应当按照本通知及相关规定，严格审核外商投资企业申请资本金结汇时所提交的材料，及时将资本金结汇情况通过国家外汇管理局投资系统向外汇局反馈。银行反馈的相关信息将自动进入国家外汇管理局企业外汇信息档案数据库。

九、外汇局应当依据《中华人民共和国外汇管理条例》等相关规定，加强对银行办理外商投资企业资本金结汇等业务的监管，对外商投资企业资本金及资本金结汇所得人民币资金流向和使用情况进行延伸检查。发现有以下违规情形的，外汇局按照《中华人民共和国外汇管理条例》第四十四条的相关规定予以处罚：

（一）擅自改变结汇所得人民币资金用途的。

（二）以结汇所得人民币资金偿还未使用的人民币贷款的。

十、本通知自发布之日起实施。《国家外汇管理局关于对外商投资项下外汇资本金结汇管理方式进行改革试点的通知》（汇发【2001】141号）、《国家外汇管理局关于改革外商投资项下资本金结汇管理方式的通知》（汇发【2002】59号）、《国家外汇管理局关于完善外商直接投资外汇管理工作有关问题的通知》（汇发【2003】30号）以及《国家外汇管理局关于改进外商投资企业资本项目结汇审核与外债登记管理工作的通知》（汇发【2004】42号）等文件所涉资本金及其结汇管理与本通知不符的，以本通知为准。

十一、接到本通知后，国家外汇管理局各分局、外汇管理部应当将通知转发辖内支局、城市商业银行、农村商业银行、外资银行和会计师事务所，各中资外汇指定银行应当将通知转发所辖分支机构。

外商投资企业投资者股权变更的若干规定

第一条　为促进外商投资企业的健康发展，保护投资各方的合法权益，维护社会经济秩序，根据《中华人民共和国公司法》、《中华人民共和国中外合资经营企业法》、《中华人民共和国中外合作经营企业法》、《中华人民共和国外资企业法》及其他有关法律、法规，制定本规定。

第二条　本规定所称的外商投资企业投资者股权变更，是指依照中国法律在中国境内设立的中外合资经营企业、中外合作经营企业、外资企业（以下统称为企业）的投资者或其在企业的出资（包括提供合作条件）份额（以下称为股权）发生变化。包括但不限于下列主要原因导致外商投资企业投资者股权变更：

（一）企业投资者之间协议转让股权。

（二）企业投资者经其他各方投资者同意向其关联企业或其他受让人转让股权。

（三）企业投资者协议调整企业注册资本导致变更各方投资者股权。

（四）企业投资者经其他各方投资者同意将其股权质押给债权人，质权人或受益人依照法律规定和合同约定取得该投资者股权。

（五）企业投资者破产、解散、被撤销、被吊销或死亡，其继承人、债权人或其他受益人依法取得该投资者股权。

（六）企业投资者合并或者分立，其合并或分立后的承继者依法承继原投资者股权。

（七）企业投资者不履行企业合同、章程规定的出资义务，经原审批机关批准，更换投资者或变更股权。

第三条　企业投资者股权变更应遵守中国有关法律、法规，并按照本规定经审批机关批准和登记机关变更登记。未经审批机关批准的股权变更无效。

第四条　企业投资者股权变更必须符合中国法律、法规对投资者资格的规定和产业政策要求。

依照《外商投资产业指导目录》，不允许外商独资经营的产业，股权变更不得导致外国投资者持有企业的全部股权；因股权变更而使企业变成外资企业的，还必须符合《中华人民共和国外资企业法实施细则》(以下简称《外资细则》) 所规定的设立外资企业的条件。

需由国有资产占控股或主导地位的产业，股权变更不得导致外国投资者或非中国国有企业占控股或主导地位。

第五条　除非外方投资者向中国投资者转让其全部股权，企业投资者股权变更不得导致外方投资者的投资比例低于企业注册资本的 25％。

第六条　经企业其他投资者同意，缴付出资的投资者可以依据《中华人民共和国担保法》(以下简称《担保法》) 的有关规定，通过签订质押合同并经审批机关批准将其已缴付出资部分形成的股权质押给质权人。投资者不得质押未缴付出资部分的股权。投资者不得将其股权质押给本企业。

在质押期间，出质投资者作为企业投资者的身份不变，未经出质投资者和企业其他投资者同意，质权人不得转让出质股权；未经质权人同意，出质投资者不得将已出质的股权转让或再质押。出质投资者与质权人的权利、义务及质押合同的内容，适用有关法律、法规和本规定的有关规定。

第七条　企业投资者股权变更的审批机关为批准设立该企业的审批机关，如果中外合资、合作企业中方投资者的股权变更而使企业变成外资企业，且该企业从事《外资细则》第五条所规定的限制设立外资企业的行业，则该企业中方投资者的股权变更必须经中华人民共和国对外贸易经济合作部 (以下简称外经贸部) 批准。

企业因增加注册资本而使投资者股权发生变化并且导致其投资总额已超过原审批机关的审批权限的，则企业投资者的股权变更应按照审批权限和有关规定报上级审批机关审批。

企业投资者股权变更的登记机关为原登记机关，经外经贸部批准的股权变更，由国家工商行政管理局或其委托的原登记机关办理变更登记。

第八条　以国有资产投资的中方投资者股权变更时，必须经有关国有资产评估机构对需变更的股权进行价值评估，并经国有资产管理部门确认。经确认的评估结果应作为变更股权的作价依据。

第九条　由于本规定第二条（一）、（二）项原因需要变更股权的，企业应向审批机关报送下列文件：

（一）投资者股权变更申请书。

（二）企业原合同、章程及其修改协议。

（三）企业批准证书和营业执照复印件。

（四）企业董事会关于投资者股权变更的决议。

（五）企业投资者股权变更后的董事会成员名单。

（六）转让方与受让方签订的并经其他投资者签字或以其他书面方式认可的股权转让协议。

（七）审批机关要求报送的其他文件。

第十条　股权转让协议应包括以下主要内容：

（一）转让方与受让方的名称、住所、法定代表人的姓名、职务、国籍。

（二）转让股权的份额及其价格。

（三）转让股权交割期限及方式。

（四）受让方根据企业合同、章程所享有的权利和承担的义务。

（五）违约责任。

（六）适用法律及争议的解决。

（七）协议的生效与终止。

（八）订立协议的时间、地点。

第十一条　由于本规定第二条（三）项原因需要变更股权的，应符合外经贸部和国家工商行政管理局的有关专项规定，企业除报送第九条（一）、（二）、（三）、（四）、（五）项规定的文件外，还应向审批机关报送企业投资者签订的股权变更协议。

第十二条　企业投资者与质权人签订股权质押合同后，应将下列文件报送批准设立该企业的审批机关审查：

（一）企业董事会及其他投资者关于同意出质投资者将其股权质押的决议。

（二）出质投资者与质权人签订的质押合同。

（三）出质投资者的出资证明书。

（四）由中国注册的会计师及其所在事务所为企业出具的验资报告。

审批机关应自接到前款规定的全部文件之日起30日内决定批准或不批准。

企业应在获得审批机关同意其投资者出质股权的批复后30日内，持有关批复文件向原登记机关办理备案。未按本条规定办理审批和备案的质押行为无效。

第十三条　依照《担保法》的规定，出质股权转移为质权人或其他受益人所有的，企业除应向审批机关报送第九条（一）、（二）、（三）、（五）项规定的文件外，还应同时报送质权人或其他受益人获得原投资者股权的有效证明文件。审批机关根据上述文件和本规定第十二条所述文件以及有关法律、法规的规定进行审核。

第十四条　由于本规定第二条（五）、（六）项原因需要变更股权的，企业除报送第九条（一）、（二）、（三）、（五）项规定的文件外，还应向审批机关报送股权获得人获得原投资者股权的有效证明文件。

由于本规定第二条（五）、（六）项的规定导致企业投资者变更的，如果企业其他投资者不同意继续经营，可向原审批机关申请终止原企业合同、章程。原企业合同、章程终止后，股权获得人有权参加清算委员会并分配清算后的企业剩余财产；如果股权获得人不同意继续经营，经企业其他投资者一致同意，可依照本规定将其股权转让给企业其他投资者或第三人。

第十五条 由于本规定第二条(七)项原因需要更换投资者或变更股权的，守约方投资者有权单方面向审批机关申请变更。守约方投资者除报送第九条(一)、(二)、(三)、(五)项规定的文件外，还应向审批机关报送下列文件：

(一)由中国注册的会计师及其所在事务所为企业出具的验资报告。

(二)守约方催告违约方缴付或缴清出资的证明文件。如有新投资者参股，还应向审批机关报送新投资者的合法开业证明和资信证明。违约方已经按照企业原合同、章程规定缴付部分出资的，还应向审批机关报送企业对违约方的部分出资进行清理的有关文件。

第十六条 以国有资产投资的中方投资者股权变更的，企业还必须向审批机关报送下列文件：

(一)中方投资者的主管部门对该企业投资者股权变更签署的意见。

(二)国有资产评估机构对需变更的股权出具的资产评估报告。

(三)国有资产管理部门对上述资产评估报告出具的确认书。

第十七条 审批机关应自接到规定报送的全部文件之日起30日内决定批准或不批准。

企业应自审批机关批准企业投资者股权变更之日起30日内到审批机关办理外商投资企业批准证书变更手续。

中方投资者获得企业全部股权的，自审批机关批准企业投资者股权变更之日起30日内，须向审批机关缴销外商投资企业批准证书。审批机关自撤销外商投资企业批准证书之日起15日内，向企业原登记机关发出撤销外商投资企业批准证书的通知。

第十八条 企业应自变更或缴销外商投资企业批准证书之日起30日内，依照《中华人民共和国企业法人登记管理条例》和《中华人民共和国公司登记管理条例》等有关规定，向登记机关申请变更登记，未按照本规定到登记机关办理变更登记的，登记机关依照有关规定予以处罚。

第十九条　企业申请股权变更登记时，应向登记机关提交报送审批机关的有关文件、审批机关的批准文件以及登记机关要求提交的其他文件。

由于本规定第二条 (七) 项原因需要更换投资者或变更股权登记的，除应向登记机关提交本规定第十五条规定的文件外，还应提交企业新董事会成员任职文件及其身份证明和新董事会决议。

因企业投资者股权变更而使中方投资者获得企业全部股权的，在申请变更登记时，企业应按拟变更的企业类型的设立登记要求向登记机关提交有关文件。经登记机关核准后，缴销《中华人民共和国企业法人营业执照》，换发《企业法人营业执照》。

第二十条　股权转让协议和修改企业原合同、章程协议自核发变更外商投资企业批准证书之日起生效。协议生效后，企业投资者按照修改后的企业合同、章程规定享有有关权利并承担有关义务。

第二十一条　除法律、法规另有规定外，外商投资股份有限公司非上市股份的转让，参照本规定执行。

第二十二条　香港、澳门、台湾地区的公司、企业和其他经济组织或者个人在中国其他地区投资举办的企业投资者股权变更，参照本规定办理。

第二十三条　本规定自发布之日起施行。